MANUAL DE SOCIOLOGIA JURÍDICA

Dados Internacionais de Catalogação na Publicação (CIP)
(Câmara Brasileira do Livro, SP, Brasil)

Oliveira, Luciano
   Manual de Sociologia Jurídica / Luciano Oliveira. – Petrópolis, RJ : Vozes, 2015.
   Bibliografia

   2ª reimpressão, 2022.

   ISBN 978-85-326-5068-9
   1. Sociologia Jurídica I. Título.

15-05238   CDD-34:301

Índices para catálogo sistemático:
1. Sociologia Jurídica 34:301

LUCIANO OLIVEIRA

MANUAL DE SOCIOLOGIA JURÍDICA

EDITORA
VOZES

Petrópolis

© 2015, Editora Vozes Ltda.
Rua Frei Luís, 100
25689-900 Petrópolis, RJ
www.vozes.com.br
Brasil

Todos os direitos reservados. Nenhuma parte desta obra poderá ser reproduzida ou transmitida por qualquer forma e/ou quaisquer meios (eletrônico ou mecânico, incluindo fotocópia e gravação) ou arquivada em qualquer sistema ou banco de dados sem permissão escrita da editora.

CONSELHO EDITORIAL

Diretor
Gilberto Gonçalves Garcia

Editores
Aline dos Santos Carneiro
Edrian Josué Pasini
Marilac Loraine Oleniki
Welder Lancieri Marchini

Conselheiros
Elói Dionísio Piva
Francisco Morás
Ludovico Garmus
Teobaldo Heidemann
Volney J. Berkenbrock

Secretário executivo
Leonardo A.R.T. dos Santos

Editoração: Maria da Conceição B. de Sousa
Diagramação: Sheilandre Desenv. Gráfico
Capa: HiDesign Estúdio
Ilustração de capa: ©volker witt | Dollar Photo Club

ISBN 978-85-326-5068-9

Este livro foi composto e impresso pela Editora Vozes Ltda.

Agradecimentos a
Flamarion Tavares, pelo pontapé inicial,
José Reinaldo de Lima Lopes, pelo incentivo, e
Manuela Abath,
Raíssa Duarte,
Mussa Hazin,
Diego Lemos,
Cristhovão Gonçalves e
Avner Pinheiro, ex-alunos queridos e interessados – daqueles que o professor procura quando entra em sala de aula –, pela ajuda que me deram em vários momentos da redação deste *Manual*.

Para Eliane Junqueira, o nome mais importante da minha geração de sociólogos do Direito,
e Vânia, Nino e Mioca.

Sumário

Introdução – Ou sobre as razões deste *Manual*, 9

Primeira parte, 27
Unidade I – A tradição sociológica e a realidade brasileira, 29
Unidade II – O Pensamento Social Brasileiro e o Direito, 61
Unidade III – A perspectiva crítica, 90

Segunda parte, 113
Unidade IV – Tendências atuais da Sociologia Jurídica: indicações, 115
Unidade V – A pesquisa sociojurídica: indicações, 159

Referências, 183

Introdução

Ou sobre as razões deste *Manual*

O *Manual* que o leitor tem em mãos se destina a um estudante brasileiro. A afirmação não é uma simples banalidade, e as razões para essa destinação merecem ser destacadas *ab initio* – como os juristas gostam de dizer. Apesar de iniciativas pioneiras como as da Universidade Católica de Pernambuco, que já em 1962[1] incluiu a Sociologia Jurídica no currículo da graduação em Direito como disciplina obrigatória, a sua inclusão nos cursos jurídicos do país constituía, até a segunda metade dos anos de 1990, uma honrosa exceção. Mas, como sempre, a história não começa de repente. Afinal, já no longínquo ano de 1882, ninguém menos que o republicado Rui Barbosa, considerado o *nec plus ultra* da cultura bacharelesca nacional, reivindicava, apoiando-se em Augusto Comte, substituir, nos cursos jurídicos, o Direito Natural pela Sociologia – ou seja: "o culto da abstração, da frase e da hipótese, pelos resultados da investigação experimental, pelo método científico" (FRAGALE FILHO, 2002, p. 117). De então até os dias de hoje, a história das relações (na maioria das vezes conflituosa) entre o Direito e a Sociologia do Direito, bem como da presença da última nas escolas onde se ensina o primeiro, é longa e não é minha intenção contá-la aqui. Nem que seja porque o leitor interessado na questão já dispõe de uma boa bibliografia sobre o assunto. Para não me alongar, recomendaria a coletânea de textos organizada por Eliane Botelho Junqueira e por mim mesmo a partir de um seminário organizado na PUC do Rio de Janeiro, no ano de 2000 – *O Ensino da Sociologia Jurídica* –, pouco

---

1. Graças, sobretudo, à luta de Cláudio Souto, pioneiro da Sociologia Jurídica de base empírica no Brasil, ao coordenar, em 1960, no âmbito do então Instituto Joaquim Nabuco de Pesquisas Sociais do Recife, um estudo sobre a "receptividade social a uma lei agrária proposta para o Estado de Pernambuco" (SOUTO & SOUTO, 1981, p. 57).

tempo depois que a disciplina passou a ser ministrada em caráter obrigatório no país (JUNQUEIRA & OLIVEIRA, 2002).

A obrigatoriedade foi estabelecida pela Portaria n. 1.886/94 do Ministério da Educação – cuja vigência efetiva só se deu a partir de 1997. Mas, aqui também, a história não começa aí. A Portaria de 1994 veio substituir a Resolução n. 03/72 do extinto Conselho Federal de Educação (curiosamente editada no momento mais duro do regime militar), que incluiu a Sociologia como disciplina obrigatória entre as matérias básicas dos cursos jurídicos. Poder-se-ia pensar que é a partir daí, mesmo a Resolução do CFE não especificando a que sociologia se referia, que começaram a aparecer os manuais dedicados especificamente à Sociologia do Direito. Mas não. São de dois anos antes, ou seja, de 1970, os manuais de certa forma pioneiros de Nelson Saldanha, professor da Faculdade de Direito do Recife, e, no Rio de Janeiro, o de Miranda Rosa, magistrado e professor de Direito da Universidade do Estado do Rio de Janeiro, um e outro com o mesmo título: *Sociologia do Direito*[2]. Porém, dando um salto no tempo, foi a partir de 1994, com a Portaria do MEC, que a disciplina naturalmente proliferou e, no seu encalço, os manuais se multiplicaram. Mas, nem então nem agora existe grade curricular oficial da disciplina. Existem, todavia, princípios orientadores do que deve ser ministrado. Quais? Voltemos a 1994. No seu artigo 3º, a Portaria n. 1.886 estabelecia:

> O curso jurídico desenvolverá atividades de ensino, pesquisa e extensão [...] de forma a atender às necessidades de formação fundamental, **sociopolítica**, técnico-jurídica e prática do bacharel em direito.

O negrito, que é meu, quer chamar a atenção para o fato de que, ao lado da formação jurídica *stricto sensu*, a Portaria se preocupava com a formação "social" *lato sensu* do futuro bacharel – tanto que, no seu art. 6º, estabelecia a obrigatoriedade de matérias como Sociologia (geral e **jurídica**), entre outras. Como observa Eliane Junqueira, historiadora da disciplina no Brasil, a inclusão dessas matérias tinha a "função de contribuir para o desenvolvimento reflexivo e *crítico* do estudante de direito" (JUNQUEIRA, 2002, p. 37 – itálico meu). A autora lembra ainda que "a valorização de uma perspectiva crítica comprometida com os direitos humanos, fruto direto do autoritarismo vivido nos anos anteriores [...], conquistou espaço político nos dois principais fóruns

---

2. O manual de Miranda Rosa, publicado pela Zahar, será, pelo menos até o final dos anos de 1990, aquele que mais será reeditado no Brasil.

de discussão do ensino do direito, ou seja, no MEC e na OAB" (p. 34). A chamada "perspectiva crítica"[3], presente no ar do tempo dessa quadra histórica, tinha adentrado as faculdades de Direito do país, tradicionalmente resistentes a qualquer atentado à "pureza" da Dogmática Jurídica. É interessante observar que na Comissão de Ensino Jurídico da Ordem dos Advogados do Brasil, nessa época, tinham assento dois nomes que se destacavam em dois dos principais movimentos críticos do Direito no país: José Geraldo de Souza Junior, professor da Universidade de Brasília e o principal continuador do trabalho de Roberto Lyra Filho (o fundador da *Nova Escola Jurídica Brasileira*), e Edmundo Lima de Arruda Júnior, professor da Universidade Federal de Santa Catarina e uma das principais lideranças do movimento *Direito Alternativo*, de grande visibilidade e prestígio naqueles anos. José Geraldo, além disso, compunha também a Comissão de Especialistas de Ensino de Direito do Ministério da Educação, responsável pela edição da portaria.

Em 2004, a portaria foi revogada e substituída pela Resolução n. 09/2004, do Conselho Nacional de Educação (CNE), que estabelece as diretrizes gerais dos cursos jurídicos atualmente em vigor no país. O chamado Eixo de Formação Fundamental prevê que se estabeleçam "as relações do Direito com outras áreas do saber", entre elas a Sociologia, da qual devem ser ministrados os "conteúdos essenciais" (art. 5º, I). O art. 3º da Resolução estabelece que os cursos devem "assegurar" aos graduandos

> valorização dos fenômenos jurídicos e **sociais**, aliada a uma postura reflexiva e de **visão crítica** que fomente a capacidade e a aptidão para a aprendizagem [...] da prestação da justiça e do **desenvolvimento da cidadania** (negritos meus).

Como se vê, mais explicitamente do que dispunha a Portaria de 1994, a Resolução de 2004 é permeada por preocupações com o "social", com uma "visão crítica" e com a "cidadania". Os "conteúdos essenciais" da Sociologia, no caso, figurariam como um saber auxiliar para a reflexão e a ação do jurista. Outra, aliás, não poderia ser a intenção da norma, já que é dirigida a estudantes de Direito, e não de Ciências Sociais.

Antes de seguir, porém, convém dizer alguma coisa sobre o estatuto epistemológico da disciplina de que nos ocupamos. Ela começa com uma indagação sobre sua própria designação: Sociologia do Direito ou Sociologia Jurídica?

---

3. Cf. adiante a **Unidade III**, "A perspectiva crítica".

Com frequência, às vezes dentro do mesmo texto, os autores usam indiferentemente as duas expressões, como se fossem apenas designações diversas para a mesma coisa. Talvez não sejam. Observo inicialmente que, no que diz respeito aos manuais, até a edição da Portaria de 1994 a primeira designação era dominante. Assim se chamavam os manuais de Nelson Saldanha, de Miranda Rosa, e mesmo o de Cláudio Souto e Solange Souto – outro manual de grande circulação entre nós –, que é de 1981. Depois de 1994, certamente por influência da designação adotada pela Portaria do MEC – que nomeia a matéria a ser ministrada de "jurídica" –, a balança pende para o outro lado. É assim (como sendo de "Sociologia Jurídica") que são designados alguns dos manuais de maior circulação entre nós atualmente[4]. Esta é a designação que também escolhi para este *Manual*. Por quê? Uma resposta "dogmática" é possível: porque a Portaria n. 1.886/94 simplesmente nomeia-a assim: Sociologia Jurídica. Nesse caso, já não haveria mais o que discutir. Mas, a meu ver, nem por isso a discussão teria se tornado irrelevante.

Eliane Junqueira tem insistido sobre o fato de que não se deve utilizar de forma intercambiável as duas designações, pois não significariam a mesma coisa. Essa diferenciação foi estabelecida num seu livro de 1993, *A Sociologia do Direito no Brasil*, no qual sustenta que essa designação deveria ser reservada para referir-se a "um campo discursivo que trabalha não um direito definido juridicamente, mas redefinido pelas ciências sociais, através de pressupostos teóricos e epistemológicos destas" (JUNQUEIRA, 1993, p. 4). Isto é, a Sociologia do Direito seria simplesmente um ramo da Sociologia enquanto ciência social, da mesma maneira que existem uma Sociologia da Religião, uma Sociologia do Trabalho – e assim por diante. Já o termo Sociologia Jurídica, segundo ela,

> parece mais apropriado para designar uma disciplina que apenas objetiva introduzir uma visão sociológica na análise do direito, despertando no aluno uma consciência crítica em relação à ordem jurídica. Ou seja: uma disciplina que objetiva "abrir a cabeça" dos alunos, fazendo um contraponto às abordagens dogmáticas das demais disciplinas técnico-jurídicas (p. 56).

Portanto, a princípio, as coisas pareceriam estar bem claras: *Sociologia Jurídica* para juristas nas faculdades de Direito; *Sociologia do Direito* para sociólogos nas faculdades de Ciências Sociais. Havia, entretanto, um problema

---

4. Como os de Ana Lucia Sabadell (2013) e de Sérgio Cavalieri Filho (2015), p. ex.

nessa atribuição de competências: no Brasil, tradicionalmente, os pesquisadores com formação em Ciências Sociais, mesmo quando trabalhavam com temas ligados ao Direito, nunca apresentaram seus trabalhos como sendo de Sociologia do Direito, um campo intelectual praticamente inexistente no espaço institucional das ciências sociais brasileiras, pelo menos até pouco tempo atrás. A constituição desse campo, quando ocorre, vai se dar não através dos cientistas sociais, mas graças ao trabalho de juristas descontentes com o dogmatismo e excesso de formalismo do ensino jurídico, levando a chamada Ciência do Direito a um alheamento em relação às questões sociais. É o caso de um Cláudio Souto e seu trabalho pioneiro já nos anos de 1960, no Recife; um Miranda Rosa desde os anos de 1970, no Rio de Janeiro; e, em 1980, graças ao talento agregador de Joaquim Falcão, a constituição do Grupo de Trabalho "Direito e Sociedade", que funcionou até fins daquela década na Associação Nacional de Pós-Graduação e Pesquisa em Ciências Sociais (Anpocs), do qual chegaram a fazer parte alguns poucos pesquisadores identificados realmente como cientistas sociais. Fora essas exceções, o grupo era hegemonicamente constituído por juristas, ainda que, como acontecia na sua quase totalidade, por juristas "críticos".

Mas não basta fazer crítica social para fazer sociologia. E a Anpocs, em fins daqueles anos, no decorrer de um processo de reorganização dos grupos, tomou a decisão de não mais financiar o Grupo "Direito e Sociedade". Refletindo sobre essa decisão, diz Junqueira: "a área de reflexão direito e sociedade não conseguiu, na comunidade acadêmica das ciências sociais brasileiras, a institucionalização essencial para a sobrevivência de um campo intelectual" (JUNQUEIRA, 1993, p. 12). Noutros termos, a Sociologia do Direito continuou um assunto de (e para) juristas. Como tal, ela nem conseguia (como ainda não consegue plenamente) legitimar-se perante as ciências sociais, por ser coisa de juristas, nem perante os guardiões da pureza normativa da ciência jurídica, por ser coisa de sociólogos, permanecendo uma espécie de *outsider* nos dois campos. Na verdade os juristas-sociólogos, quer pelo engajamento crítico dos seus trabalhos, quer até mesmo pelas insuficiências (para os padrões da sociologia, evidentemente) teóricas e metodológicas de suas investigações, o que sempre fizeram foi não exatamente Sociologia do Direito, mas, como foi definido mais acima, Sociologia *Jurídica*, isto é, uma disciplina destinada sobretudo a "abrir" a cabeça encharcada de dogmática dos alunos para as realidades do mundo.

De lá para cá, as coisas têm mudado. E muito. Para ver isso, permitam-me uma breve excursão ao passado. No começo dos anos de 1960 – num momento em que minha geração começava a se formar intelectual e politicamente –, apareceu um livro propondo um conhecimento crítico da realidade brasileira e apontando as possibilidades de mudança em direção a uma sociedade mais justa e igualitária. O autor era Nelson Werneck Sodré, e o livro se chamava *O que se deve ler para conhecer o Brasil*. Percorrendo-o cinquenta anos depois, chama a atenção o fato de que não há praticamente nenhuma referência às instituições jurídicas do país! Dividido em inúmeros itens e subitens, não tem um só dedicado à Justiça, ao Direito, ao Judiciário ou coisa similar, mesmo se não faltam tópicos dedicados às forças armadas, à Igreja, à educação etc. Apenas num item dedicado às instituições, onde seria natural esperar uma chave para as instituições jurídicas, há duas minguadas referências: um livro de subsídios para a história do direito pátrio, outro dedicado à Escola do Recife. Num outro item, dedicado à Revolução Brasileira (um assunto de atualidade à época), há referências a dois livros de um jurista de esquerda hoje esquecido, Osny Duarte Pereira, um dos quais, *Quem faz as leis no Brasil?*, já anuncia, no título, a resposta que seria de se esperar de um autor com o seu perfil: as classes dominantes. Salvo um cochilo de minha parte, é só. Ora, num livro em que os títulos das "fontes principais" chegam a mais de seiscentos, e as "fontes secundárias" chegam a outro tanto (SODRÉ, s.d.), é, a bem-dizer, nada!

Hoje em dia uma ausência dessas seria notada como uma inexplicável omissão. A partir do processo de redemocratização do país, culminando com a Constituição de 1988, o campo jurídico no Brasil adquiriu uma visibilidade e uma importância inéditas. Nas ciências sociais, antes praticamente indiferentes às nossas práticas jurídicas e instituições judiciárias, temas como o da "judicialização da política"[5] tornaram-se frutíferos objetos de pesquisa. Nos últimos anos, provavelmente pela importância que adquiriram temas como cidadania e direitos humanos, antes ausentes do nosso debate político, a justiça (entendida como valor e como instituição) começou a atrair a atenção de sociólogos e cientistas políticos brasileiros. Nesse novo contexto, alguém que fosse atualizar o livro de Werneck Sodré não poderia deixar de incluir, entre

---

5. A referência entre aspas tem sua razão de ser. Um dos livros dos anos de 1990 se chama *A judicialização da política e das relações sociais no Brasil* (VIANNA et al., 1999). Nele, cientistas políticos e autores influentes no campo da teoria social expõem um qualificado diagnóstico do que vem ocorrendo na política e na sociedade brasileiras, desde que a Constituição de 1988 reservou ao Judiciário o papel de um novo e influente ator da nossa vida republicana.

as nossas instituições, referências ao Judiciário ou ao Ministério Público; e dentro de itens como "sociedade", referência aos movimentos de direitos humanos – e assim por diante. Escrevendo nos anos de 1990, Junqueira alimentava a expectativa da instituição de um campo da Sociologia do Direito no Brasil, seja pelo reconhecimento, pelos cientistas sociais, dos trabalhos feitos pelos juristas-sociólogos, seja pela constituição de espaços de investigação dos fenômenos jurídicos fora das escolas de Direito. Minha impressão é a de que isso é um processo em curso. E já faz algum tempo.

Num dos textos apresentados no seminário realizado no ano de 2000 na PUC do Rio de Janeiro, sobre que já falei, José Eduardo Faria – professor da Faculdade de Direito da USP e um dos nomes importantes da Sociologia do Direito no Brasil[6] – chama a atenção para os estudos sobre o Poder Judiciário e o Ministério Público no Brasil feitos nos anos de 1990 por dois cientistas políticos de renome, Maria Teresa Sadek em São Paulo e Luiz Werneck Vianna, no Rio de Janeiro (FARIA, 2002, p. 250). Ou seja: a Sociologia do Direito já não é cultivada apenas por juristas, como acontecia até pouco tempo atrás. Eu mesmo pus-me a percorrer, um tanto aleatoriamente, alguns títulos sobre temas jurídicos produzidos por cientistas sociais, e pude constatar o reconhecimento a que aspirava Junqueira. É o caso, a título de exemplo, de duas publicações dos anos de 1990. Numa delas, *Corpo e alma da magistratura brasileira*, escrita por Luiz Werneck Vianna e outros (a qual, aliás, se apresenta logo na primeira linha como sendo de "Sociologia do Direito"), há referências a trabalhos de José Eduardo Faria, Miranda Rosa, Joaquim Falcão e da própria Eliane Junqueira (VIANNA et al., 1997). Noutra, *Cidadania, justiça e violência*, organizada por Dulce Chaves Pandolfi e outros, a própria Junqueira, além de outros nomes que chegaram a frequentar as reuniões do Grupo de Trabalho da Anpocs, são igualmente citados (PANDOLFI et al., 1999). Adicionalmente, observe-se que um e outro estudos foram feitos sob os auspícios de duas das mais prestigiosas instituições de pesquisa no Brasil: o Iuperj e a FGV, respectivamente.

A outra vertente da expectativa de Junqueira, o reconhecimento, pelos cientistas sociais, de trabalhos feitos por juristas-sociólogos, pode estar em vias de construção. Está distante o tempo, evocado atrás, em que se contavam nos

---

6. Junto com Joaquim Falcão, em Recife, ele, em São Paulo, pertence à segunda geração da Sociologia do Direito no Brasil, "aquela que vem logo após a dos professores Miranda Rosa e Cláudio Souto" (FARIA, 2002, p. 245).

dedos (e talvez uma só mão servisse) os juristas que faziam pesquisa sociológica, de base empírica ou não, dentro do campo ainda ralo da Sociologia do Direito: Cláudio Souto, Joaquim Falcão, Miranda Rosa, José Eduardo Faria etc. A realidade de então, quando um pequeno grupo conseguiu ingresso na Anpocs, está também distante. Passados 30 anos, os juristas-sociólogos de hoje dispõem de suas próprias instituições destinadas a promover a pesquisa sociológica do Direito. Adredemente voltada para esse fim, citaria pelo menos duas: A Associação Brasileira de Pesquisadores em Sociologia do Direito (Asbrad) e a Rede de Pesquisa Empírica em Direito (Reed). Anotaria ainda a existência do Conselho Nacional de Pesquisa e Pós-graduação em Direito (Conpedi), o qual, ainda que voltado precipuamente para a pesquisa jurídica, tem abrigado nos seus encontros trabalhos ligados a uma perspectiva sociológica do Direito. Numa palavra, o aluno interessado em Sociologia do Direito poderá inteirar-se do que essas instituições andam fazendo mediante o recurso, hoje tão corriqueiro, de ir ao Google® e digitar essas siglas. Ficará surpreendido com a quantidade e mesmo a qualidade do que hoje se faz nesse campo no Brasil. Como se vê, o trabalho pioneiro dos juristas-sociólogos descontentes com sua disciplina de origem não foi em vão.

Mas voltemos às faculdades de Direito e à *Sociologia Jurídica*. Esta é a designação que adoto. Entre outras razões porque, independentemente de como a chamemos, estou, como Junqueira, também convencido, baseado na minha própria experiência enquanto professor da disciplina, de que não tem muito sentido ministrar nos cursos jurídicos uma Sociologia do Direito cujo conteúdo seria uma especialização da Sociologia, pela óbvia razão de que das escolas de Direito vão sair juristas, e não sociólogos – "se fosse essa a intenção, a escolha teria sido outra no vestibular", como lembra Junqueira (1999, p. 35). Como professor da disciplina, sempre adotei, como todo mundo, um programa que incluía as principais tradições teóricas da Sociologia, nomeadamente a trinca sagrada Marx, Durkheim e Weber – carinhosamente referidos nas Ciências Sociais como "os três porquinhos". Mas uma questão crucial sempre me interpelou – como ainda me interpela: Que serventia tem tudo isso para o jurista? – *jurista* e não *sociólogo*?

Atento ao fato de que estava falando para estudantes de Direito, sempre procurei abordar esses autores realçando o que neles haveria de pertinente para esse alunado específico. Assim, procurava expor as visões contrastantes de Marx – para quem o Direito nada mais seria do que um véu ideológico – e de Durkheim – para quem, ao contrário, ele seria o símbolo mais visível da solidariedade social. Da mesma maneira, procurava dar ênfase ao Weber teórico da racionalidade ocidental, dentro da qual a forma de dominação tradicional deu lugar à dominação legal-racional encarnada no direito moderno. Mas ficava sempre uma dúvida: E para que serve isso? Pode-se argumentar que, independentemente de uma utilidade visível, é algo bom em si mesmo que juristas conheçam o que disseram as principais tradições sociológicas sobre o seu ofício. Por que não? Afinal, soaria pelo menos estranho que um doutor em Direito não conhecesse o que os grandes nomes da Sociologia disseram sobre o saber que cultivam.

Mas haveria, para além dessa razão "desinteressada", algum motivo específico para que juristas incorporem esse conhecimento à sua formação? Noutros termos: O conhecimento desses autores poderia ser de alguma forma importante para o ofício de operar o Direito? No meu modo de ver, uma resposta positiva é possível. Marx, por exemplo, quem duvidaria de sua importância para o aprendizado de que "entre o céu e a terra não existem apenas leis e códigos, mas pessoas concretas, relações sociais, manobras políticas, interesses econômicos, jogos de poder"? (JUNQUEIRA, 1995, p. 9) – e de que tal aprendizado é importante para pessoas que têm por missão fazer valer a justiça? Weber, por seu lado, com suas reflexões sobre a forma de dominação legal-racional, que é a mais legítima na modernidade da qual, bem ou mal, fazemos parte, pode ser importante para "abrir os olhos" dos operadores sempre às voltas – sobretudo num país como o nosso – com intrusões indevidas das formas tradicionais de dominação. E assim por diante. Lembro apenas que, nesses casos, estamos diante mais de um saber sociológico com uma finalidade prática, "abrir a cabeça" dos futuros juristas (o que nos remete a uma sociologia adjetivada, ou seja, *jurídica*), do que de uma Sociologia do Direito, que, enquanto especialização da sociologia *tout court*, não tem, pelo menos a princípio, uma intenção desse tipo.

Mas não se trata simplesmente de produzir profissionais mais tecnicamente qualificados, bons dogmáticos que iriam, daí em diante, tornar-se ainda mais eficientes mediante o aporte de dados sociológicos à sua prática. Não seria, noutros termos, qualquer Sociologia que serviria a esse desiderato. Ilustro o que acabo de dizer com dois exemplos singelos. Uma pesquisa sociológica feita no Recife, junto a pessoas que figuraram em tribunais do júri dessa cidade, procurou averiguar se alguns fatores extrínsecos ao processo (p. ex.: a atitude do réu durante o julgamento) influenciavam ou não a decisão final dos jurados. Alguns resultados interessantes apareceram. Entre eles o de que o "choro do acusado durante o julgamento" não exerce nenhuma influência sobre jurados masculinos, mas que pesa "de certa forma [...] junto às mulheres" (VAISENCHER & FARIAS, 1997, p. 20). Ora, um advogado de defesa de um perigoso *serial-killer*, de posse desse dado, pode, verificando que há mulheres no conselho de sentença, instruir seu cliente no sentido de derramar-se em lágrimas durante suas alegações finais. Do mesmo modo que, como observa Artur Stamford, professor de Sociologia Jurídica na Faculdade de Direito do Recife, um advogado, fazendo um júri numa comunidade rural, onde os valores religiosos são mais fortes do que nos grandes centros urbanos, poderia ingressar na sala do tribunal sobraçando não o Código de Processo Penal, mas a Bíblia (STAMFORD, 1998, p. 241). Nesses casos, a sociologia teria contribuído para tornar o operador jurídico mais competente. Mas não creio que seja exatamente desse tipo de competência que se fala quando se pensa na inclusão da Sociologia nos cursos jurídicos, considerando que nos termos da Portaria n. 1.886/94 do MEC e da Resolução n. 09/2004 do CNE, que a substituiu, essa eficiência deverá estar balizada por uma "visão crítica" e critérios substantivos como o "desenvolvimento da cidadania". Mas os alunos quererão isso? O que remete a outra questão: Tal pergunta deve mesmo ser feita?

A questão não é inspirada apenas pelas injunções principiológicas da legislação que rege a matéria. Ainda que isso seja algo a não ser negligenciado, a questão tem, principalmente, a ver com as próprias aspirações dominantes do alunado das escolas de Direito no Brasil hoje em dia. Remeto-me aos resultados de uma pesquisa feita há alguns anos com alunos de quatro faculdades do Rio de Janeiro. A "inserção profissional desejada" que ganhava disparado não era a "Advocacia", mas o "Concurso Público" (JUNQUEIRA, 1999, p. 11). Apenas na PUC-Rio é que o segmento que desejava a primeira inserção foi significativo: 20,6%. Mas, ainda aí, perdia largamente para o segmento que preferia a via do concurso: 50,7%. Nos outros locais, essa disparidade era ainda mais expressiva. Pela minha experiência em sala de aula, esses resultados continuam válidos: a grande maioria dos que vão fazer Direito quer comprometer-se com uma função pública. Se esses alunos são movidos por um interesse autenticamente público ou pela segurança do emprego proporcionada pelo cargo, chega a ser irrelevante. Independentemente de sua motivação, o que importa destacar é que, como operadores de uma função pública (juízes, procuradores ou defensores públicos), o seu comprometimento com uma justiça mais justa (a redundância é proposital) figura como um dever. É nesse sentido que coloquei a questão mais atrás: Tem sentido perguntar se eles aspiram a esse engajamento, na medida mesma em que tal postura constitui uma das atribuições da profissão que querem abraçar? Nesse caso, qual deveria ser o conteúdo da *Sociologia Jurídica* a ser ministrado a esse profissional *típico-ideal*?

Há uma velha ideia que percorre, quase como um lugar comum (ou, numa formulação mais elegante, um paradigma implícito), o terreno para onde juristas, inconformados com o excesso de dogmatismo de sua disciplina, se bandeiam, a fim de constituir a Sociologia Jurídica. Que ideia? A de que o sociólogo do direito detém o segredo, ou pode descobrir o segredo, de uma ciência social da legislação. Da *boa* legislação, obviamente – bem como da *boa* (quiçá científica) aplicação da lei. É uma ideia antiga. Eu diria que ela já está presente no projeto platônico do rei-filósofo, tanto quanto no projeto de substituição do jurista pelo sociólogo, visível no positivismo de Augusto Comte. De minha parte, mesmo não recusando completamente essa pretensão (pois o sociólogo do direito tem o que dizer ao jurista, e o jurista tem que prestar atenção ao que diz a sociologia de um modo geral), encaro-a munido de algumas cautelas. No começo dos anos de 1980 – época em que funcionava o Grupo de Trabalho "Direito e Sociedade" na Anpocs – o seu fundador e principal animador, Joaquim Falcão, fez-se a seguinte pergunta acerca do que deveria ser o direito:

> Se a psicanálise e a psiquiatria, como ciências a favor da saúde mental, são o conhecimento crítico sobre a loucura [...], deve o direito, como *ciência a favor da justiça*, ser ou não o conhecimento *crítico* sobre a injustiça? (FALCÃO, 1983 – itálicos meus).

Acho que essa indagação (onde o adjetivo "crítico", um lugar-comum na produção sociojurídica brasileira, volta a aparecer) esclarece muito bem a intenção de tantos quantos lutaram pela inclusão da Sociologia nas nossas faculdades: fazer do Direito um instrumento da justiça. Nesse caso, a Sociologia que se quer nas escolas de Direito é uma sociologia realmente *jurídica* – ou seja: uma sociologia que faça a crítica do nosso Direito e das nossas instituições jurídicas, visando à realização dos valores implicados na noção de justiça. Dita num contexto de crítica ao excessivo dogmatismo dos juristas, a frase é ótima. Mas acho que ela é problemática. Em primeiro lugar, a analogia não é perfeita, porque a saúde e a justiça não estão num mesmo patamar de consenso. Estou querendo dizer o seguinte: todos nós somos capazes de nos pôr de acordo sobre o que é a saúde, e assim querermos a mesma coisa. Mas a justiça, costumamos querer aquela que se confunde com o que consideramos ser *nosso direito*, e assim não queremos necessariamente a mesma justiça. Isso nos remete à questão de um ensino "crítico". O que seria isso? Um ensino para formar juristas que fossem críticos das iniquidades da nossa sociedade? De acordo. A resposta parece de uma evidência solar. Mas, justamente por isso, paremos para refletir um pouco, pois convém desconfiar das primeiras evidências. Ocorre-me pensar que no nível genérico em que esse pressuposto se coloca, ele corre o risco de ser um desses princípios com que todos nós concordamos exatamente porque, em concreto, não sabemos muito bem do que estamos falando. Daí valer a pena colocar como questão uma indagação que ultrapasse o nível do senso comum.

Pensando num nível menos retórico, é bom lembrar que as sociedades democráticas, como diria o filósofo francês Claude Lefort, alimentam-se permanentemente do debate sobre o que é justo e o que não é. Então, nessas sociedades, a existência do conflito é legítima. O direito, aqui entendido como ordenamento jurídico, é apenas uma série de prescrições que dizem como, em determinado momento histórico, esses conflitos devem ser resolvidos. E ele próprio, por seu lado, está também sujeito permanentemente a esse debate, por isso está mudando o tempo todo, num movimento incessante e sem fim (LEFORT, 1983). Ora, nessas condições, é difícil conceber o que seria o verdadeiro direito, o direito justo, um direito crítico da injustiça existente na sociedade e cuja aplicação estaria a cargo dos juristas formados num ensino ministrado por uma Sociologia Jurídica ideal. Não apenas é teoricamente difícil conceber que prescrições conteria esse direito, como isso, de certa forma, se chocaria com o princípio democrático da legitimidade do debate sobre o que é legítimo e o que não é.

Raciocinemos em termos bem empíricos. Como todos sabem, vivemos em sociedades divididas em classes. E a luta de classes está em toda parte. Mas como as sociedades em que vivemos não são apenas capitalistas, são também democráticas, as lutas de classe são, por assim dizer, legítimas. E o direito, entre outras coisas, é um instrumento de administração dessas lutas. É preciso encarar isso de frente: o direito não existe para acabar com elas, existe para administrá-las. Nesse caso, trazendo o debate para o nível empírico, um conflito entre patrões e empregados que desemboque no judiciário, por exemplo, vai exigir que as duas partes estejam representadas. Vai ter que ter o advogado dos "explorados", e o advogado dos "exploradores". O primeiro pode, e, aliás, deve, ser um advogado "crítico". Mas e o segundo? Vai também ser crítico da ordem burguesa injusta? Na sua contestação vai dizer que a parte contrária está certa? Se fizer isso, o patrão o acusará de "patrocínio infiel", o destituirá e chamará outro causídico.

A dúvida acima teve como referência a figura do advogado. Essa figura tão emblemática da justiça[7] problematiza a visão de um ensino crítico a ser assimilado por todo mundo, porque, num conflito, um dos advogados será sempre "anticrítico". Mas, pensando na figura do juiz, e também na do promotor de justiça etc., pode-se, sim, pensar na possibilidade, diria até na necessidade, de uma postura crítica frente à realidade. Considero, aliás, que o advogado e os operadores públicos do Direito não estão no mesmo pé de igualdade no que diz respeito ao problema da justiça. Sejamos francos: o primeiro dever de lealdade do advogado não é com o bem comum, é com o seu cliente. Não adianta os discursos de paraninfo dizerem o contrário. Quer esse cliente seja um "sem-terra", quer seja um latifundiário dono de terras improdutivas, o advogado estará ali em primeiro lugar para defender o seu interesse. E esse é o comportamento que dele se espera. Ou seja: o que seria condenável da parte de um juiz, a parcialidade, é exatamente o que caracteriza o papel do advogado. Já no caso dos juízes, que estão aí para fazer justiça, e dos promotores, que têm por missão defender os interesses da sociedade, uma postura *crítica* não é apenas possível, é também desejável do ponto de vista de suas atribuições.

O fato é que uma formulação aparentemente simples como aquela com a qual estamos acostumados e mesmo comprometidos – o Direito como um instrumento de realização da justiça –, não é algo universalmente desejado e unívoco. Mas haveria meios de assim torná-lo? E a Sociologia Jurídica que se quer nas faculdades de Direito poderia dizer como fazê-lo? A tentação é grande de dizer que sim. De sugerir, por exemplo, que o jurista crítico e humanista, pensando no qual se editou a Portaria do MEC e depois a Resolução do CNE, é aquele que, tendo compromissos com princípios como a democracia e a justiça social – ambos, aliás, sobejamente abrigados na nossa Constituição Cidadã de 1988 –, saberá, para cada caso concreto, sopesar os vários interesses em jogo e dar uma solução de acordo com aqueles princípios. No caso, por exemplo, de um conflito entre um interesse privatístico e uma necessidade coletiva socialmente relevante (pensemos de novo no caso do proprietário de terras improdutivas ocupadas pelos "sem-terra"), a decisão seria a favor dos segundos, tudo, aliás, dentro de uma interpretação sistêmica que subordine

---

[7]. A ponto de as pessoas comuns, referindo-se a quem fez o curso de Direito, ainda costumarem dizer: "fulano é formado em advocacia".

o princípio da propriedade privada do Código Civil – lei menor – à "função social da propriedade" consagrada na Constituição – lei maior. Mas será que é ao sociólogo, enquanto sociólogo, que cabe dizer isso? Ou essa não será uma tarefa e uma responsabilidade a ser assumida pelos próprios juristas? Inclino-me no sentido desta última proposição. O que cabe ao jurista-sociólogo, no caso, é esclarecer os juristas, isto é: fornecer-lhes dados, informações, enfoques etc. que subsidiem suas discussões e opções, e não assumir uma postura normativista e decidir por eles. Concordo, neste sentido, com uma preocupação de Boaventura Santos, referindo-se especificamente aos magistrados, sobre a "necessidade urgente" de dotá-los

> de conhecimentos culturais, sociológicos e econômicos que os esclareçam sobre as suas próprias opções pessoais e sobre o significado político do corpo profissional a que pertencem, com vista a possibilitar-lhes um certo distanciamento crítico e uma atitude de prudente vigilância pessoal no exercício das suas funções numa sociedade cada vez mais complexa e dinâmica (SANTOS: 1986, p. 26).

***

Retomo enfim a questão sobre o que seria um manual da **Sociologia Jurídica** que leve em conta o que foi dito até aqui. Como disse no início, a partir da obrigatoriedade da matéria nos cursos de graduação em Direito, inúmeros manuais têm sido publicados no país. Por que então escrever outro que seria apenas "um a mais"? Justamente porque, mesmo sendo mais um, escrevi-o com a intenção de que constitua uma opção para o professor e o aluno da disciplina, na medida em que, a meu ver, os manuais atualmente existentes nem sempre vão numa direção coincidente com as preocupações que expus. Sobretudo quando se considera a tendência, atualmente em voga, de se publicarem manuais que são na verdade coletâneas de textos (de resto, geralmente muito bons) onde é possível se vislumbrarem, dentro do mesmo volume, de um lado, ensaios sobre as obras fundantes dos "três porquinhos", além de outros clássicos contemporâneos (como Habermas, Luhmann, Bourdieu, Foucault etc.), e, de outro, artigos monográficos sobre temas como "acesso à justiça", "ideologia dos operadores jurídicos", "seletividade do sistema penal" – e assim por diante.

Nada oponho à importância e à qualidade das coletâneas. Mas considero que se deve atentar para um aspecto prático quando se pensa numa disciplina como *Sociologia Jurídica* ministrada num curso de Direito (*Direito*, e não *Ciências Sociais*, volto a enfatizar). Trata-se de uma disciplina muitas vezes oferecida apenas num semestre (muitas vezes reunindo numa só cadeira Sociologia Geral e Jurídica), com no máximo 60 horas-aula, o que recomenda contenção e concentração. Assim, diria que as coletâneas apresentam "o embaraço da escolha", usando uma expressão francesa. Mesmo que sejam de excelente nível, costumam ser disparatadas na variada gama de autores e assuntos que põem à disposição do professor e do aluno, sem uma direção sobre o que escolher. Ademais, nem sempre autores e assuntos vêm conectados à realidade circundante sobre a qual o futuro jurista irá trabalhar.

Essa é uma preocupação que atravessa de ponta a ponta este *Manual*: a conexão com a realidade brasileira. Marx, Durkheim e Weber, por exemplo, serão lidos a partir de uma pergunta crucial: Em que a leitura deles pode ajudar um estudante de Direito a refletir sobre o Brasil? É dentro dessa mesma preocupação que abordarei alguns clássicos do pensamento social brasileiro, a meu ver indispensáveis para entendermos as relações sociais nas quais estamos inseridos e dentro das quais atuará o futuro bacharel. São, entretanto, autores praticamente ignorados pelos cursos de Direito, bem como (talvez por não serem *sociólogos* no sentido estrito do termo) ausentes nos manuais de Sociologia do Direito existentes. Uns e outros comporão a primeira parte deste *Manual* – sua parte *teórica*, por assim dizer. Uma segunda parte, de natureza *prática*, abrigará duas unidades que acredito serem capazes de despertar o interesse do estudante: na primeira, serão abordados temas da *Sociologia do Direito* que têm figurado em questões formuladas em concursos públicos na área jurídica; a segunda, dedicada à pesquisa, foi escrita pensando no aluno às voltas com a monografia de conclusão do curso.

Em resumo, estas são as razões deste **Manual de Sociologia Jurídica**, cujo conteúdo vem abaixo discriminado, juntamente com as razões que justificam as unidades que o compõem, em número de cinco.

PRIMEIRA PARTE
Unidade I
A tradição sociológica e a realidade brasileira

Trata-se de abordar os fundadores da tradição sociológica em questões nas quais eles podem ser úteis para se perscrutar a realidade brasileira contemporânea. Exemplos: o conceito de "mercadoria" de Marx pode ser útil para se analisar o processo de mercantilização de direitos socioeconômicos como a saúde; o conceito de "crime" de Durkheim pode ser útil para se analisar processos como a criminalização (ou descriminalização) das drogas; o conceito de "dominação legal-racional" de Weber pode ser útil para se analisar o patrimonialismo endêmico da nossa cultura política – e assim por diante.

Unidade II
O Pensamento Social Brasileiro e o Direito

Na sequência da unidade anterior, serão expostos textos clássicos do pensamento social brasileiro que enfocam nossa tradição patrimonialista, clientelista e autoritária – numa palavra, pré-moderna e antidemocrática –, da qual, aliás, o Judiciário brasileiro não pode se considerar ausente. Serão analisados autores como Sérgio Buarque de Holanda, Roberto DaMatta, Raymundo Faoro e Oliveira Vianna. Não simplesmente por serem "prata da casa", mas por serem *prata* da melhor qualidade e falarem do Brasil. Um jurista brasileiro não pode deixar de conhecê-los. E ainda que os dois últimos sejam juristas, são autores que normalmente ninguém lê nas nossas faculdades de Direito.

Unidade III
A perspectiva crítica

A unidade abordará um amplo movimento que, a despeito de ser multifacetado, tem raízes comuns na análise marxista do fenômeno jurídico. No Brasil, remonta aos anos de 1970. Engloba tendências teóricas e práticas que vão do Pluralismo Jurídico ao Direito Alternativo, passando pelo Uso Alternativo do Direito. Esses tópicos costumam estimular os alunos a discutir (às vezes apaixonadamente) questões relacionadas à vocação que deve ser a da *Sociologia Jurídica* nas nossas faculdades: uma matéria que estimule uma postura reflexiva e uma visão crítica da nossa realidade.

SEGUNDA PARTE
Unidade IV
Tendências atuais da Sociologia Jurídica: indicações

A unidade abordará alguns temas da Sociologia Jurídica que poderão interessar a um futuro bacharel desejoso de se submeter a um concurso público. Ela foi elaborada a partir do fato bem concreto de que, atualmente, importantes instâncias de acesso a uma função pública na área jurídica têm previsto temas da Sociologia do Direito como matéria nos concursos que realizam, a exemplo do Conselho Nacional de Justiça (CNJ) e da Ordem dos Advogados do Brasil (OAB). Trata-se, assim, de uma área a não ser negligenciada pelo futuro bacharel interessado em assumir um múnus público.

Unidade V
A pesquisa sociojurídica: indicações

O que chamo de Pesquisa Sociojurídica é um "modelo" fronteiriço entre a pesquisa jurídica e a pesquisa sociológica. Destina-se ao aluno de graduação às voltas com a Monografia de conclusão do curso e desejoso de ir além da pesquisa estritamente dogmática, mas sem formação para empreender uma pesquisa sociológica no sentido estrito (e *hard*) do termo. A unidade tem finalidades bem práticas – e, espera o autor, pode ser de alguma relevância para um *aggiornamento* da pesquisa no interior das faculdades de Direito.

Primeira

PARTE

Unidade I

A tradição sociológica e a realidade brasileira

A Sociologia, como se sabe, foi batizada por Augusto Comte (1798-1857), que no seu *Curso de Filosofia Positiva*, publicado entre 1830 e 1842, designou a ciência que estava criando com esse neologismo. Estávamos na França, numa época em que apareceram também outros dois neologismos destinados a fazer história: "socialismo", supostamente da lavra de Pierre Leroux, em 1834, e "comunismo", empregado ao que tudo indica pela primeira vez por Étienne Cabet, em 1840. Talvez remonte a essa proximidade a antiga confusão, às vezes ainda encontradiça, entre Sociologia e Socialismo. O fato de que aquela ciência e esse movimento tenham surgido no país que tinha sido palco da Revolução Francesa, afinal, não é um mero acaso. Uma e outro são filhos do Iluminismo, o amplo movimento político e intelectual que abalou as estruturas feudais ainda muito fortes num país como a França e, de certa forma, inaugurou o mundo moderno. O grande acontecimento do último quarto do século XVIII, a Revolução de 1789, foi fartamente irrigado por pensadores como Montesquieu, Voltaire e Rousseau, os nomes mais conhecidos da exuberante constelação das Luzes – *Les Lumières*, como os franceses designam aquilo que entre nós ficou conhecido pela designação de Iluminismo.

No entanto, e ainda que decorram do mesmo élan iluminista, o Socialismo e a Sociologia, ideologicamente falando, surgem com sinais trocados. Simplificando bastante a história, a Sociologia, contrariamente ao que normalmente se pensa, aparece na primeira metade do século XIX como um movimento conservador, com a intenção explícita de formular uma ciência que ajudasse a pôr ordem na turbulência social e política desencadeada em 1789. Já o Socialismo aparece com a proposta de reacender essa mesma turbulência, sufocada pela "restauração" napoleônica e, depois de sua derrota em 1815, pelo famoso Congresso de Viena, que objetivou restaurar a ordem absolutista do *Ancien Régime*. Por isso é que Pierre Leroux definiu o Socialismo como "a doutrina que não sacrificará nenhum dos termos da fórmula Liberdade-Igualdade-Fraternidade" (cf. ATTALI, 2005, p. 36) – que ainda hoje figura como divisa da República Francesa.

Estamos acostumados a ver nos eventos desencadeados em 1789 a marca de uma revolução burguesa por excelência. O juízo é, no geral, verdadeiro, nem que seja pelo fato de que à tormenta revolucionária de fins do século XVIII sucedeu a sólida sociedade burguesa do século XIX, mas é um tanto sumário. A Revolução Francesa foi um processo longo, tortuoso e marcado por importantes dissensões internas. Inicialmente era até um movimento moderado para os padrões de hoje, pois a principal aspiração do "terceiro estado" que se autoconstituiu como Assembleia Nacional em junho de 1789 era dotar a França de uma monarquia constitucional à inglesa. Mas um mês depois, exatamente em 14 de julho, os eventos começaram a sair do controle com a tomada da Bastilha pela turba parisiense. Ou seja, a partir do momento em que a agitação ganhou as ruas e incorporou as massas miseráveis de Paris, o movimento mudou de rumo e se radicalizou. Foi o período dominado pelo "jacobinismo". Sua principal figura, Robespierre, fez-se o porta-voz dos *sans-culottes* – o que entre nós chamaríamos hoje de "povão". E das jornadas sangrentas e gloriosas daqueles anos emergiu a "questão social". Até os termos clássicos que ainda hoje definem o espectro político no mundo – esquerda e direita – provêm daquela época, a partir do fato banal de que, na Assembleia Nacional, os jacobinos sentavam-se à esquerda da mesa diretora.

No século XIX, outra revolução veio reacender as aspirações dos antigos jacobinos, ao ocasionar o aparecimento de uma nova classe social que as realizaria: o proletariado. Refiro-me à Revolução Industrial. Praticamente todos os pensadores importantes do princípio daquele século têm a atenção atraída para as grandes mudanças que se operam com o processo de industrialização em curso, ocasionando problemas sociais novos: oposição entre patrões e empregados, superpopulação urbana, criminalidade em níveis inéditos, trabalho feminino e infantil em condições desumanas etc. É a existência desses problemas que vai sugerir a Augusto Comte a necessidade da constituição de um novo ramo do saber capaz de, com métodos científicos, estabelecer os princípios de uma organização "positiva" da sociedade, superando o livre jogo da economia industrial, produtora daqueles males. Isso, todavia, sem revolução, mas com reformas subsidiadas pela nova ciência em constituição. "Progresso", sim, mas com "ordem" – como ainda hoje figura na nossa bandeira: Ordem e Progresso, lema inspirado diretamente no positivismo comteano muito em voga junto aos militares brasileiros que em 1889 proclamaram a nossa república.

A nova ciência foi inicialmente designada pelo próprio Comte como "física social". A designação ilustra a ambição de descobrir as leis do desenvolvimento social analogamente ao que se passava em relação ao mundo da natureza. A astronomia, a química, a biologia e, sobretudo, a física, com seus notáveis avanços, figuravam como modelos de um saber científico rigoroso. A Sociologia – designação adotada por Comte na sequência do *Curso de Filosofia Positiva*, que durou doze anos! – aspirava a idêntico rigor: "Conhecer para prever, prever para prover" é um dos lemas comteanos. Noutras palavras, os problemas sociais decorrentes da desorganização do mundo medieval e da instauração do capitalismo industrial moderno não são apenas alguns dos temas de predileção da nova ciência, a Sociologia; mais do que isso, são uma das razões de ser da própria disciplina, que nasce com a preocupação de resolvê-los. Preocupação que está explicitamente presente em pensadores conservadores como Comte e, já no final do século XIX, Durkheim, mas também no pensamento revolucionário de Marx. Já num Weber, pensador bem menos "engajado", as questões que mobilizaram os outros não são exatamente aquelas às quais dedicou seu labor intelectual. Mas, como veremos, também ele ocupou-se de certos traços constitutivos do mundo moderno saído do Iluminismo que ainda hoje nos interpelam.

Isso dito, a pergunta a ser feita nesta **Unidade** é a seguinte: Em que medida Marx, Durkheim e Weber (os três nomes universalmente reconhecidos como fundadores da tradição sociológica) podem ser úteis para se perscrutar a realidade brasileira contemporânea? Pensando no público para quem escrevo, a pergunta se afunila: Em que medida eles podem nos ajudar a exercer um olhar menos ingênuo sobre o mundo do Direito num país como o nosso? Como já destaquei na **Introdução**, uma resposta positiva é possível. Mas por que esses autores e não outros? Coloco a pergunta por que, como é óbvio, a sociologia não parou neles três. Pense-se, por exemplo, em clássicos contemporâneos como Foucault, Habermas, Luhmann, Bourdieu etc. – todos se beneficiando de ampla circulação entre nós. Todos, além disso (ainda que devedores dos "três porquinhos"), fundadores de outras tantas escolas sociológicas. Devo confessar que a principal razão é o fato de que a referência àqueles três autores é incontornável em qualquer manual de introdução à sociologia. Inclusive nos manuais de Sociologia Jurídica, que não os dispensam. Também não os dispensarei. Além do mais, como veremos, todos fizeram reflexões sobre aspectos da sociedade moderna (dentro da qual, bem ou mal, nos situamos) que são ainda hoje valiosos para perscrutarmos com um olhar mais atento o mundo – e o país – que se desdobra à nossa volta. Para além das enormes diferenças que existem entre os três (e que tentarei aclarar adiante), todos eles exerceram sobre o mundo em que viveram o que gosto de chamar de "olhar sociológico", o qual, substancialmente, não difere do olhar científico de uma maneira geral. Mas o que vem a ser esse "olhar"? Nada melhor do que começar com um exemplo singelo.

Um velho saber popular – baseado, aliás, numa "evidência" que todos podemos *ver* – tem por certo que as pessoas com orelhas compridas vivem muito. Não se trata da famosa "orelha de abano", mas do apêndice auricular crescido para baixo, com aspecto de "pendurado", comum nas pessoas em idade provecta. O leitor provavelmente já percebeu a falácia da conclusão: não é porque as pessoas têm orelha grande que vivem muito; ao contrário, é porque já viveram muito que a orelha começa a crescer para baixo. O exemplo, mesmo que singelo, ilustra o que pretende ser um olhar menos crédulo diante das primeiras evidências – tarefa de toda ciência, inclusive da Sociologia, ainda que seja problemático equipará-la às ciências naturais como a física, de onde Comte partiu. A sociologia, obviamente, não foi criada para solucionar ilogismos anedóticos como o da orelha grande como sintoma de longevidade, mas o "olhar sociológico" pretende igualmente desfazer os ilogismos sociais e, tanto quanto possível, dar explicações que vão além do mero senso comum.

Autores como Marx, Durkheim e Weber, além evidentemente de vários outros, lapidam nosso olhar; permitem irmos além de certas evidências imediatas que o mundo põe à nossa disposição desde que nascemos. De um modo geral achamos a sociedade em que desembarcamos quando vimos ao mundo algo natural, que a princípio não questionamos. Mas alguns, saindo do senso comum dentro do qual estamos normalmente imersos, a questionam. Sair do senso comum é pôr as coisas em xeque (pelo menos entre parênteses), e a partir daí começarmos a nos perguntar sobre o porquê das coisas, estranhá-las, eventualmente criticá-las e, para os que a isso se dispõem, mudá-las. Acho que os "três porquinhos" podem nos ajudar nessa tarefa – que, diga-se de passagem, não é realizada pela posse de um mero conhecimento, ainda que qualificado. A tarefa de conhecer pertence ao reino do ser; a de mudar o mundo, do dever-ser. O abismo entre uma coisa e outra não é atravessado pela ciência, mas pela ética – como diria, aliás, um dos nossos autores, Max Weber. Mas esse Max virá depois. Primeiro, vamos a Marx.

Karl Marx (1818-1883)

Marx nunca imaginou, nem pretendeu, que o saber que produziu em sua acidentada vida de revolucionário errante fosse um dia se converter num dos mais importantes paradigmas de uma ciência acadêmica: a Sociologia. O saber que estava criando pretendia apenas ser uma ciência revolucionária do proletariado. Curiosamente, o jovem Karl começou sua carreira intelectual como estudante de Direito, em Bonn, quando chegou a ser aluno do célebre jurista Savigny. A escolha pelos estudos jurídicos foi mais do seu pai do que propriamente sua. Judeu, Herschel Marx Levy teve de se converter à fé cristã e mudar seu nome para Heinrich Marx a fim de prosseguir uma promissora carreira de jurista. Isso aconteceu um ano antes do nascimento de Karl, em 1817, numa Renânia recentemente incorporada à Prússia por decisão do Congresso de Viena que revogou várias medidas "emancipatórias" dos judeus promovidas pelo recém-destronado Napoleão. Muitos anos depois, em 1843, seu filho, ainda jovem, escreveu um texto famoso, *Sobre a questão judaica*, onde dizia que a questão não era dar liberdade religiosa aos judeus, mas libertar a humanidade da alienação da religião. Nesse momento de sua vida, o jovem Marx já tinha abandonado os estudos do Direito, se voltado para a filosofia e começava a se encaminhar para a economia política. Estava se tornando "marxista".

Pode-se dizer que há dois Marx. De um lado, o inspirador dos regimes comunistas que, a pretexto de edificarem um mundo novo livre da exploração do homem pelo homem, instauraram as famosas "ditaduras do proletariado". Este Marx, por causa do fracasso que foi a experiência daqueles regimes, faleceu. Mas há outro Marx, o autor de um instrumental sociológico para se estudar as sociedades capitalistas. Esse Marx entrou na UTI em boa parte do mundo acadêmico depois da derrocada daquelas ditaduras, mas não exalou o último suspiro e está sempre nos interpelando. Pensador do século XIX, Marx foi contemporâneo da Revolução Industrial na Inglaterra vitoriana, onde crianças de 12 anos chegavam a trabalhar 14 horas por dia em sinistras fábricas e no fundo de minas de carvão. É a realidade retratada em romances como *Oliver Twist* de Charles Dickens (Oliver que, é bom lembrar, era um "menino de rua"...). Ao longo dos séculos XIX e XX, essa realidade foi alterada nos países capitalistas centrais por reformas que frearam a voracidade do capital e puseram determinados bens ao abrigo da pura exploração econômica. Foi o que aconteceu, por exemplo, com a saúde e a educação, que se tornaram, pelo menos no que têm de básico, serviços públicos assegurados pelo Estado ao conjunto da população. Entre nós, a despeito da existência do SUS e da universalização do ensino público fundamental, a qualidade desses serviços praticamente obriga quem pode pagar por eles a fazer um seguro-saúde para a família e mandar os filhos para uma escola privada... E Marx com isso?

Na primeira frase de *O capital*, livro caudaloso e nunca concluído, Marx observa que "a riqueza das sociedades onde reina o modo de produção capitalista" aparece como uma "enorme coleção de mercadorias". É o Marx sociólogo, e sua hipótese sobre o processo geral de mercantilização que se verifica nas sociedades capitalistas, onde "todas as atividades até então reputadas como dignas e encaradas com piedoso respeito" são despojadas de sua "auréola", como está escrito no *Manifesto comunista*. A burguesia, diz ele, "fez do médico, do jurista, do sacerdote, do poeta, do sábio seus servidores assalariados". Depois vem a frase famosa: "Tudo o que era sólido e estável se desmancha no ar" (MARX & ENGELS, 2010, p. 42-43). E o que tudo isso teria a ver conosco? Olhe-se ao redor! De vez em quando faço isso. E foi assim que, um dia desses, notei um *outdoor* onde havia um bando de pessoas felizes. Todos estavam vestidos com uma espécie de bata, tendo na cabeça uma touca. Parecia um time de padeiros fazendo um comercial de macarrão. Mas a bata não era branca, era esverdeada. Chegando perto, notei que era um grupo de médicos fazendo propaganda de um hospital. Dentro do mesmo espírito, comerciais de televisão vendem educação, uma mercadoria submetida como outra qualquer à despudorada fantasia do mundo da publicidade. Nesse reino encantado das propagandas, uma faculdade, para tirar "clientes" dos concorrentes, anuncia a gratuidade na inscrição ao vestibular para alunos de outras escolas. Enquanto, num hospital, um casal de idosos dá entrada sorrindo, como se estivesse se hospedando num hotel em Fernando de Noronha!

Quando escreve (com a colaboração de Engels) *O manifesto comunista*, em 1848, Marx contava trinta anos. Já tinha iniciado a vida de revolucionário errante e o Direito já não o interessava. Em 1859, num famoso prefácio para um livro que terminou abortado como tantos em sua vida, *Para a crítica da economia política*, ele escreveu um pequeno sumário dando conta do seu percurso. "Minha especialidade era a Jurisprudência", diz. Mas em 1842, como redator da *Gazeta Renana*, segundo suas próprias palavras, "vi-me pela primeira vez em apuros por ter que tomar parte na discussão sobre os chamados interesses materiais". Acontece que, naquele ano, a Assembleia da Renânia deliberava sobre um assunto aparentemente menor: o roubo de madeira por camponeses pobres na região. Foram essas deliberações que deram a Marx "os primeiros motivos para ocupar-[se] de questões econômicas" (1974, p. 134).

Observei atrás, a propósito da tormenta revolucionária francesa do final do século XVIII, que ela foi sucedida pela sólida sociedade burguesa do século XIX. E mencionei a "restauração" napoleônica. É que com ele e o Código Civil Francês de 1804, que serviu de modelo para as várias codificações europeias que se seguiram, o direito à propriedade, "sacralizado" na Declaração dos Direitos do Homem de 1789 (art. 17), ganha seu estatuto pleno. A plenitude, no caso, não é mera figura de linguagem. Na sociedade medieval, sepultada pela revolução, a propriedade não era um direito unitário. Além dos direitos privados do senhor, ela estava submetida a direitos consuetudinários, de caráter comunitário, que até certo ponto protegiam os servos moradores dos feudos. Entre esses direitos figurava o de recolher madeira das florestas, particularmente os galhos derrubados pelo vento, que serviam de combustível para suas miseráveis choupanas. Nada disso estava escrito em alguma lei emanada de um poder central. Eram direitos que remontavam à noite dos tempos. Mas, seguindo a tendência geral da época, o parlamento renano discutia a adoção de uma lei escrita em bases privatísticas, tornando a propriedade um direito unitário. "O acessório segue o principal" – como diz ainda hoje um princípio vigente entre nós e conhecido de qualquer estudante de Direito. Na Renânia do jovem Karl, as novas disposições legais extinguiam os direitos ancestrais ancorados na tradição e, assim, aquilo que era até então um direito – a coleta de galhos caídos de árvores – transformava-se, *ipso facto*, em crime: roubo de madeira. Por isso que, no já citado prefácio, Marx escreveu:

> Minha investigação desembocou no seguinte resultado: relações jurídicas, tais como formas de Estado, não podem ser compreendidas nem a partir de si mesmas, nem a partir do assim chamado desenvolvimento geral do espírito humano, mas, pelo contrário, elas se enraízam nas relações materiais de vida (1974, p. 135).

E nas novas "relações materiais de vida" do século XIX desaparece a sociedade do *Ancien Régime*, levando consigo as comunidades medievais e seus direitos consuetudinários. Repetindo uma pergunta anterior, o que isso teria a ver conosco? Basta outra vez olhar ao redor. No caso, nem se precisa sair de casa: basta ver pela televisão um desses corriqueiros conflitos envolvendo os "sem-teto" e a polícia cada vez que esta vai cumprir uma ordem judicial de reintegração de posse de um imóvel – "invadido", dizem os proprietários; "ocupado", dizem os enxotados *manu militari* –, como aconteceu em setembro de 2014, na Avenida São João, em pleno centro de São Paulo. Isso é possível porque não é a simples posse que assegura a propriedade, mas um título de transmissão registrado em cartório em boa e devida forma, mesmo o imóvel estando abandonado pelos proprietários havia cerca de dez anos (segundo noticiou a imprensa). Da mesma maneira, a necessidade de morar não é bastante para se ter direito à propriedade nas sociedades onde vige o modo de produção capitalista. Isso dito, voltemos ao *Prefácio*, que é sem dúvida o mais sistemático resumo do que Marx pensava sobre as relações entre "o sistema da economia burguesa" de um lado e o direito, de outro. A importância do texto justifica uma citação longa:

> na produção social da própria vida, os homens contraem relações determinadas, necessárias e independentes de sua vontade, relações de produção estas que correspondem a uma etapa determinada de desenvolvimento das suas forças produtivas materiais. A totalidade destas relações de produção forma a estrutura econômica da sociedade, a base real sobre a qual se levanta uma superestrutura jurídica e política, e à qual correspondem formas sociais determinadas de consciência. O modo de produção da vida material condiciona o processo em geral de vida social, político e espiritual. Não é a consciência dos homens que determina o seu ser, mas, ao contrário, é o seu ser social que determina sua consciência (1974, p. 135-136).

A formulação é portadora de um duro determinismo econômico que Engels, numa famosa carta a Joseph Bloch em 1890 (depois da morte de Marx, portanto), tratou de matizar. Nela, o companheiro de Marx diz: "o fato que em última instância determina a história é a produção e a reprodução da vida real. Nem Marx nem eu afirmamos mais do que isso". E advertia: quem diz que "o fator econômico é o único determinante, converte aquela tese numa frase vazia, abstrata, absurda". E explicava:

> A situação econômica é a base, mas os diversos fatores da superestrutura – as formas políticas da luta de classes e seus resultados [...], as formas jurídicas [...] e as teorias políticas, jurídicas, filosóficas [...] – exercem igualmente a sua ação sobre o curso das lutas históricas (apud QUINTANEIRO et al., 2002, p. 39).

Engels chega a fazer um ato de contrição em nome dele próprio e do seu amigo, dizendo que o destaque mais do que o devido ao aspecto econômico dos processos históricos é coisa de que, "em parte, temos a culpa Marx e eu mesmo", explicando: "frente aos adversários, tínhamos que sublinhar este princípio cardinal que era negado, e nem sempre dispúnhamos de tempo, espaço e ocasião para dar a devida importância aos demais fatores que intervêm no jogo das ações e reações" (p. 39). Como se vê, Engels admite que as "formas políticas da luta de classes" exercem sua ação sobre o curso da história. Foi o que aconteceu com as lutas impulsionadas pela "questão social" na Europa que desembocaram na social-democracia, na qual serviços como saúde e educação, pelo menos no que têm de básico, tornaram-se bens providos pelo Estado. No Brasil, como vimos, pelo menos no papel, tais serviços também são direitos universais, inscritos na Constituição. Também o direito à moradia figura no seu art. 6º (pois o papel, como dizia Graciliano Ramos, "aguenta tudo") como um direito fundamental.

Mas, como o papel continua aguentando tudo, a chamada *doutrina*, que é também uma "fonte de direito", consegue harmonizar os princípios sociais da Constituição com os princípios privatísticos do Código Civil, esclarecendo que os primeiros são valiosos, é certo, mas que, do ponto de vista jurídico, são meramente programáticos. E assim a dignidade constitucional do direito à moradia foi de nenhuma serventia quando o oficial de justiça, protegido por um batalhão de policiais, chegou ao hotel abandonado da Avenida São João em São Paulo para cumprir um mandado de reintegração de posse e, consequentemente, desalojar (era uma *invasão* ou uma *ocupação*?) seus moradores sem ter para onde ir. O leitor pode se perguntar: Mas então o determinismo econômico do texto de Marx estava certo? Pessoalmente, tenderia a dizer que a resposta depende de que lado (e sobre que lado) da Linha do Equador estamos falando...

Émile Durkheim (1858-1917)

Se a Marx nunca ocorreu estar fundando uma Sociologia como saber acadêmico, Durkheim teve explicitamente essa intenção, e a realizou: foi o primeiro professor universitário de uma disciplina com esse nome, na venerável Sorbonne. Estamos outra vez na França, o país das grandes turbulências de 1789, da Revolução Industrial ao longo do século XIX, e o país de outro Émile, quase contemporâneo de Durkheim: Émile Zola (1840-1902), autor do romance *Germinal*, de 1885, famoso libelo onde são denunciadas as miseráveis condições de vida de uma comunidade de trabalhadores de uma mina de carvão. É o mesmo ano do aparecimento do segundo volume de *O capital*, de Marx, editado pelo amigo Engels. A "questão social", mais que nunca, estava na ordem do dia. O socialismo, também. Mas Durkheim não nutria nenhuma simpatia pelo socialismo. Este, afinal, levava à revolução, e Durkheim era um reformista de sensibilidade conservadora. Na primeira obra importante que escreveu, *Da divisão do trabalho social* (1893), se encontram alguns conceitos-chave do seu pensamento: "consciência coletiva" e "solidariedade social". Os termos, já em si mesmos, sinalizam que estamos num modo de pensar antípoda ao de Marx. Este, afinal, logo no início do *Manifesto comunista*, anunciara: "A história de todas as sociedades até hoje existentes é a história das lutas de classes. Homem livre e escravo, patrício e plebeu, senhor feudal e servo, mestre de corporação e companheiro, em resumo, opressores e oprimidos" (MARX & ENGELS, 2010, p. 40). Já Durkheim, como se estivesse escrevendo adredemente contra essa visão que vê no conflito o traço global mais característico da sociedade, antiga ou moderna, considera que não existe grupo humano durável sem que seus membros estejam unidos por laços de *solidariedade*. O termo, contudo, não se confunde com o que a linguagem corrente entenderia por isso. Assim, antes de explorá-lo, convém esclarecer o que ele significa e como Durkheim a ele chega.

O autor francês parte de uma constatação que todos podemos observar: as sociedades em que vivemos são caracterizadas por uma intensa divisão do trabalho – da qual, aliás, ele é um confesso entusiasta: "Tendo em vista que ela aumenta simultaneamente a força produtiva e a habilidade do trabalhador, ela é a condição necessária do desenvolvimento intelectual e material das sociedades" (1973a, p. 326). Mas, para além disso, cabe determinar o seu "papel" – ou, como também diz, a sua "função". Ora, para Durkheim, seu "mais notável efeito" não é meramente aumentar o rendimento das atividades produtivas, mas o fato de que sua divisão as torna "solidárias". Por quê? Porque a divisão de tarefas "supõe que dois seres dependam mutuamente um do outro, pois ambos são incompletos". Daí ele perguntar-se se "a divisão do trabalho [...], nas sociedades contemporâneas onde ela tomou o desenvolvimento que sabemos, não teria por função integrar o corpo social, assegurar sua unidade" (1973a, p. 332-333). Ou seja: ser fonte e criadora da *solidariedade social*. E o que o Direito teria a ver com isso? Segundo ele, teria tudo a ver. Por quê? Porque a solidariedade social, sendo um fenômeno que, "por si mesmo", não se presta à observação, para captá-la "é preciso substituir o fato interno que nos escapa por um fato exterior que o simbolize, e estudar o primeiro através do segundo. Este símbolo visível é o direito" (1973a, p. 333-334).

Apesar do seu entusiasmo com a divisão do trabalho, propiciadora do aumento das riquezas, do desabrochar da personalidade individual e da solidariedade social, Durkheim estava atento aos perigos que o isolamento dos indivíduos uns dos outros, sem antídotos, podia acarretar – inclusive um aumento na taxa de suicídios, objeto de uma de suas obras mais célebres e instigantes, *O suicídio*, sobre a qual vale a pena dizer algo. Publicado em 1897, o livro aborda um fenômeno que ele atribuía, entre outras razões, à "inquietação" (1973a, p. 321) reinante na sociedade industrial na época em que o escreveu. O autor está consciente do desafio que tinha pela frente: "Visto que o suicídio é um ato do indivíduo que apenas afeta o indivíduo, dir-se-ia que depende exclusivamente de fatores pessoais" (1973b, p. 470). Durkheim tenta demonstrar a tese de que o gesto suicida, para além dos fatores individuais que a ele levam, também está submetido a determinações sociológicas. Trata-se, como diriam os franceses, de um *tour de force*. Pois como poderia o suicídio (o gesto mais extremo, mais pessoal, mais antinatural – pois o instinto de sobrevivência é comum a toda criatura viva –, um dos mais estatisticamente residuais como *causa mortis* que possa haver) estar submetido a determinações sociológicas? Quando muito, conceberíamos que a Psicologia, a Psiquiatria ou mesmo a Psicanálise (em resumo, as ciências "psi") teriam algo a dizer. Mas a Sociologia? É isso que tenta Durkheim nesse livro ainda hoje exemplar como investigação sociológica. Mas, para além de suas virtudes acadêmicas, chamo a atenção sobre ele porque podemos lê-lo fazendo conexões com o país onde vivemos. Proponho sairmos momentaneamente da rota que viemos seguindo e mais uma vez olhar ao redor.

Em algumas plagas que não a nossa (nos Estados Unidos, na França e até na Coreia do Sul), acontece vez por outra de um corrupto suicidar-se. Forneço alguns exemplos factuais desse fenômeno. Fato n. 1: em 1988, na Pensilvânia, Budd Dwyer, ex-secretário da fazenda daquele estado americano, na véspera de ouvir a sentença judicial num processo de corrupção em que estava enrolado, convocou a imprensa e, na frente das câmeras de televisão, jurou inocência, sacou rapidamente um revólver, enfiou na boca e estourou os miolos. Fato n. 2: em 1993, na França, num feriado de primeiro de maio, o ex-primeiro-ministro do segundo governo Mitterrand, um desconhecido entre nós chamado Pierre Bérégovoy (pronuncia-se "bêrrêgôvuá") meteu também uma bala na cabeça por análogas razões: metido em acusações de corrupção, tinha sido duramente atacado pelos oposicionistas e sentia-se pessoalmente responsável pela fragorosa derrota do Partido Socialista nas eleições legislativas daquele ano. Fato n. 3: em junho de 2009, na Coreia do Sul, certo Roh Moo-hyun (não sei como se pronuncia), ex-primeiro-ministro daquele país, depois de admitir publicamente ter recebido seis milhões de dólares de uma fabricante de tênis para favorecê-la, não conseguiu conviver com a vergonha: pulou de uma ribanceira de 30 metros e morreu.

E no Brasil? Já chegamos aqui a assistir, pela televisão, a esdrúxulas imagens de corruptos escondendo dinheiro nas meias e cuecas. No entanto, não conhecemos casos de malversadores do dinheiro público imolando-se no altar da pátria. Por quê? Creio que Durkheim diria que a inexistência de suicídios desse tipo na sociedade brasileira indicaria a ausência de valores cívicos suficientemente fortes para serem levados a sério. Noutras palavras, para Durkheim a autoimolação de pessoas como Dwyer, Bérégovoy e Moo-hyun entraria na categoria do "suicídio altruísta", porque eles estariam tão identificados com os valores socialmente aceitos que não suportariam tê-los infringido. E por isso resolveram se autoimolar. Vamos então rapidamente ao livro.

Nele, o autor como que "aplica" sua tese sobre o que chama de "fato social", expressão que tem um sentido específico na sociologia durkheimiana. Qual? É no livro *As Regras do Método Sociológico*, publicado em 1895 (dois anos depois do livro sobre a divisão do trabalho, dois anos antes do livro sobre o suicídio), que Durkheim define o seu conceito: trata-se de "maneiras de agir, pensar e sentir exteriores ao indivíduo, e dotadas de um poder coercitivo em virtude do qual se lhes impõem" (1973c, p. 390). Mais do que simplesmente a soma do que pensam, sentem e fazem os indivíduos, o fato social lhes antecede e continua existindo depois deles. Nessa condição, ele seria o objeto específico da Sociologia. Os indivíduos são como que seus suportes e portadores. Mas, rigorosamente falando, não são os indivíduos que produzem os "fatos sociais" no sentido que Durkheim atribui ao termo; ao contrário, são os "fatos sociais" que formatam os indivíduos. Dentro dessa categoria, entram as práticas religiosas e os regulamentos profissionais, mas também a língua, a moral e, naturalmente, o Direito. Com efeito, não escolhemos, ao nascer, a religião dos nossos pais, a língua em que vamos falar, as noções de certo e de errado, ou a ordem jurídica a que temos de nos submeter. Da mesma maneira, não escolhemos a noção de *honra* implicada no trato da coisa pública, com o que voltamos ao assunto dos suicídios.

Examinando a "permanência" e a "variabilidade" das taxas de suicídio verificadas nos países europeus, o autor verifica que elas não são aleatórias e chega à conclusão, a princípio estonteante, de que "cada sociedade está predisposta a fornecer um determinado contingente de mortos voluntários". E é essa predisposição que pode, portanto, "ser objeto de um estudo especial, que se situa no domínio da sociologia" (1973b, p. 475). Daí a sua ideia, igualmente estonteante, de que existem nas sociedades o que chama de "correntes suicidógenas" (1973b, p. 479). Elas estão acima das razões individuais "com que se justifica o suicídio, ou que o suicida arranja para si próprio para explicar o ato" (1973b, p. 484). "Vemos – diz ele – homens resistir a desgraças horríveis enquanto outros se suicidam depois de aborrecimentos ligeiros". Com ênfase, repete que "não há nenhuma infelicidade na vida que leve um homem a matar-se se este não estiver, por uma razão diferente, inclinado para o suicídio" (1973b, p. 485 e 491). Essa razão são as "correntes suicidógenas". Elas "marcam, por assim dizer, os pontos fracos do indivíduo, através dos quais a corrente que vem do exterior para incitá-lo a destruir-se se introduz mais facilmente" (1973b, p. 484). Tais correntes incidiriam sobre os "diferentes meios sociais (confissões religiosas, família, sociedade política, grupos profissionais etc.), em função dos quais varia o suicídio" (1973b, p. 484).

Durkheim examina esses meios e constata que realmente as taxas de suicídio variam em função do sexo (homens se suicidam – ou se suicidavam – mais do que mulheres), da religião (protestantes, mais do que católicos), da profissão (militares, mais do que paisanos) etc. Com efeito, nota ele, "cada grupo social tem efetivamente uma inclinação coletiva específica para este ato da qual derivam as inclinações individuais". Mas o que seria essa "inclinação coletiva"? A pergunta introduz as três correntes suicidógenas a que Durkheim chega operando num nível alto de abstração: o *egoísmo*, o *altruísmo* e a *anomia*. Atenção: nenhum desses conceitos pretende-se valorativo. Durkheim, como sociólogo típico de uma época em que se procurava moldar as ciências sociais segundo o modelo das ciências da natureza, procurava encarar os fatos sociais, quaisquer que fossem, como apenas *fatos*. E, como disse ele na abertura de *As Regras do Método Sociológico*, para escândalo dos seus contemporâneos, "a primeira regra e a mais fundamental" da Sociologia "é a de *considerar os fatos sociais como coisas*" (1973c, p. 396). Assim, ele não critica o *egoísmo* ou exalta o *altruísmo*. Nele, esses termos não carregam valores negativos ou positivos, apenas descrevem certos estados presentes em qualquer sociedade que existe ou tenha existido. Assim, o "egoísmo" apenas refere-se a um estado de não integração dos indivíduos às instituições ou grupos que permeiam a vida social; o "altruísmo", ao contrário, apenas quer referir-se a um estado de integração excessiva, a ponto da completa identificação, do indivíduo com os valores do grupo ou da instituição a que pertence; e a "anomia", apenas a um estado de desregramento, em que as normas estão ausentes ou perderam o sentido.

A cada uma dessas correntes corresponderia um tipo específico de suicídio: o *egoísta*, o *altruísta* e o *anômico*. A atuação de tais correntes, agindo por trás das aparências, é que seria a causa determinante (digamos que em "última instância", para usar um jargão marxista) das taxas de suicídio. Assim, se o suicídio atinge mais o meio militar, é porque, nele, o *altruísmo* seria mais acentuado do que no meio da população civil; se atinge mais o protestante do que o católico, é porque aquele, na sua relação sempre angustiante com a divindade, não se beneficiaria, ao contrário deste, de uma instituição intermediária como a Igreja Católica, sempre pronta a perdoar as faltas dos fiéis: o protestante, assim, no sentido estritamente técnico do termo, seria mais *egoísta*. Já as mulheres, por estarem mais integradas do que os homens a instituições como o lar e a prole, estariam menos afetadas pela *anomia* que caracteriza as sociedades modernas – e por isso se matariam menos.

Nas sociedades modernas, onde laços sociais primários como os da família se esgarçam, a religião perde sua força agregadora, a moral torna-se assunto privado, onde, numa palavra, reina a "inquietação" entre os indivíduos isolados uns dos outros e vivencia-se a experiência da "solidão no meio da multidão", predomina o suicídio *anômico*. Por essa mesma razão, o suicídio *altruísta* torna-se raro, ainda que permaneça, de maneira expressiva, entre os militares, já que a socialização destes promove valores ligados à *honra* como a impessoalidade, a abnegação e o sacrifício. Pois bem. Os suicídios do americano, do francês e do sul-coreano, acusados de corrupção, inserir-se-iam também nessa categoria. Uns e outros, socializados nas virtudes cívicas que, uma vez no poder, não souberam honrar, preferiram o sacrifício supremo à vergonha de ter de conviver com as acusações que lhes eram endereçadas. No Brasil, a inexistência de autoimolações desse tipo significaria uma fraca socialização em torno de tais virtudes? Fica a pergunta.

Depois desse *détour* que se tornou longo, voltamos aos temas da "consciência coletiva" e da "solidariedade social", tão caros à sociologia durkheimiana, e ao papel crucial do Direito, que seria o "símbolo mais visível" desta última, na análise de uma e de outra. O Direito assume, na obra de Durkheim, uma proeminência que não se encontra em qualquer dos grandes clássicos da sociologia. Para ele, "a vida social, em todas as partes em que ela existe de uma maneira durável, tende inevitavelmente a tomar uma forma definida e a organizar-se".

E o Direito não seria outra coisa "senão esta organização mesma, no que ela tem de mais estável e de mais preciso". Daí ele conclui: "Podemos estar certos de encontrar refletidas no direito todas as variedades essenciais da solidariedade social" (1973a, p. 334). Essas variedades seriam em número de duas.

Durkheim possui um esquema dicotômico através do qual analisa as sociedades ao longo da história. Existiram as sociedades de baixa divisão do trabalho, onde vigia a chamada "solidariedade mecânica", e as sociedades de grande divisão do trabalho (basicamente a sociedade industrial moderna), onde vige o que ele chama de "solidariedade orgânica". Na primeira, as "moléculas sociais" (ou seja, os "indivíduos") não teriam "movimentos próprios", igual ao que acontece com as moléculas dos corpos inorgânicos. "É por isso que propomos chamar mecânica essa espécie de solidariedade" (1973a, p. 371). Completamente diferente é a solidariedade produzida pela divisão do trabalho. Ele a chama de orgânica porque composta de órgãos separados, ainda que funcionalmente integrados. Mas como pode a separação produzir solidariedade? Pelo viés da integração funcional. Isto é: quanto mais o trabalho se especializa, quanto mais as pessoas se dedicam a uma atividade apenas, mais elas necessitam do trabalho dos outros. O problema é que enquanto a solidariedade mecânica é imediatamente "sentida" pelos membros do grupo – que têm sentimentos comuns e agem como um só corpo –, a orgânica não possui essa materialidade imediata, não é "vivida" pelos indivíduos, que na vida do dia a dia estão apartados uns dos outros. Ora, como "o direito reproduz as formas principais da solidariedade social, precisamos apenas classificar as diferentes espécies de direito para buscar em seguida quais são as diferentes espécies de solidariedade social a que elas correspondem" (1973a, p. 336). Numa mirada panorâmica sobre o fenômeno jurídico, das "sociedades inferiores"[8] até nossas sociedades industriais modernas, Durkheim considera que

> devemos dividir as regras jurídicas em duas grandes espécies, segundo tenham sanções repressivas organizadas ou sanções apenas restitutivas. A primeira compreende todo o Direito Penal; a segunda o Direito Civil, o Direito Comercial, o Direito Processual, o Direito Administrativo e Constitucional, abstração feita das regras penais que podem aí encontrar-se (1973a, p. 336).

---

8. Na época de Durkheim, uma designação como essa não provocava nenhum tipo de crítica ao eurocentrismo do autor.

Nas sociedades inferiores, de baixa divisão do trabalho, as sanções repressivas cobririam praticamente todo o espectro das infrações ao Direito. Nas sociedades modernas, ocorreria justamente o contrário: o Direito Penal teria se encolhido até tornar-se uma parte ínfima do conjunto do ordenamento jurídico. Por quê? A resposta está no papel mais ou menos preponderante que a "consciência coletiva ou comum" desempenha em cada tipo de sociedade. Durkheim a define como "o conjunto das crenças e dos sentimentos comuns à média dos membros de uma mesma sociedade" (1973a, p. 342). Ela forma um sistema dotado de vida própria. Enquanto nas sociedades de baixa divisão do trabalho os indivíduos se assemelham, as sociedades de alta divisão do trabalho supõem que eles difiram uns dos outros. Naquelas, a personalidade individual é absorvida pela personalidade coletiva. Na segunda, cada um tem uma esfera de ação que lhe é própria, por conseguinte, uma personalidade. Assim, a solidariedade orgânica

> assemelha-se àquela que se observa nos animais superiores. Cada órgão aqui tem sua fisionomia especial, sua autonomia e, entretanto, a unidade do organismo é tanto maior quanto mais marcada é a individuação das partes. Em razão desta analogia, propomos chamar orgânica a solidariedade devida à divisão do trabalho (1973a, p. 371-372).

O Direito, como vimos, funciona como o "símbolo mais visível" dos dois tipos de solidariedade. O tipo de sanção provocada pela infração a suas regras (a sanção *repressiva*, de um lado; a sanção *restitutiva*, de outro) permite distinguir uma sociedade da outra. Nas sociedades de baixa divisão do trabalho, de que as sociedades tribais são um bom exemplo, seus membros se assemelham tanto a ponto de nelas sequer existir o indivíduo no sentido moderno do termo. O Direito praticamente se confunde com o Direito Penal, pois a violação de qualquer das regras sociais representa um perigo para a coesão e a sobrevivência do grupo, e este reage infligindo um castigo ao infrator. Com a divisão do trabalho, mais e mais cresce um domínio próprio de cada um dos membros do grupo, desenvolvendo interesses e modos de pensar que já não são os de todos os demais. Aparecem e se desenvolvem o Direito Civil e o Comercial regulando transações privadas que já não interessam ao conjunto da sociedade. Forma-se, assim, um direito *restitutivo* cuja finalidade já não é propriamente punir, mas restabelecer a ordem das coisas. É por isso que o Direito Penal passa historicamente por um retraimento, à medida que a divisão do trabalho avança e os direitos Civil, Comercial, Administrativo etc. se expandem, a ponto de aquele se tornar residual.

Mas, atenção: nem por se restringir a uma esfera que se retraiu muito ao longo da história, o Direito Penal deixará de existir – porque o crime jamais desaparecerá! Defrontamos-nos aqui com a tese da *normalidade* do crime, que provocou escândalo quando foi enunciada. Mas o que Durkheim diz é simples. Em primeiro lugar, não há sociedade que exista ou tenha existido no passado que não proíba algumas ações que, por sua gravidade, são consideradas crimes. Ora, praticamente todos os comportamentos humanos, num ou noutro momento, já foram catalogados como criminosos. "Não existe nenhum que possa ser negligenciado." De maneira inversa, certos atos que sempre figuram na lista de crimes podem, a depender das circunstâncias, ser relevados. Mesmo o homicídio, que seria o mais universal dos crimes, dependendo do contexto, pode ser punido ou exaltado. Tirar a vida do outro pode ser um ato extremamente reprovado em condições normais; entretanto, esse mesmo gesto pode ser merecedor de medalhas se o morto era um inimigo numa guerra – e assim por diante. Depois de examinar várias e variadas concepções do que seja o crime, Durkheim chega à conclusão de que a única coisa que existe em comum em todas elas é que "um ato é criminoso quando ofende os estados fortes e definidos da consciência coletiva". Nosso autor promove aqui uma verdadeira reviravolta copernicana sobre o ato criminoso: "Não o reprovamos porque é um crime, mas é um crime porque o reprovamos" (1973a, p. 343). Continua Durkheim:

> Não se contesta que todo delito seja universalmente reprovado, mas admite-se que a reprovação, da qual ele é objeto, resulta de sua delituosidade. Todavia, fica-se em seguida muito embaraçado para dizer em que consiste esta delituosidade (p. 343).

"Numa imoralidade particularmente grave?" – ele se pergunta. E até concede que essa possa ser uma boa resposta. Mas observa em seguida que isso é "responder à questão pela questão" e colocar uma palavra, *delituosidade*, no lugar de outra, *imoralidade*. Não saímos do lugar. Incorremos numa tautologia. Para sair dela, Durkheim afirma que essa "delituosidade" não pode vir senão de "uma ou várias características comuns a todas as variedades criminológicas". E a única que satisfaria essa combinação seria "a oposição que existe entre o crime, qualquer que seja, e certos sentimentos coletivos". Mas, insiste ele, não é porque "um ato fere a consciência comum" que é criminoso; ao contrário, "é criminoso porque fere a consciência comum" (p. 343). Ora, como toda sociedade, mesmo as modernas, possui uma "consciência coletiva", não há sociedade sem interditos a certas ações que ofendem os "estados fortes" dessa consciência. No seu livro sobre *As Regras do Método Sociológico*, ele volta a insistir na *normalidade* do fenômeno: "O crime não se produz só na maior parte das sociedades desta ou daquela espécie, mas em todas as sociedades, qualquer que seja o tipo destas. Não há nenhuma em que não haja criminalidade" (1973c, p. 421)[9]. E diz ainda que a sua ocorrência "é parte integrante de qualquer sociedade sã" (p. 421).

Ele próprio confessa: "Este resultado é, à primeira vista, tão surpreendente que nos desconcertou durante muito tempo" (p. 422). Passado o desconcerto, a solução que ele dá para o problema é bastante engenhosa. O crime não tem essência; não é uma entidade ontológica que se pudesse capturar. O ato criminoso é uma infração aos "estados fortes" da consciência coletiva; mas não existe um nível fixo dessa consciência que, uma vez ultrapassado, levaria a um terreno criminoso. É como se existisse uma "barra" colocada numa certa altura. Abaixo dela, estão os atos sociais meramente reprováveis, aqueles que são sancionados pela etiqueta, pela moral etc. Acima, aqueles de que o Direito Penal se encarrega: os crimes. Mas a "barra" não se localiza num ponto fixo, está o tempo todo se movendo. E é a consciência coletiva que faz com que ela se mova. Como "evolucionista", Durkheim considera que a sociedade está sempre se desembaraçando de velhos crimes, mas ao mesmo tempo criando novos. Voltando à imagem da "barra", abaixo dela estariam os comportamentos simplesmente reprováveis do ponto de vista moral, como a desonestidade; acima, aqueles atos mais reprováveis, a ponto de a sanção moral já não parecer suficiente para puni-lo. Por isso ele entraria na categoria do crime, merecedor de uma sanção organizada pelo estado sob a forma de pena. Durkheim observa: "apenas se critica o desonesto, enquanto se pune o ladrão". Mas se o sentimento que reprova o roubo

> se torna suficientemente forte para fazer calar em todas as consciências a tendência que leva os homens ao roubo, tornar-se-á mais sensível às lesões que até esse momento só o atingiam ligeiramente; reagir-se-á portanto contra elas com mais violência, serão alvo de uma reprovação mais enérgica que as elevará ao grau de crime quando no passado eram meros erros morais (p. 422).

---

9. Nesse momento de sua argumentação ele não se esquiva de observar: "Pode sem dúvida acontecer que o crime tome formas anormais; é o que acontece quando, p. ex., atinge uma taxa exagerada" (1973c, p. 421). Seria o caso do Brasil atualmente?

E prossegue com uma imagem interessante: a de "um convento exemplar e perfeito", onde só moram santos. Crimes universalmente punidos como homicídio, roubo etc. terão deixado de existir. Mas, nesse caso, "os erros que consideramos veniais ou vulgares provocarão o mesmo escândalo que o delito normal provoca nas consciências normais". Ele não diz que "erros veniais" seriam, mas imagino, tratando-se de uma casa de santos, que faltar a uma das orações do dia, ou faltar com o respeito ao superior do convento, poderiam entrar nessa categoria. Se, portanto – prossegue Durkheim –, "esta sociedade tem o poder de julgar e de punir, qualificará esses atos como criminosos e agirá em consequência" (p. 422). É nessa linha de argumentação que Durkheim chega a fazer uma crítica explícita a Garofalo e seu conceito de "delitos naturais", lembrando que o próprio autor da teoria "reconhece a impossibilidade de lavrar uma lista de fatos universalmente punidos" (1973a, p. 337, nota). Como se sabe, Garofalo, junto com Lombroso e Ferri, integra a célebre trinca da criminologia positivista italiana da segunda metade do século XIX, aliando determinismo antropológico (Lombroso), sociológico (Ferri) e finalmente psicológico (Garofalo) na tarefa de identificar o chamado "homem delinquente". Ora, quando contrastamos a visão antiessencialista de Durkheim sobre o crime à desses autores, nos damos conta de que a obra do conservador Émile contém uma potencialidade crítica de que talvez ele não se tenha dado conta.

Marx e Durkheim: um conúbio inesperado

Saltemos um século! O leitor provavelmente já tem algum conhecimento da chamada "criminologia crítica", na qual a influência da visão marxista sobre o Direito salta aos olhos. Frente a ela, a concepção durkheimiana, vinculando o crime aos "estados fortes" de uma (e *una*!) "consciência coletiva", não pode deixar de ser considerada "ingênua", como pontua, entre outros, o penalista argentino Raúl Zaffaroni (cf. RIBEIRO, 2006, p. 90), bastante lido entre nós atualmente. Mas a vida está cheia de conúbios inesperados. Quem imaginaria, por exemplo, que na Verona do século XVI Romeu Montecchio e Julieta Capuleto iriam, malgrado a inimizade de suas famílias, apaixonar-se um pelo outro? Há casamentos assim. Na arte como na vida. Na sociologia, também. O "ingênuo" Durkheim, não graças à sua visão do que seja a sociedade, mas pelo antiessencialismo contido na sua concepção de crime, vai irrigar, várias décadas mais tarde, a criminologia crítica. E o improvável conúbio aconteceu. Com diferenças importantes, é verdade. Como lembra o leitor, Durkheim afirma que nós não reprovamos um determinado ato por ser um crime *in sui* (o que remeteria a uma concepção *essencialista* de crime); invertendo a lógica do senso comum, é porque o reprovamos que tal ato passa a ser um crime. O que a criminologia crítica traz de novo em relação a ele é que, em vez de uma "consciência coletiva", partilhada por toda a sociedade, como a instância definidora do que deve ser considerado crime, são os grupos ou classes dominantes que detêm o poder de definir o que deve ser criminalizado – visão que, evidentemente, ecoa os conflitos de classe do paradigma marxista.

A ponte entre Durkheim e a criminologia crítica se dá através da sociologia criminal mais inovadora do século XX, aquela praticada a partir dos anos de 1930 nos Estados Unidos – notadamente pela Escola de Chicago –, cuja perspectiva teórica mais conhecida, o chamado *labeling approach*, ressoa Durkheim. *Label* em inglês quer dizer simplesmente "etiqueta". *Labeling*, "etiquetamento". A questão que se coloca é: Por que, no meio da inesgotável gama de comportamentos humanos que poderiam ser inscritos no rol dos crimes, uns são assim etiquetados, e outros, não? Seguindo o caminho que havia sido empreendido por Durkheim, a teoria do *etiquetamento* não considera que existe um "desvio" *in sui*; existe o que ela chama de "reação social" – um fenômeno que, num mesmo movimento, define o que é desvio e a ele se opõe, criminalizando-o.

Por que "matar alguém" é crime, e por que "matar uma formiga" não é? Não estou brincando. Afinal, matar um mico-leão-dourado é crime. O que faz da morte do mico um ato punível, e da formiga, não, é o fato de aquele estar em extinção. Mas, provavelmente há, no momento em que escrevo, alguma espécie de formiga também passando pelo mesmo processo. Assim, pelo menos em tese, existe a possibilidade de que o ato de matar uma formiga dessa espécie seja criminalizado. O exemplo pode parecer anedótico, mas a tese que ele procura ilustrar, não é. Seja num eixo temporal, seja num eixo espacial, os "desvios" estão sempre mudando. Num eixo vertical, a blasfêmia já foi um crime. Hoje, quando muito, é uma falta religiosa. Abandonar animais já foi, quando muito, um ato recriminável. Hoje continua sendo recriminável, mas é também crime, de acordo com o Código Florestal. Passando para o eixo espacial, no Islã o consumo de álcool é uma atitude criminosa; nos países ocidentais, integra nosso *modus vivendi* – ainda que seja uma droga que mata se consumida em excesso, além de ser uma forte indutora de comportamentos violentos. Aqui, o antiessencialismo durkheimiano se sai com galhardia. Mas o que dizer de atos como o homicídio e o roubo, incriminados ontem e hoje, a leste e a oeste? Aqui, a velha classificação de Garofalo, diferenciando os crimes "naturais" dos "artificiais" parece ter uma palavra a dizer. Não vamos aprofundar essa discussão, que seria longa e nos levaria longe. Mas vale observar que essa questão sempre interpelou os autores ligados ao *labeling approach*. Afinal, o "construtivismo social" de suas formulações, levado às últimas consequências, negaria a qualidade de "natural" para a definição de atos como o homicídio como sendo um crime. Alessandro Baratta, apesar de ter sido um dos nomes mais importantes da "criminologia crítica", não se furtou de observar que o *labeling*, ao reduzir

> a criminalidade à definição legal e ao efetivo etiquetamento, exaltam o momento da criminalização, e deixam de fora da análise a realidade de comportamentos lesivos de interesses merecedores de tutela, ou seja, aqueles comportamentos (criminalizados ou não) que aqui denominamos "comportamentos socialmente negativos", em relação às mais relevantes necessidades individuais e coletivas (BARATTA, 2002, p. 98).

Howard Becker, um dos mais importantes e conhecidos representantes da teoria, reconhece que "crimes como assassinato, estupro ou traição" nos levam a ver o transgressor como um verdadeiro criminoso (BECKER, 2008, p. 16). Mas, ao mesmo tempo, não deixa de advertir: "Devemos também ter em mente que as regras criadas e mantidas por essa rotulação não são universalmente aceitas" (p. 30). Com efeito, quando pensamos que ainda não há muito tempo, no Brasil, teses como a da "legítima defesa da honra" tinham razoável aceitação em tribunais do júri em casos de crimes passionais, quando o cônjuge traído (do sexo masculino, naturalmente) "lavava" sua honra assassinando o cônjuge traidor (do sexo feminino, também naturalmente), percebe-se que, efetivamente, mesmo a recriminação a um ato extremo como o homicídio está enredada numa teia social complexa capaz de problematizar a tese de que seja um delito "natural". Em todo caso, creio que estamos propensos a sustentar que o *labeling approach* se aplica melhor em casos de crimes envolvendo comportamentos desviantes mais veniais como o consumo de drogas do que comportamentos que configuram crimes de sangue, como é o caso do homicídio, ou mesmo do crime patrimonial quando envolve violência, como é o caso do roubo. Talvez seja sintomático que Becker, no seu clássico livro *Outsiders*, quando empreende um estudo empírico sobre etiquetamento, volta-se para figuras como o "usuário de maconha" e o "músico de casa noturna" (que, convenhamos, não são exatamente os desviantes mais reprováveis), como se estivesse implicitamente reconhecendo que a teoria dos rótulos, com todo o "construtivismo" que implica, sente-se mais à vontade num terreno "comportamental" do que naquele do crime no sentido *hard* do termo.

As considerações acima introduzem um conceito-chave para o *labeling approach* e para a Criminologia Crítica que nele se inspira: o de "seletividade". Uma dupla seletividade, na verdade. Como vimos, entre os mais variados comportamentos possíveis de ser etiquetados como crime, a lei penal *seleciona* alguns para receberem tal etiqueta. É a seleção (ou criminalização) primária. Mas há uma segunda, mais importante para os fins "críticos" de uma Sociologia Jurídica comprometida com a democracia: trata-se da seleção (ou criminalização) secundária. O que isso quer dizer é simples: não são todas as pessoas que cometem atos etiquetados como crime que são consideradas criminosas. Para que isso aconteça, é preciso que elas sejam capturadas pelo sistema penal (polícia, ministério público, poder judiciário), o que nem sempre acontece, porque o sistema opera seletivamente. A "criminalidade", citando Alessandro Baratta, é um "bem negativo" desigualmente distribuído; a distribuição varia "conforme a hierarquia dos interesses fixada no sistema socioeconômico e conforme a desigualdade social entre os indivíduos" (BARATTA, p. 161) – mesmo quando cometem os mesmos atos. Aqui, o paradigma marxista, com o privilégio que acorda às diferenças de classe, tem sua palavra a dizer. Uma reflexão de Becker, referida à delinquência juvenil, é bastante esclarecedora:

> Meninos de áreas de classe média, quando detidos, não chegam tão longe no processo legal como os meninos de bairros miseráveis. O menino de classe média tem menos probabilidade, quando apanhado pela polícia, de ser levado à delegacia; menos probabilidade, quando levado à delegacia, de ser autuado; e é extremamente improvável que seja condenado e sentenciado (BECKER, p. 25).

Para ver como isso opera entre nós, vamos a um terreno percorrido pelo próprio Becker no seu livro: o do usuário de maconha. Consumir maconha é proibido e, portanto, a polícia está legalmente habilitada a perquirir em locais onde isso se dá. Mas esse hábito não tem as mesmas consequências independentemente de onde se dê. Uma coisa é, no Recife, consumir drogas no campus da Ufpe; outra, bem diferente, é consumi-las no Alto José do Pinho – morro recifense onde floresceu uma das vertentes do movimento *Mangue Beat*, de que Chico Science tornou-se um nome conhecido nacionalmente. Uma coisa é consumir drogas no campus da PUC-Rio; outra, bem diferente, é consumi-las no Complexo do Alemão. Uma coisa é consumir drogas no Campus da USP; outra, bem diferente, é consumi-las no Capão Redondo – e assim por diante. Em relação a este último exemplo, aliás, lembro aos meus leitores o que aconteceu em outubro de 2011, quando policiais surpreenderam e detiveram três estudantes consumindo maconha dentro do campus da Universidade de São Paulo. Seguiu-se uma sublevação dos estudantes, intervenção de professores e pronunciamentos do governador do Estado. De lá para cá, não há notícias de novas escaramuças por esse motivo naquele espaço. Mas não creio que os alunos da USP tenham deixado de consumir a droga no campus, como não creio que ela já não seja consumida no Alto José do Pinho, no Complexo do Alemão ou no Capão Redondo. A diferença é que, diferentemente do que ocorre nesses lugares, o campus da USP não é um espaço onde a polícia pode entrar sem pedir licença...

O *labeling approach* leva em conta esses fatores que põem em xeque o princípio da igualdade perante a lei. Uma de suas contribuições mais importantes foi a descoberta do chamado "crime de colarinho branco", assim chamado por ser cometido por pessoas de terno e gravata, detentoras de um *status* social respeitável, agindo geralmente por uma motivação financeira. Praticam crimes contra a administração, o sistema financeiro etc. Via de regra, os criminosos não costumam ser incomodados pelo sistema penal. O americano, o francês e o coreano que se suicidaram são exceções que confirmam a regra. Outra revelação fundamental do *labeling approach* refere-se às "correlativas 'regularidades' a que obedeçam a criminalização e o etiquetamento dos estratos sociais mais pobres, visibilizada pela clientela da população carcerária", como lembra a criminóloga Vera Andrade (1997, p. 207). Voltando a Durkheim, essas questões estão ausentes no seu trabalho. Seria fácil criticá-lo por não ter atentado para esses vieses do sistema penal que a Sociologia Criminal posterior detectou. Mas isso seria exigir dele coisas que *vemos* hoje – inclusive com o seu auxílio. Marx, que provavelmente *viu*, poderia ter fundado o *labeling approach* – mas não o fez. Cada um faz a sua parte.

Max Weber (1864-1920)

Nem revolucionária como a de Marx, nem reformista como a de Durkheim, a obra de Weber difere das duas em vários aspectos importantes. Marx e Durkheim, ainda que adotando visões de mundo divergentes e até opostas, adotam uma visão holística dos fenômenos sociais, a partir dos quais constroem uma teoria geral da sociedade, incluindo os tempos pretéritos, presentes e futuros. São, cada um a seu modo, evolucionistas otimistas, à maneira comteana. Marx acreditava numa revolução que acabaria com o conflito entre os homens, e Durkheim via no processo sempre crescente de divisão do trabalho (malgrado os perigos da *anomia*) uma fonte de progresso das sociedades e de florescimento da capacidade dos indivíduos em aperfeiçoarem sua personalidade. Nada disso faz parte da visão de mundo de Max Weber, que era, pessoalmente, um pessimista desencantado, e cuja obra não aponta para nenhum futuro alvissareiro. Em que pese isso, esse pessimista desencantado captou também uma espécie de "evolução", não da humanidade, mas de certo *ethos* que se espalhou e parece em vias de dominar todas as esferas da atividade humana: o *racionalismo ocidental* – sem ver nisso, todavia, uma *evolução* no sentido progressista do termo.

Todos os grandes autores parecem ter uma ideia fixa que funciona como um fulcro por onde caminham suas reflexões. Se a de Marx era a *luta de classes* e a de Durkheim a *divisão do trabalho*, os analistas da obra de Weber geralmente se acordam em destacar que o tema da *racionalização* é o cerne do seu pensamento:

> O processo de racionalização é caracterizado especialmente pela eliminação da magia como meio de salvação, ou seja, pelo desencantamento do mundo, uma das mais famosas fórmulas do vocabulário weberiano e que pode ser considerada uma síntese de sua visão do mundo moderno (SELL, 2009, p. 125).

O *desencantamento do mundo*, se por um lado aumenta a eficiência e a produtividade, por outro carrega consigo o perigo da perda da liberdade e despoja a vida de sentido. As várias atividades humanas tornam-se, no mundo moderno, submetidas a uma lógica de cálculo e rendimento – e o mundo fica entregue aos seus próprios processos de eficiência. Como disse antes, a sociologia de Weber rejeita uma visão holística da sociedade, uma visão, por assim dizer, "estrutural", em que, como acontece na de Marx, há uma instância – a da infraestrutura econômica – que condiciona as demais. Já na concepção de sociedade de Weber, há uma separação de esferas – a econômica, a política, a jurídica, a científica etc. –, cada uma possuindo sua lógica particular de funcionamento. Se há algo em comum entre elas, é que todas, na Modernidade, tendem "inexoravelmente à racionalização" (QUINTANEIRO et al., p. 138). Daí a pergunta:

> Quais as consequências dessa racionalização operada por meio da ciência e da técnica? Acaso ela garantiria que os homens encontraram o caminho para o verdadeiro Deus ou para a felicidade? Para o autor, isso não passa de ilusão ou de otimismo ingênuo. Mas ao menos teríamos hoje um conhecimento mais claro das nossas próprias condições de vida do que tinham os primitivos? (p. 132).

A resposta, já se adivinha, é negativa. Na medida em que cada uma das esferas está entregue a sua própria racionalidade, a sociedade como um todo apresentaria, no limite, um alto grau de irracionalidade no seu funcionamento. Haveria, por assim dizer, uma ignorância global da sociedade sobre si mesma. Daí uma conhecida observação de Weber que merece ser meditada:

> A racionalização da atividade comunitária não tem como consequência uma universalização do conhecimento, com relação às condições e às relações desta atividade, mas quase sempre produz o efeito contrário. O "selvagem" conhece infinitamente mais sobre as condições econômicas e sociais da sua própria existência do que o "civilizado", no sentido ordinário do termo, sabe sobre as suas (WEBER, 1965, p. 397).

Para ilustrar isso, valho-me outra vez do recurso que chamei de "olhar em volta". A frase de Weber veio-me recentemente à lembrança enquanto assistia placidamente à televisão. Depois de uma matéria sobre os insuportáveis engarrafamentos que hoje em dia enlouquecem a vida de qualquer brasileiro de uma grande cidade, entrou uma conhecida atriz de novela fazendo um comercial de uma marca de automóvel, informando patrioticamente em quantos segundos o Brasil produz um desses veículos e, obviamente, convidando o espectador a ser o feliz proprietário de um carro novo. Quem, tendo dinheiro ou podendo se endividar, resiste a um apelo desses? Eis aí um bom exemplo de um processo bem típico do mundo em que estamos vivendo: a realização de um sonho individual transformando-se em pesadelo público. É lógico que não se trata de falar mal da atriz. Como todo mundo, ela apenas fez o seu trabalho. Ganhou certamente um belo cachê e, depois da gravação, ao sair do estúdio, provavelmente se defrontou com o inferno de carros que ajudou a promover meia hora antes. Teria estabelecido alguma relação entre as duas coisas? Provavelmente o máximo a que chegou de consciência crítica foi pensar que é preciso construir mais viadutos! É o olhar do *senso comum* em ação – o qual, aliás, é alimentado pelos processos econômicos dominantes, eles também entregues a sua própria lógica de legitimação.

Porém mais carros vendidos não significa apenas maior lucro para as empresas, significa também, na ponta do trágico novelo, emprego para metalúrgicos, vendedores, mecânicos e borracheiros. Quem tem o direito de dizer que essas pessoas estão erradas? É a famosa alienação do trabalho de que tratou Karl Marx. A diferença entre ele e Weber é que, para Marx, essa alienação era particular às sociedades capitalistas. Weber é mais pessimista: acha que a "racionalização" que aliena as pessoas é própria da Modernidade como tal. Assim, Weber não é um crítico do capitalismo enquanto sistema econômico que produz e reproduz desigualdades, mas tem uma visão trágica da sociedade racionalizada e burocratizada, por ele considerada inerente a esse sistema econômico. Como lembra Raymond Aron, "o que ameaçava a dignidade do homem, a seus olhos, era a servidão dos indivíduos com relação a organizações anônimas" (ARON, 1982, p. 525). Weber partilha, assim, o que alguns chamam de "anticapitalismo romântico" – uma das marcas do seu pensamento (cf. QUINTANEIRO et al., p. 22). Mas também temia, pelo mesmo motivo, o socialismo, que para ele "marcaria uma etapa do processo de burocratização integral" (ARON, p. 521).

A obra de Weber é imensa e se espalha pelos mais diversos domínios da atividade humana: economia, política, direito etc. – os domínios das esferas a que me referi. Não mencionei outra, de crucial importância: a esfera religiosa. Weber é autor de um livro instigante sob todos os títulos: *A ética protestante e o espírito do capitalismo*. O qual, de quebra, é gostoso de ser lido[10] – qualidade que, em se tratando de Weber, dono de uma prosa dura e muito "amarrada" a tecnicalidades conceituais, não é algo comum. Weber, lembro, recusava a visão marxista da sociedade como uma "estrutura" dotada de uma infraestrutura econômica e de uma superestrutura ideológica – aquela determinando esta. Para ele, nada estava determinado de antemão: tanto um determinado modo de produção pode gerar uma determinada forma de consciência quanto uma forma de consciência qualquer pode gerar um sistema econômico. Cada caso seria um caso – é o caso de dizer. Nesse livro, o autor tenta demonstrar essa tese. Para usar uma expressão que usei a propósito de Durkheim e seu livro sobre o suicídio, também aqui se trata de um *tour de force*. Vou em seguida, com o risco de simplificá-lo em demasia, resumir sua tese central num parágrafo.

---

10. Detalhe que sempre me fazia vivamente recomendar aos meus alunos que o lessem. Estendo agora a recomendação aos meus leitores.

O que Weber chama de espírito do capitalismo (trabalho duro, vida frugal, investimento do lucro em vez de gastá-lo), teria surgido no norte da Europa influenciado pela doutrina calvinista da *graça* – que, por sua vez, remonta a Santo Agostinho. O que a doutrina quer dizer, em resumo, é que estamos todos condenados pelo pecado original de Adão; mas que Deus, em sua infinita bondade, distribui a *graça*, mediante a qual alguns serão salvos. Mas como saber se estamos entre os eleitos? Os crentes vivem nessa angústia permanente. É preciso encontrar sinais de que se está entre os destinados à salvação. Um desses sinais é o sucesso nos negócios. Trabalha-se duro para consegui-lo. Mas, ao mesmo tempo, para não correr o risco de perder a alma numa vida de dissipação e consumo, reinveste-se o ganho. E foi dessa *ética* estrita, assim, que nasceu o capitalismo racional moderno. Nesse caso, um elemento superestrutural – a ética calvinista –, ao induzir um determinado comportamento, é que teria dado à luz um elemento infraestrutural: o capitalismo moderno.

Ao comportamento induzido por essa *ética*, Weber chama de "ascese no mundo" ou "ascese intramundana". Por que *mundana*, se o comportamento ascético clássico consiste justamente numa "fuga do mundo" (lugar de pecado e perdição), de que a vida monástica é o melhor exemplo? Porque no espírito calvinista essa "fuga" deve se dar no próprio mundo, através do trabalho sem desfalecimento. É o conhecido comportamento puritano típico do protestantismo. Em vez da vida dentro dos mosteiros, uma vida monástica fora dos seus muros. O resultado, não previsto, foi o surgimento do *espírito do capitalismo*, segundo o que diz Weber no final do livro:

> quando o ascetismo foi levado para fora dos mosteiros e transferido para a vida profissional, passando a influenciar a moralidade secular, fê-lo contribuindo poderosamente para a formação da moderna ordem econômica e técnica ligada à produção em série através da máquina, que atualmente determina de maneira violenta o estilo de vida de todo indivíduo nascido sob esse sistema, e não apenas daqueles diretamente atingidos pela aquisição econômica, e, quem sabe, o determinará até que a última tonelada de combustível tiver sido gasta (WEBER, 1974, p. 235).

A frase, pessimista e desencantada, ilustra bem o "anticapitalismo romântico" de Weber. Logo a seguir, ele cita Richard Baxter, puritano inglês do século XVII, autor de *O descanso eterno dos santos*. Como bom puritano, Baxter, ao mesmo tempo em que valoriza o trabalho, adverte contra o apego à riqueza por ele gerado. Cito o próprio Weber: "De acordo com a opinião de Baxter, preocupações pelos bens materiais somente poderiam vestir os ombros do santo 'como um tênue manto, do qual a toda hora se pudesse despir'". Escrevendo mais de dois séculos depois dele, e vendo que as preocupações materiais tomaram conta daqueles ombros, Weber escreve uma frase famosa, onde não se vê sombra nem de otimismo nem de encanto: "O destino iria fazer com que o manto se transformasse numa *prisão de ferro*" (WEBER, 1974, p. 235 – itálicos meus). Na maioria das traduções, a expressão, conhecidíssima, aparece como "jaula de ferro". Nela estamos todos enredados. Mas e o Direito com tudo isso? – o leitor deve se perguntar. Vamos a ele.

Os textos que compõem o livro sobre a ética protestante foram escritos inicialmente entre 1904 e 1905, mas, como livro, só foram publicados em 1920, ano da morte do autor. Idêntica trajetória acidentada cerca o maior livro de Weber, *Economia e sociedade*, trabalhado durante muitos anos e só publicado em 1921, depois de um trabalho de edição de seus próximos, inclusive sua viúva, Marianne Weber. Entre o livro anterior e este, a "gripe espanhola" levou o nosso autor aos 56 anos, em plena maturidade e vigor criativo. Em *Economia e sociedade* está, se não toda, pelo menos o essencial da sociologia de Max Weber. É, propriamente falando, uma obra monumental. Para se ter uma ideia, basta dizer que a tradução brasileira, em dois volumes, chega a mais de mil páginas de escrita cerrada, em tipo miúdo e margens raquíticas. Poucos são os que se dispõem a percorrê-las integralmente. Como observa com ironia o responsável por sua tradução no Brasil, Gabriel Cohn, "a proporção de weberianos que atravessaram *Economia e sociedade* de ponta a ponta é da mesma ordem da dos marxistas que estudaram os três volumes de *O capital*". Mas, acrescenta, uma e outra são obras "indispensáveis, para se ter sempre à mão" (apud WEBER, 1991, p. xiii).

Para o que nos interessa mais de perto, observo que Weber dedica todo um capítulo (e não dos menores) do seu livro à Sociologia do Direito – inclusive assim intitulando o capítulo (WEBER, 2012, p. 1-153). Mas, ao contrário do que talvez fosse natural esperar, em se tratando de um sociólogo do seu porte, ele não adota nenhuma concepção de direito diversa daquela dos juristas mais convencionais (para quem direito nada mais é senão o ordenamento jurídico em vigor), diferentemente, por exemplo, de um Eugen Ehrlich, quase seu conterrâneo e exato contemporâneo[11], autor da noção de "direito vivo" e, por

---

11. Austríaco de origem, Ehrlich nasceu em 1862 – dois anos antes de Weber – e faleceu em 1922 – dois anos depois da morte do seu quase compatriota. No **tópico 1** da **Unidade IV**, adiante, direi algo mais sobre a sociologia do direito de Ehrlich.

isso, geralmente considerado o verdadeiro fundador da Sociologia do Direito. Quando Weber fala em "direito", está falando de "ordem jurídica", de "norma jurídica", aquela oficialmente posta – em relação à qual distingue "os pontos de vista jurídico e sociológico", que ele descreve assim:

> Quanto ao primeiro, cabe perguntar o que idealmente se entende por direito. Isto é, que significado, ou seja, que *sentido normativo deveria* corresponder, de modo logicamente *correto*, a um complexo verbal que se apresenta como norma jurídica. Quanto ao último, ao contrário, cabe perguntar o que *de fato ocorre*, dado que existe a *probabilidade* de as pessoas participantes nas ações da comunidade considerarem *subjetivamente* determinadas ordens como válidas e assim as tratarem, orientando, portanto, por elas suas condutas (1991, p. 209).

Se meu leitor é neófito em Weber, informo que acabou de ser apresentado à prosa dura, preocupada até o limite do tédio em esclarecer o que significa o que está querendo dizer. Em suma acabou de ser apresentado ao estilo weberiano. Sobretudo aquele de *Economia e sociedade*, sua obra teórica mais ambiciosa. Weber, como já frisei, é um desencantado. Veja-se, por exemplo, como ele define um conceito que a princípio carrega em si mesmo uma valoração negativa: *dominação*. Ele a ela se refere nos dois volumes do seu livro. No primeiro: "chamamos 'dominação' a probabilidade de encontrar obediência para ordens específicas (ou todas) dentro de determinado grupo de pessoas" (1991, p. 139); no segundo: "A 'dominação', como conceito mais geral e *sem referência a algum conteúdo concreto*, é um dos elementos mais importantes da ação social" (2012, p. 187 – itálicos meus). Chamo a atenção para a parte que destaquei em itálico. Para Weber, sem entrar no mérito moral de cada uma de suas formas, interessa apenas, formulando mais um dos seus famosos *tipos-ideais*[12], destacar, num modo puramente descritivo, as várias formas que adquire essa forma de mando que ele chama de *dominação*. Quanto à sua legitimidade, o que ele diz sobre ela pode mais uma vez nos decepcionar: "A 'legitimidade' de uma dominação deve naturalmente ser considerada apenas uma *probabilidade* de, em grau relevante, ser reconhecida e praticamente tratada com tal" (1991, p. 140). Mas a escolha desse assunto para destacar o

---

12. Entre as várias contribuições weberianas para as ciências sociais modernas, destaca-se o *tipo-ideal* – um artefato conceitual que, na sua forma pura, nunca se apresenta na realidade, mas que nos ajuda a ela nos dirigir.

estilo sociológico de Weber não foi aleatória. Escolhi-o porque, além disso, ele é crucial para nos voltarmos ao que de fato nos interessa: o Direito.

Como disse, o livro de Weber contempla um capítulo enorme (na versão que estou utilizando são 153 páginas!) sobre a Sociologia do Direito. Aí ele discorre sobre temas como o caráter formal do direito, racionalização formal e material do direito, qualidades formais do direito moderno etc. Há variada matéria e muitos *insights* ricos e interessantes para quem se disponha a mergulhar no nosso autor e daí voltar com uma tese sobre Weber e o Direito. Nos limites do que é apenas um *Manual*, prefiro contornar esse capítulo e deter-me no tema da "dominação" que, obviamente, está conjugado à forma como ela se exerce através do direito.

Para Weber, há "três tipos *puros* de dominação legítima": a *tradicional*, a *carismática* e a *racional* – esta última, por ser exercida através de leis fixas, estatuídas mediante processos definidos pela própria "ordem jurídica", aparece muitas vezes designada como dominação *legal-racional* (cf. SELL, 2009, p. 132). Vejamos a descrição que ele faz de cada uma das três. A dominação "de caráter *tradicional*: baseada na crença cotidiana na santidade das tradições vigentes desde sempre e na legitimidade daqueles que, em virtude dessas tradições, representam a autoridade"; a dominação "de caráter *carismático*: baseada na veneração extracotidiana da santidade, do poder heroico ou do caráter exemplar de uma pessoa ou das ordens por esta reveladas ou criadas"; a dominação "de caráter *racional*: baseada na crença na legitimidade das ordens estatuídas e do direito de mando daqueles que, em virtude dessas ordens, estão nomeados para exercer a dominação (WEBER, 1991, p. 141). Simplificando bastante, a dominação tradicional é aquela exercida por uma figura como o *rei*; a carismática, aquela exercida por uma figura como o *líder*[13]; a racional, finalmente, é exercida por... ninguém! Como diz o próprio Weber, "a dominação legal pode assumir formas muito diversas"; mas há uma, *típico-ideal*, dessa forma de dominação, aquela do "quadro *administrativo*: do 'funcionalismo', ou seja, da 'burocracia'" (1991, p. 143). Weber se refere ao que ele chama de "dominação legal com quadro administrativo burocrático", que seria "o tipo mais puro de dominação legal" (1991, p. 144). Com sua frieza habitual, eis como ele a descreve:

> Do ponto de vista social, a dominação burocrática significa, em geral: [...] a dominação da *impessoalidade* formalista, *sine ira et*

---

13. Nesse sentido, tanto um Antônio Conselheiro como um Hitler exerceriam essa forma de dominação.

studio, sem ódio e paixão, e, portanto, sem "amor" e "entusiasmo", sob a pressão de simples conceitos de *dever*, sem considerações pessoais, de modo formalmente igual para "cada qual", isto é, cada qual dos interessados que *efetivamente* se encontram em situação igual – é assim que o funcionário ideal exerce seu cargo (1991, p. 147).

Como disse antes, Weber não era exatamente um evolucionista à maneira do século XIX, como foram Marx e Durkheim. Não obstante, há inegavelmente um traço *evolucionista* na sua reflexão sobre a "racionalidade" concomitante ao "desencantamento do mundo" que, a partir do Ocidente, estaria cobrindo o mundo inteiro. O próprio avanço do capitalismo impunha a "calculabilidade crescente do funcionamento da justiça" (2012, p. 144), com vistas a garantir o que modernamente costumamos chamar de "segurança das expectativas". Não obstante, ao evocar o processo de avanço da organização burocrática, advertia:

> não podemos perder de vista [...] o caráter fluido e a interação de todos estes princípios de organização, pois seus tipos "puros" somente devem ser considerados casos-limite particularmente valiosos e indispensáveis para a análise, entre os quais se move e continua se movendo a realidade histórica, que quase sempre apresenta formas mistas (2012, p. 233).

Ora, um dos elementos da "realidade histórica" que costumam perturbar o bom e pacífico andamento da dominação legal-racional consiste na oposição, que ela tem de enfrentar, movida pelas forças sociais que se opõem à separação que ela opera entre o interesse público *versus* o interesse privado. Voltemos a Weber:

> A moderna organização administrativa separa, por princípio, o escritório da moradia privada, distinguindo em geral a atividade oficial, como área especial, da esfera da vida privada, e os recursos monetários e outros meios oficiais da propriedade privada do funcionário (2012, p. 199).

Weber introduz aqui a figura do "tipo puro do funcionário burocrático" (2012, p. 202), a qual, entre nós, será retomada por Sérgio Buarque de Holanda, como veremos adiante. Até lá, fixemos mais uma vez que os "tipos 'puros' [de dominação] somente devem ser considerados casos-limite", como lembra o próprio Weber. Assim, às vezes com eles convivendo, às vezes lhes antecedendo e lhes sobrevivendo, existem como que "subtipos" de dominação, como a "dominação patrimonial". Weber lembra que as "normas, no caso da dominação burocrática, são racionalmente criadas, apelam ao senso da legalidade abstrata e baseiam-se em instrução técnica"; na dominação patrimonial, ao contrário, o poder do "senhor" é exercido "de forma ilimitada e arbitrária, e sobretudo: sem compromisso com regras" (2012, p. 234). E adiante completa:

> Ao cargo patrimonial falta sobretudo a distinção burocrática entre a esfera "privada" e a "oficial". Pois também a administração política é tratada como assunto puramente pessoal do senhor, e a propriedade e o exercício de seu poder político, como parte integrante de seu patrimônio pessoal (2012, p. 253).

Creio que essa tipologia weberiana reveste-se de importância e atualidade para aqueles que leem as páginas políticas dos nossos periódicos com a sensação de que estão lendo a crônica policial da semana – isto é: todos nós.

***

Paremos por aqui. Arbitrariamente, reconheço. Porque é evidente, como já frisei, que a Sociologia não se encerra com esses autores. Se os "três porquinhos" inauguraram as principais tradições sociológicas, outras tradições continuaram e continuam seu trabalho. Alguns, contemporâneos e bastante lidos entre nós, a partir deles. Há Marx em Bourdieu, como há Durkheim na Criminologia Crítica, como há Weber em Niklas Luhmann – mas também em Sérgio Buarque e Raymundo Faoro, autores nacionais, que abordarei na próxima **Unidade**. Nesta, o que procurei foi fazer com que o estudante sinta-se à vontade e estimulado a ler o que esses grandes autores disseram sobre o Direito, numa linguagem que tenta dessacralizar o que nos parecem ícones, mas são pessoas que simplesmente foram além do senso comum e pensaram coisas que se incorporaram ao próprio modo moderno de pensar. Afinal, como disse certa vez Howard Becker numa conversa com pesquisadores brasileiros, "a ideia de que ideias complexas exigem linguagem complexa é falsa"[14].

---

14. Entrevista à Revista *Dilemas*, vol. 1, 2008. Rio de Janeiro: IFCS-UFRJ.

Unidade II

O Pensamento Social Brasileiro e o Direito

A expressão *Pensamento Social Brasileiro* refere-se a uma importante área temática das Ciências Sociais no Brasil. Ela compreende uma série de pensadores que refletiram sobre o país de um modo abrangente, num esforço de explicitar o que somos e por que somos assim e não assado. Trata-se, além disso, de autores que pensaram o Brasil não apenas como um objeto de análise sociológica, mas também como uma nação a ser construída, e empenharam o seu labor intelectual nessa construção. São autores apaixonantes, mas também pensadores apaixonados.

Lato sensu, já um José Bonifácio de Andrada e Silva – o "Patriarca da Independência" – poderia ser incluído nessa galeria, pois no longínquo ano de 1823, como deputado na Assembleia Constituinte, apresentou duas propostas em dois textos importantes: um sobre a integração dos índios na sociedade brasileira, e outro sobre a abolição da escravatura e emancipação gradual dos escravos[15]. José Bonifácio tinha consciência de que, para formar uma "nação", era necessário um "povo" dotado de certa homogeneidade étnica e cultural. Mas como isso poderia ser conseguido num país em que parte expressiva de sua população era de escravos? Homem das Luzes, em quem ecoavam elementos de Rousseau, escreveu que "os negros são homens como nós". E, a propósito dos índios, chegou a fazer uma *boutade*: "Newton, se nascera entre os guaranis, seria mais um bípede que pisara a superfície da terra; mas um guarani criado por Newton talvez ocupasse o seu lugar" (apud MOTA, 2004, p. 84). As propostas foram rejeitadas. De toda forma, sua aprovação não teria tido nenhum efeito, pois em novembro daquele mesmo ano D. Pedro I dissolveu

---

15. *Apontamentos para a civilização dos índios bravos do Império do Brasil* e *Representação à Assembleia Geral Constituinte e Legislativa do Império do Brasil*, respectivamente (MOTA, 2004, p. 89).

a Assembleia e, no ano seguinte, em 1824, impôs a sua própria Constituição. Os textos que José Bonifácio escreveu dizendo o que era o Brasil e pensando no que ele poderia ser, o qualificam como um integrante do Pensamento Social Brasileiro. Mas a expressão costuma ser aplicada a autores que vieram bem depois dele. Pulemos um século.

Literalmente um século: 1933 – ano da publicação de *Casa grande & senzala*, de Gilberto Freyre, considerado um marco nesse campo. Depois dele vieram, em 1936, *Raízes do Brasil*, de Sérgio Buarque de Holanda; e, em 1942, *Formação do Brasil Contemporâneo*, de Caio Prado Júnior. Esse trio (com o mesmo destaque com que Marx, Durkheim e Weber figuram em qualquer ABC de sociologia) costuma aparecer nos livros sobre Pensamento Social Brasileiro como nossos pais fundadores. Eles seriam os nossos "três porquinhos". Por quê? Porque os três, intelectualmente falando, romperam com o "pessimismo racial" então dominante nos autores que refletiam sobre o Brasil, instituindo assim um modo de pensar propriamente *sociológico* (no sentido lato da palavra) sobre os nossos problemas. Todos os três beberam em fontes teóricas estrangeiras, no que havia de mais moderno na ocasião. Gilberto Freyre, após estudos nos Estados Unidos, adotou a antropologia cultural de Franz Boas; Sérgio Buarque, de volta de um período morando na Alemanha, trouxe conceitos weberianos como "burocracia" e "patrimonialismo" na bagagem; e Caio Prado adotou o instrumental marxista para captar o "sentido" da nossa formação histórica.

O livro de Gilberto Freyre, sobretudo, foi literalmente um divisor de águas, por ter adotado um paradigma diferenciando *raça* de *cultura*, e atribuindo a esta última a primazia explicativa para as candentes questões sociais brasileiras. Antes dele, o paradigma hegemônico entre nós assentava no fator *raça* (o que desembocava inevitavelmente em racismo), a instância principal de explicação dos fenômenos históricos e sociais – o que, no caso do Brasil, pelo suposto efeito degenerativo da miscigenação racial, equivalia a uma condenação ao atraso. Daí o "pessimismo racial" de que falei. Grandes nomes da nossa intelectualidade beberam nessas águas: Sylvio Romero, Euclides da Cunha, Nina Rodrigues etc. A publicação do livro de Freyre contribuiu fortemente para o declínio desse paradigma. Nessa época, ele foi considerado um autor revolucionário. Para se ter uma ideia, num congresso eucarístico realizado no Recife, Gilberto chegou a ser qualificado de "sociólogo bolchevique". Posteriormente, sua obra foi sendo submetida a uma crítica implacável, conduzida especialmente pela chamada "escola sociológica" da USP, fortemente influenciada pelo paradigma marxista. Freyre foi acusado de ter "adocicado" a brutalidade da relação senhor-escravo.

A acusação não é gratuita, diga-se de passagem. Mesmo não escamoteando o que a escravidão tem de desumano, inclusive a "depravação sexual" sem peias a que os senhores brancos podem se entregar com suas escravas negras, é verdade que Freyre, nascido em 1900, foi um descendente da aristocracia da cana-de-açúcar do nordeste brasileiro cuja sensibilidade foi formada no peito das amas de leite e nas histórias de assombração de antigos escravos agora "libertos" e transformados em agregados de "casas de família", e essa nostalgia aparece na forma como tratou a miscigenação com excessiva idealização – inclusive idealização do elemento negro, que passa de "inferior" à condição de "civilizador" do branco... Sua obra foi importante na formação do mito da convivência pacífica das "três raças" fundadoras do Brasil, e da "democracia racial" daí resultante – realidade que trabalhos como o de Florestan Fernandes (um dos nomes mais importantes da "escola sociológica" paulista) se encarregou, com dados empíricos, de desconstruir. De revolucionário, Freyre passou a conservador, quando não a reacionário. Com o tempo, a dimensão inovadora de *Casa grande & senzala* foi esquecida. Porém, escrevendo em 1967, três anos, portanto, após o Golpe Militar de 1964 – ao qual Gilberto Freyre aderiu entusiasticamente –, um respeitado intelectual de esquerda, Antônio Candido, diz: "O jovem leitor de hoje não poderá talvez compreender, sobretudo em face dos rumos tomados posteriormente pelo seu autor, a força revolucionária, o impacto libertador que teve esse grande livro" (1995, p. 10). Passemos.

São muitos os nomes que compõem nosso *Pensamento Social* – e, evidentemente, estaremos longe de abordá-los todos. Daqueles mencionados acima, selecionarei apenas Sérgio Buarque, por razões que adiante se esclarecerão. Esses autores cultivavam um gênero que, desconsiderando os escaninhos das ciências sociais clássicas (a Sociologia, a Antropologia, a Ciência Política), transitava com igual desembaraço pela História, o Direito, a Psicologia etc., dando aos seus escritos uma visão de conjunto do país mais próxima do ensaio do que dos estudos monográficos que se tornaram regra depois das especializações promovidas pelos departamentos universitários, onde a reflexão ensaística passou a ser considerada antiquada, em razão do seu "impressionismo". Desde então, passou a haver mais rigor, sem dúvida, mas, também, menos alcance. Nos últimos tempos, a partir das comemorações relativas aos quinhentos anos do descobrimento do Brasil, no ano de 2000, tem havido uma renovação no interesse por esses autores[16]. Mas, levando em conta que são muitos, quais abordar? Considerando que o meu leitor é alguém se preparando para ser um operador jurídico, o recorte que aqui proponho estará balizado por essa destinação. Também entram nessa escolha, evidentemente, preferências pessoais e, portanto, até certo ponto arbitrárias. Em todo caso, os autores que escolhi e a leitura que deles apresento têm a ver com traços da sociedade brasileira que considero significativos para a efetivação – ou não – do Direito entre nós. Antes de abordá-los, entretanto, cabe aqui uma reflexão preliminar.

Sabemos que a partir dos anos de 1980, no contexto político da redemocratização, floresceu nas escolas de Direito um saber crítico sobre o próprio ordenamento jurídico, por sua vez conectado a uma cultura crítica das injustas estruturas sociais do país – das quais, aliás, o direito vigente seria o grande avalista. As próprias discussões sobre a Sociologia Jurídica nos cursos de Direito refletem esse estado de espírito, como vimos na **Introdução**. Ao se colocar num registro "crítico", esse saber tende a assumir uma postura pouco simpática – para dizer o mínimo – em relação ao direito posto, o direito oficial, visto basicamente como o guardião de uma ordem social injusta. Isso é verdade. Que o direito existe para garantir a sustentação e a reprodução da ordem social existente, nem o mais obtuso dos dogmáticos relutaria em aceitar. A questão é se ele é sempre e apenas isso. Investe-se aqui na hipótese contrária. As coisas nunca são tão simples e no julgamento crítico, excessivamente genérico, perdem-se nuanças e especificidades das diferentes sociedades sobre as quais ele se aplica.

Parece-me, por exemplo, que a postura "crítica" merece ser nuançada num contexto como o que vivemos atualmente, que é o de uma presença e de uma valoração do Direito na sociedade brasileira como nunca tivemos na nossa história. Além disso, penso que a literatura crítica do Direito, conquanto bem-vinda e salutar, expõe uma visão de mão única das nossas práticas sociais mais profundas. De certo modo, uma visão um tanto maniqueísta onde, de um lado, estão "eles" (sujeito um tanto indefinido onde cabem, a gosto, nossas classes dominantes, nossos políticos corruptos, nossos empregadores autoritários etc.) e, de outro, "nós" (aquele que fala e seus interlocutores igualmente indignados), simples cidadãos sujeitos à sanha exploradora, ao cinismo e à boçalidade dos primeiros. Considero que essa é

---

16. Para o leitor mais interessado nessa literatura, sugiro, entre outros, a coletânea organizada por Lourenço Dantas Mota: *Introdução ao Brasil* – Um banquete no trópico. Vols. I e II. São Paulo: Senac, 2004.

uma visão simplista na medida em que não leva em conta o fato de que tanto "eles" quanto "nós" estamos todos imersos numa intrincada rede em que os elos se alternam. Ilustro isso com um exemplo extraído da nossa melhor literatura. Remeto o leitor a uma cena famosa de *Memórias de um sargento de milícias* – romance picaresco escrito no século XIX –, onde Manuel Antônio de Almeida relata as estripulias de Leonardo, o sargento em questão. No mundo em que vive, Leonardo não é o único a praticar tais virtudes. Numa passagem célebre do livro, uma amiga da família, que tem o nome escrachado de Maria Regalada, vai interceder por ele junto ao temível chefe de polícia, o Major Vidigal. Lá pelas tantas, o major, solene, diz: "Bem sei, mas a lei?" Ao que sua interlocutora responde sem maiores pudores: "Ora, a lei... O que é a lei, se o Sr. Major quiser?"[17]

Literariamente deliciosa, essa cena abre os olhos para uma série de lugares-comuns que geralmente acompanham a nossa indignação cívica com os governantes e os poderosos, ao chamar a atenção para o fato de que a visão dicotômica que opõe um estado malvado ou corrompido a uma sociedade vítima de desmandos é sociologicamente ingênua. Não há vácuo entre uma coisa e outra. O Major Vidigal das *Memórias* não paira acima da sociedade, pois entre ele e Leonardo existe a mediação de Maria Regalada – que, eventualmente, pode ser qualquer um de nós. Saltando no tempo, somos ainda hoje capazes de endossar uma manifestação pública condenando a corrupção no Brasil e, saindo dali, ao primeiro confronto com a lei – com o guarda de trânsito, por exemplo –, tentarmos contornar as coisas na base do famoso "jeitinho". Em resumo, continuamos a nos apegar aos privilégios – uns grandes, outros miúdos – que todos desfrutamos no âmbito de nosso raio de ação e influência. E a própria lei, ressalvadas as proclamações inflamadas na rua, é percebida na nossa cultura, antes de tudo, como um estorvo a ser contornado. Isso é um ponto importante a ser realçado: a percepção da lei como negatividade. Não esta ou aquela lei, eventualmente injusta, mas o princípio mesmo de norma impessoal válida para todos. O livre-curso na sociedade brasileira de tal mentalidade aponta, a meu ver, para um imaginário firmemente ancorado nas nossas "raízes", o qual recepciona, em lugar da lei como código de navegação social, a riqueza, o privilégio, as relações, o parentesco etc. Com o que retomo a reflexão preliminar anunciada atrás.

---

17. Manuel Antônio de Almeida (1998, p. 145).

Toda escolha é um recorte. Como tal, estou consciente de que a minha deixa de lado aspectos relevantes implicados à aplicação da lei que um estudante "crítico" poderá julgar um esquecimento abusivo. Como, por exemplo, clamar pelo princípio da isonomia num país com tantas desigualdades? A defesa desse princípio, essencialmente "formal", não negligencia a carência de direitos sociais e econômicos que tanto faltam a grandes partes da população? Um discurso a favor da aplicação da lei, o que obviamente inclui também a lei penal, não significará um discurso a favor do movimento "lei e ordem", tão perigoso? – e assim por diante. Cada questão dessas demandaria uma reflexão à parte, que deixo de fazer. Refugiando-me dentro do círculo de minha escolha, apenas defendo o recorte que fiz. Lembro, nesse caso, que tratamentos diferenciados por parte do Estado, em razão de diferenças de renda, origem, prestígio, cor etc., constituem também uma de nossas iniquidades. Veja-se o caso escandaloso das nossas cadeias.

O cenário é o mesmo de sempre, esse que vemos quando alguma reportagem mostra na televisão uma carceragem brasileira típica: atrás de barras sujas, homens geralmente pardos, seminus, desdentados e de ar alucinado vociferando alguma coisa para a câmera. É, sem tirar nem pôr, uma obscenidade digna de ilustrar um dos círculos do Inferno de Dante. Devo penitenciar-me junto a um eventual leitor refinado, pois bem sei que essa é uma das metáforas mais gastas de toda a subliteratura mundial. Mas o Brasil é isso. Certos horrores nossos são tão repetitivos que os lugares-comuns mais batidos guardam um inusitado frescor. É o caso. Entra governo e sai governo, de direita e de esquerda, ditadura ou democracia, e as nossas cadeias continuam parecendo pocilgas. É como se fizessem parte da paisagem natural, feito uma rocha sólida e antiga, como o Pão de Açúcar ou a Serra da Mantiqueira. Por quê? A pergunta talvez seja boba, quando se pensa nas figuras miseráveis que povoam esses lugares, o rebotalho produzido pelas nossas piores iniquidades sem qualquer simpatia da população, e pelo qual ninguém vai fazer passeata em favor dos seus direitos.

Mas, ultimamente, em seguida a espetaculares operações da Polícia Federal e do Ministério Público, pessoas tradicionalmente imunes à repressão penal têm experimentado o que significa ser preso no Brasil. Coisa rápida, relativamente amena. Mas o ex-governador do Maranhão, José Reinaldo Tavares, preso preventivamente no que à época se chamou Operação Navalha, em 2007, experimentou o que é ir para um desses lugares: "Foi uma experiência horrível. Quem ia para a latrina ficava apertando a descarga o tempo todo para o cheiro não contaminar a cela" – declarou ao sair da prisão, para onde, provavelmente, nunca mais retornará. Sintomaticamente, foi só a partir do momento em que pessoas desse coturno foram obrigadas a usar algemas no momento da captura, e a entrar nos camburões feitos para humilhar, ajeitando-se de costas, que as condições de condução dos presos no Brasil, que sempre foram humilhantes, despertou a indignação dos seus advogados, bem-acolhida pela mais alta instância do Poder Judiciário, o Supremo Tribunal Federal, que emitiu uma Súmula Vinculante sobre o assunto. É provável, assim, que as coisas comecem a mudar a partir do momento em que pessoas graúdas comecem a experimentar aquilo em que os brasileiros humildes são escolados desde sempre: o braço pesado da repressão.

Alguns leitores excessivamente "críticos" podem fazer a velha pergunta: "O que é que está por trás disso?" Normalmente a pergunta é feita para desmascarar as intenções ocultas de qualquer mudança, minimizando sua dimensão e consequências. A situação faz lembrar uma formulação clássica de Bernard de Mandeville, médico inglês do início do século XVIII e um dos fundadores da economia clássica. Num texto velho de três séculos, *A fábula das abelhas*, Mandeville, ideólogo do capitalismo nascente e nada lisonjeiro quanto à natureza humana, sustentava a ideia de que os homens, agindo egoisticamente em busca do lucro, proporcionariam a produção de riquezas que terminariam por favorecer mesmo os menos aquinhoados. Daí a fórmula com que define e ao mesmo tempo saúda o sistema: "vícios privados, virtudes públicas". Pode ser o caso. Agindo com vistas ao próprio interesse em não ir parar na pocilga que traumatizou o ex-governador do Maranhão, nossas classes médias e altas podem forçar reformas no nosso sistema prisional que terminarão por beneficiar também a sua habitual clientela – que, se está ali para ser punida, não está ali para ser degradada. Em resumo, o princípio da igualdade perante a lei nunca é meramente "formal", pois ele porta consigo, sempre, um conteúdo. Isso fica bem claro quando consideramos o seu contrário, o *princípio da desigualdade* – que nossos cidadãos humildes conhecem muito bem.

Estabelecidas essas balizas, eis as obras e os respectivos autores que irei analisar: *Raízes do Brasil*, de Sérgio Buarque de Holanda ([1936] 1995); *Carnavais, malandros e heróis*, de Roberto DaMatta ([1978] 1981); *Instituições políticas brasileiras* (vols. I e II), de Oliveira Vianna ([1949] 1987a) e *Os donos do poder*, de Raymundo Faoro ([1975] 2008). Eles não esgotam o assunto, mas são autores clássicos e contêm o essencial do enfoque que gostaria de dar às leituras que recomendo aos juristas em formação. Ainda que os dois últimos tenham sido juristas – e juristas conhecidos –, percebo que, com raras exceções, são autores que ninguém lê nas nossas faculdades. A lista não obedece rigorosamente a uma ordem cronológica. Roberto DaMatta, por exemplo, o segundo da lista, é um contemporâneo nosso ainda vivo, ao contrário dos demais. Se ele vem logo após o primeiro (Sérgio Buarque), é porque considero que o pensamento dos dois, mesmo afastados no tempo, coincidem substancialmente naquilo que dizem sobre um certo *ethos* brasileiro. É claro que todos eles não dizem a mesma coisa. Há, porém – às vezes subterraneamente –, elementos de notável proximidade entre uns e outros, entre os quais destacaria a percepção que todos partilham da ausência de um sentido republicano no nosso modo de ser. Isso dito, vamos ao que importa: os autores.

Sérgio Buarque de Holanda (1902-1982)

> *A democracia no Brasil foi sempre um lamentável mal-entendido.*

A epígrafe acima foi extraída de *Raízes do Brasil*, publicado em 1936. O livro de Sérgio – depois do que dissera Gilberto Freyre – investe também num modo de pensar em que o pessimismo racial dominante nas nossas elites intelectuais foi substituído por um *approach* mais especificamente histórico e sociológico, dentro do qual o nosso atraso, até então debitado na conta da miscigenação racial que teria degradado as qualidades do elemento branco na nossa etnia, cedeu lugar à nossa formação social e econômica, durante mais de três séculos fundada no escravismo, no latifúndio e na monocultura.

Destaca-se em *Raízes do Brasil* o capítulo V, intitulado "O homem cordial", o mais famoso do livro. Nele, o autor condensou certo modo nosso de ser nessa figura arquetípica. Como talvez desconheça o leitor, levado a equívoco pela designação escolhida pelo próprio autor, o *homem cordial* de Holanda (a partir de uma expressão cunhada pelo poeta modernista Ribeiro Couto) traz consigo um sentido irônico, pois a cordialidade a que ele se refere não significa "boas maneiras" e "civilidade", como o próprio autor expressamente adverte, e só ambiguamente tem a ver com "a lhaneza no trato, a hospitalidade, a generosidade, virtudes tão gabadas por estrangeiros que nos visitam", na medida em que essas virtudes, resultantes "dos padrões de convívio humano informados no meio rural e patriarcal" (HOLANDA, 1995, p. 146), são propiciadoras antes de promiscuidade nas relações sociais do que de regras democráticas e igualitárias a presidi-las. O *homem cordial* seria o protagonista por excelência do que poderíamos chamar, adaptando uma conhecida expressão com que se designa a extinta civilização escravocrata do sul dos Estados Unidos, de "Brasil profundo", uma realidade que tem como epicentro o nordeste da cana-de-açúcar e cujo cenário é o latifúndio, onde pontifica um grande proprietário rodeado por uma família ampliada onde cabem filhos, escravos, parentes, agregados, compadres e moradores de favor. Essa é a nossa matriz inaugural, geradora de modos de existir e de conviver "cujos efeitos permanecem vivos ainda hoje" (p. 145).

Um desses efeitos é a nossa conhecida dificuldade em operar "a distinção fundamental entre os domínios do privado e do público". Nesse trecho, Sérgio Buarque faz referência explícita ao funcionário "patrimonial", em oposição ao *tipo-ideal* do funcionário "puro" referido por Max Weber[18]. Para o funcionário "patrimonial", continua Sérgio,

> a própria gestão política apresenta-se como assunto de seu interesse particular; as funções, os empregos e os benefícios que deles aufere relacionam-se a direitos pessoais do funcionário e não a interesses objetivos, como sucede no verdadeiro Estado burocrático, em que prevalecem a especialização das funções e o esforço para se assegurarem garantias jurídicas aos cidadãos (p. 146).

Essa indistinção entre público e privado é enfatizada por Sérgio logo na abertura do capítulo dedicado ao exame do *homem cordial*, ao iniciá-lo com um antológico parágrafo mostrando como o Estado, ao contrário do que normalmente se crê, não é "uma ampliação do círculo familiar", mas o resultado de uma "transgressão da ordem doméstica" (p. 141). Por quê? Porque a ordem doméstica é o espaço onde prevalecem as preferências; onde as relações sociais não são reguladas pela impessoalidade da lei, mas pela exigência dos afetos. Daí a vigência, entre nós, de brocardos literariamente deliciosos, mas politicamente perversos, como o conhecido "para os amigos, tudo; para os inimigos, a lei". O código de navegação que permite trafegar nesse mar de "favores" e de leis que não pegam ou só valem para alguns – seja quando protegem, seja quando punem – é, justamente, a *cordialidade* no sentido buarqueano do termo, a qual se traduz por um desejo – quiçá uma necessidade – de intimidade com os poderosos, de pertencimento a uma família ampliada, pois só assim,

---

18. Sobre esses conceitos weberianos, remeto à **Unidade I** deste *Manual*.

"em casa" (para utilizar uma expressão de Roberto DaMatta que adiante explorarei), é que o *homem cordial* se sente protegido. Daí a promiscuidade nas relações pessoais e sociais, no sentido de que essas são mediadas pelo conhecimento e pelas relações que se tem, e não por regras impessoais válidas para todos. É no bojo da reflexão sobre essa promiscuidade que Sérgio Buarque escreve a frase famosa, que usei como epígrafe, sobre o mal-entendido da democracia entre nós. E completa, explicando o quiproquó:

> Uma aristocracia rural e semifeudal importou-a e tratou de acomodá-la, onde fosse possível, aos seus direitos ou privilégios [...]. E assim puderam incorporar à situação tradicional, *ao menos como fachada ou decoração externa*, alguns lemas que pareciam os mais acertados para a época e eram exaltados nos livros e discursos (p. 160 – itálicos meus).

Liberdade, igualdade, direitos e garantias individuais, tais foram os lemas recepcionados pela nossa primeira Constituição, já em 1824. Por baixo deles, porém, o que sempre vigorou foi a velha ordem familiar, dentro da qual "o pátrio poder é virtualmente ilimitado e poucos freios existem para a sua tirania" – como sublinha Sérgio. No fim do livro, num capítulo intitulado "Nossa Revolução", o autor aborda a tensão entre esse legado político e econômico do passado e as novas formas de vida e sociabilidade decorrentes da urbanização do país que toma impulso a partir dos anos de 1930, quando também se inicia o processo de industrialização. O ano de 1888, aquele da Abolição, é assinalado como um marco das mudanças que já estariam se processando, pois "daí por diante estava melhor preparado o terreno para um novo sistema, com seu centro de gravidade não já nos domínios rurais, mas nos centros urbanos" (p. 171).

Apesar de qualificar esse processo de "revolução", Sérgio, escrevendo na tumultuada década de 1930, recusa explicitamente as receitas autoritárias existentes à época para a solução dos problemas sociais e políticos de então: o fascismo e o comunismo. Sem alarde, discretamente otimista, sugere (mesmo se antes havia dito ser a democracia um "mal-entendido" entre nós) que "não é justo afiançar-se, sem apelo, nossa incompatibilidade absoluta com os ideais democráticos" – que eram, aliás, os seus. Quarenta anos mais tarde, porém, outro autor constatará que a "velha ordem patriarcal", adaptada ao novo habitat citadino, teve vida mais longa do que talvez Sérgio Buarque tivesse imaginado.

Roberto DaMatta

A moral da história aqui é a seguinte: confie sempre em pessoas e em relações, nunca em regras gerais ou em leis universais.
Roberto DaMatta

Contemporâneo nosso, DaMatta entrou no clube dos intérpretes do Brasil com o livro *Carnavais, malandros e heróis*, publicado em 1978. É sua mais importante obra. Nele, chamo a atenção especialmente para um dos seus capítulos, o IV, intitulado "Você sabe com quem está falando?" – de resto, o mais conhecido. Restringindo-me a ele, creio haver uma linha de continuidade importante entre a reflexão de Sérgio Buarque, feita nos anos de 1930, e as reflexões contemporâneas de DaMatta sobre o Brasil, que ele qualifica como uma "sociedade relacional". Para demonstração, começo observando que o capítulo vem com um subtítulo que importa realçar para os meus propósitos: "Um ensaio sobre a distinção entre *Indivíduo* e *Pessoa* no Brasil" – itálicos meus. A minha hipótese é a de que, guardadas as devidas especificidades, as figuras do *indivíduo* e da *pessoa*, em DaMatta, apresentam notável paralelismo com as figuras do *cidadão* e o *homem cordial*, em Sérgio Buarque. Tudo isso, obviamente, merece alguns esclarecimentos conceituais.

Estamos trabalhando aqui com conceitos *teóricos*, que é o que normalmente se faz em qualquer tipo de saber científico. Uma coisa é a noção de indivíduo, ou de pessoa, na linguagem do dia a dia; outra é o seu emprego dentro de um determinado arcabouço sociológico ou antropológico, onde adquire significados precisos, nem sempre coincidentes com os do uso comum. Isso acontece em todos os saberes conceitualmente organizados, como são as ciências, inclusive a Ciência do Direito. Considere o leitor, por exemplo, o conceito de *culpa* no Direito Penal. Para o homem comum, o homicida que teve a intenção de matar tem, por isso, culpa; já para o jurista, é justamente porque ele teve a intenção de matar que não tem culpa! Seu crime, afinal, não é culposo, é doloso...

Voltemos a DaMatta. Eis o que ele diz sobre o *indivíduo*: "Sabemos [...] que não há formação social humana sem o indivíduo". Mas "reconhecer a existência empírica do indivíduo" é uma coisa; outra, bem diferente, é "surpreendê-lo como uma unidade social relevante e ativa numa formação social, capaz de gerar os ideais concomitantes de individualismo e igualitarismo". Aqui estamos trabalhando com um conceito *teórico* de indivíduo. Como diz ele: "embora toda a sociedade humana seja constituída de indivíduos empiricamente (ou naturalmente) dados, nem toda a sociedade tomou esse fato como *ponto central* de sua elaboração ideológica" (1981, p. 171-172 – itálicos no original). Em seguida, da mesma maneira que fez com o *indivíduo*, DaMatta trabalha com a noção de *pessoa* enquanto figura sociológica e antropológica *sui generis*, dando-lhe um significado específico: "Aqui, a vertente desenvolvida pela ideologia não é mais a da igualdade paralela de todos"; é uma "vertente coletiva da individualidade": linhagem, clã, família etc. O paralelismo entre os conceitos de Sérgio Buarque e de DaMatta reside em que, da mesma maneira que o *homem cordial* se comporta no espaço público como se estivesse no universo do aconchego familiar, a *pessoa*, neste mesmo espaço público, "merece [...] um tratamento diferencial". Resumindo, o *cidadão* de Sérgio Buarque estaria para o *indivíduo* de DaMatta assim como o *homem cordial* do primeiro estaria para a *pessoa* do segundo. A propósito das duas noções-chave de *pessoa* e *indivíduo*, diz DaMatta:

> As duas noções são básicas, e ambas são largamente utilizadas em todas as sociedades humanas. Ocorre apenas que a noção de indivíduo [...] foi desenvolvida no Ocidente, ao passo que nas sociedades holísticas, hierarquizantes e tradicionais, a noção de pessoa é dominante (p. 172-173).

Mas nem uma nem outra existem como entidades espontaneamente surgidas; ambas são produzidas por culturas específicas, geradas por histórias diferentes. O Brasil, com seus elementos modernizantes convivendo com uma tradição de hierarquias, viveria o que o próprio autor chama no subtítulo do livro de um "dilema", a meio-caminho entre os dois tipos de sociedade. Seria, nos termos do autor, uma sociedade "semitradicional" (p. 184). DaMatta, que tem uma longa convivência acadêmica e pessoal com os Estados Unidos (chegou a ser professor na Universidade Notre-Dame, em Nova York), está constantemente fazendo contrapontos entre nossa cultura e a cultura *yankee*, que ele toma como um bom exemplo do que seria uma sociedade regida pelo princípio do indivíduo e não da pessoa. Num exercício interessante de antropologia comparativa, DaMatta, a propósito do tão nosso "Você sabe com quem está falando?", lembra uma expressão bem americana que seria o seu exato oposto: *Who do you think you are?* ("Quem você julga que é?") Ambas as interpelações são utilizadas em situações de conflito, com a diferença de que, enquanto o uso da nossa é um ritual *desigualizador* – pelo qual um dos contendores impõe-se autoritariamente ao outro se valendo de qualidades pessoais que, frente à impessoalidade da lei, não mereceriam consideração –, o *Who do you think you are?* é um ritual *igualizador*, usado por uma das partes para advertir o outro de que, no espaço público onde todos estão submetidos à lei, qualidades pessoais não contam. Daí a sua conclusão de que as duas expressões exemplificam bem o que ele qualifica de "inversão simétrica das duas sociedades" (p. 153).

Antes que um leitor apressado atribua a DaMatta – ou a mim – excessiva ingenuidade, lembro que todos esses conceitos com que o autor trabalha são aquilo que Max Weber chamou de *tipos-ideais*, ou seja, elaborações mentais que, mesmo construídas com dados da realidade factual, não a recobrem inteiramente nem se aplicam a toda e cada uma de suas partes. Não existem apenas *indivíduos* nos Estados Unidos, como no Brasil não existem apenas *pessoas*. Estamos falando em princípios dominantes, não exclusivos. Como lembra o próprio DaMatta a respeito da existência de *pessoas* na cultura e nas práticas sociais americanas, "elas, evidentemente, não foram abolidas totalmente do sistema". O chamado VIP ("*very important person*") é um bom exemplo disso. Ele também não precisa entrar em fila e é tratado com deferência em todo lugar. Mas, como adverte o próprio DaMatta, essas figuras são "raras", se comparadas com o que acontece em sistemas hierarquizantes como o nosso, onde "elas existem em toda parte, todos os domínios" (p. 159). O que as caracteriza numa sociedade como a americana é, fundamentalmente, serem pessoas de "sucesso", não serem afilhadas, amigas ou protegidas deste ou daquele figurão.

Outro ponto de aproximação entre Buarque e DaMatta é a oposição que o primeiro faz entre o *círculo familiar* e o *Estado* (no sentido de *polis*, i. é: espaço público), e a oposição que faz DaMatta entre *casa* e *rua*. Acho que os primeiros e os últimos se correspondem. O *círculo familiar* é o universo natural do *homem cordial*, da mesma forma que a *casa* é o habitat natural da *pessoa*. Em qualquer sociedade, aliás, é assim. O problema surge nas sociedades democráticas, supostamente regidas pelo princípio da igualdade perante a lei, quando a confusão entre esses domínios se instala. É o caso do Brasil, em que a *rua*, espaço público onde o que vale é a qualidade de *indivíduo*, é com frequência usurpada pela *pessoa* – que nela se comporta como se estivesse em *casa*! Uma das formas por que essa usurpação se dá é justamente o uso da pergunta acintosa: *Você sabe com quem está falando?* É uma constatação análoga à de Sérgio Buarque, para quem o problema político posto pelo *homem cordial* é que, formado na "ordem doméstica" tão característica da grande propriedade, ao projetar-se no espaço público faz dos lugares e postos que ocupa "uma ampliação do círculo familiar". Nesse caso, ao invés de ser um cidadão submetido à lei geral, ele continua ostentando a identidade forjada no seu ambiente de origem, com a consequente confusão entre os domínios público e privado. E a confusão, óbvio, geralmente se resolve em prejuízo do primeiro, pois as razões do coração costumam ser mais fortes do que o interesse público. Outro não é o julgamento de DaMatta:

> Em outras palavras, a casa domina a rua, como é característico de sociedades tradicionais, quando uma família governa a nação como se esta fosse sua própria casa: ele sendo o pai, a esposa, a mãe, os filhos seus herdeiros. Não creio ser preciso mencionar os casos concretos disso, seja no Brasil, seja na América Latina (p. 187).

A última citação, ao tocar nos rebatimentos políticos de práticas cuja gravidade muitas vezes nem percebemos – já que terminam diluídas no anedótico –, chama a atenção para o fato de que, longe de se limitar ao domínio do meramente "cultural", são práticas que apontam para algumas das nossas mais persistentes perversões. DaMatta chama a atenção para um fato interessante: no sistema social brasileiro, "a lei universalizante e igualitária é utilizada frequentemente para servir como um elemento fundamental de sujeição e diferenciação política e social" (p. 184). Com sua vocação para realçar coisas menores (ou tidas como tais) e acuidade para delas extrair reflexões inusitadas, em determinado momento o autor surpreende a iniquidade presente em práticas que, a princípio, estão certas e seriam exemplares de uma convivência igualitária: a fila. Sim, a fila. Haveria algo mais republicano do que o princípio segundo o qual a prioridade é de quem chegou primeiro? Mas ele não está se referindo aos "fura-filas". Está pensando noutra coisa menos perceptível: quem, no Brasil, vai para a fila. Naqueles que, para se deslocar, são obrigados a suportar as desumanas filas dos transportes públicos; naqueles que, para resolver um problema numa repartição, não dispõem de um conhecido do lado de dentro ou de uma recomendação de algum figurão do lado de fora para serem atendidos sem passar pela humilhação do número de senhas disponíveis para atendimento etc. Afinal, "as leis *só se aplicam aos indivíduos, nunca às pessoas*" (p. 184).

> É aqui, na fila de tudo e submetido às regras universalizantes do nosso sistema, que se descobre o modo pelo qual a exploração se dá entre nós. Criamos até uma expressão grosseira para esse tipo de gente que tem que seguir imperativamente todas as leis:

são "os fodidos" do nosso sistema. São os nossos indivíduos integrais, e é para eles que dirigimos os nossos "Você sabe com quem está falando?" (p. 188).

Com o próximo autor – um conservador –, mudamos de tempo e de tom, mas o *deep Brazil* é praticamente o mesmo.

Oliveira Vianna (1883-1951)

> *Sou capaz de todas as coragens, menos da coragem de resistir aos amigos!*
> Oliveira Vianna, referindo-se à "nossa conduta no poder"[19].

Oliveira Vianna, autor maldito para a minha geração, anda atualmente sendo redescoberto – inclusive por mim. Sobre ele pesam duas graves acusações: as de racismo e de autoritarismo. Nenhuma das duas, aliás, é injusta, porque seu pensamento é racista e autoritário. Por que então lê-lo? Se o jovem leitor me obsequiar com sua indulgência, apresentarei as razões que me levam a incluí-lo na lista dos autores a serem lidos por um jurista em formação. Começarei por dizer alguma coisa sobre o primeiro dos pecados (o racismo), para tornar claro que essa não é a vertente da obra de Oliveira Vianna que merece ainda hoje nossa atenção.

O racismo encontra-se principalmente em seu livro *Populações meridionais do Brasil*, publicado em 1920. O que figura na minha lista, *Instituições políticas brasileiras*, apareceu quase trinta anos depois, em 1949. Haveria uma continuidade entre ambos reivindicada pelo próprio Vianna, que no prefácio de *Instituições* afirma que "este livro de agora", e outro que ele anuncia para o futuro e que seria sua continuação, "completam e rematam os resultados finais destas minhas pesquisas e destas escavações nas camadas profundas da história" (1987a, I, p. 20) – das quais o livro sobre as populações meridionais assinalaria o início. De fato, há continuidades pronunciadas entre os dois livros, ao lado do que considero uma ruptura importante: refiro-me ao racismo insolente e, para os padrões de hoje, insuportável de *populações*, capaz de produzir julgamentos como o seguinte sobre o mulato brasileiro: "Em regra, o que chamamos mulato é o mulato inferior incapaz de ascensão, degradado nas camadas mais baixas da sociedade e provindo do cruzamento do branco

---

19. Apud Roberto DaMatta (1993, p. 138).

com negro de tipo inferior". Esse tipo de julgamento, contudo, sem qualquer lógica que explique o mistério, vem colado à observação de que "há, porém, mulatos superiores, arianos pelo caráter e pela inteligência ou, pelo menos, suscetíveis de arianização, capazes de colaborar com os brancos na organização e civilização do país" (1987b, p. 110). Estaria ele pensando em mulatos geniais como Machado de Assis? – ou, olhando-se no espelho, ele, que era reconhecidamente mulato, estaria pensando em si mesmo?... Não sei.

Sei apenas que, para retomar uma expressão consagrada, era o "ar do tempo". Estou me referindo ao paradigma racial, sobre o qual já falei. Apenas a partir dos anos de 1930, com a publicação de *Casa grande & senzala*, ele começou a entrar em declínio, como assinalei. Eu diria que Oliveira Vianna acompanhou esse declínio e o assimilou. Mas diria por conta própria, sem a concordância de Vianna, que no livro *Instituições* volta outra vez a afirmar a sua crença na "raça" como fator explicativo da nossa evolução histórica, chegando a ser enfático: "nunca tive razão – e não tenho ainda hoje, *apesar de tudo* – para deixar de reconhecer o seu papel em nossa civilização e em nossa história" (1987a, II, p. 66 – itálicos meus). A que se refere esse enigmático "apesar de tudo"?

Lembrem-se de que *Instituições* é de 1949, um livro escrito depois da Segunda Guerra Mundial, num contexto cultural, portanto, em que a hecatombe causada pela abominação nazista tinha tornado a raça, enquanto elemento heurístico, um conceito a evitar. Vianna não diz isso, mas creio que se refere a esse contexto do pós-guerra quando chega a dizer que se "separa" dos autores que "explicam a civilização exclusivamente pela raça – o que é um erro, o erro de todo monocausalismo", e anuncia de agora em diante sua adesão a uma solução conciliadora: "tudo se encaminha para uma explicação múltipla, eclética, conciliadora: Raça + Meio + Cultura. Com estes elementos é que [a ciência] está recompondo o quadro moderno dos 'fatores da Civilização'" (1987a, I, p. 59). E como nesse livro de 1949 ele vai se dedicar especialmente ao último desses elementos, a "Cultura", chega a anunciar que, depois de concluída a empreitada, iria se consagrar "ao estudo da nossa formação econômica e da nossa *formação racial*" (p. 20 – itálicos meus). Como se vê, ele não larga o osso. Mas não chegou a mordê-lo. Feliz ou infelizmente (pessoalmente, acho que felizmente), morreu antes! *Instituições políticas brasileiras* ficou, assim, como seu último e mais importante livro, e é para ele que nos voltamos.

Nele, Vianna retoma um tema presente em toda sua longa obra, o da *inautenticidade*. Nosso autor abre seu livro teorizando sobre o descompasso, enorme, entre o "país legal" e o "país real"; "o direito criado pela massa (*costume*) e o direito criado pelas elites (*lei*)" (1987a, I, p. 16), e passa a criticar os juristas brasileiros que se apegam ao último e praticamente ignoram o primeiro. Cingindo sua análise ao direito público, Vianna anuncia que vai dirigir sua atenção para o direito elaborado pelo "povo-massa", defendendo expressamente o "moderno *método científico* ou *sociológico*, caracterizado pela objetividade dos seus critérios", para o "estudo do direito como ciência social" (p. 26-27 – itálicos no original). É, sem tirar nem pôr, todo um programa de Sociologia do Direito *avant la lettre*, no qual não falta, inclusive, menção ao "direito vivo" de Eugen Ehrlich, geralmente tido como o fundador dessa disciplina em bases modernas – ou seja, a partir da realidade empírica. Esse é um caminho não isento de perigos, entre os quais o chamado sociologismo, ou seja, a perspectiva segundo a qual jaz nas profundezas da vida social o *verdadeiro* direito, não conspurcado pela artificialidade das construções dos juristas[20].

Esse esquema analítico, ao ser adotado para se referir a práticas da nossa vida política, termina abonando práticas que, frente ao direito oficial, são pura e simplesmente crimes de corrupção. Aqui Oliveira Vianna desliza por um terreno pantanoso. Pessoalmente de um rigor puritano com a coisa pública – de quem foi sempre exemplar servidor –, ele parece estar fazendo o elogio do nosso velho patrimonialismo, quando, na verdade, pelo tom do que segue, o que ele está é, antes, ironizando os "salvadores da pátria" de que a nossa história política é pródiga:

> Expulsar estes "corruptos" do campo da nossa vida pública e dos postos do governo tem sido o programa de muito candidato à presidência da república com timbre ou fumos de puritano – e tem servido mesmo de base para muita revolução *soi-disant* saneadora. [...]; mas, quando agem na prática da vida partidária – como "homens de partido", conduzem-se como um politicalho qualquer do interior, justamente como os "corruptos" das suas declamações puritanas – e vão até as mais imprudentes concessões (1987a, II, p. 26-27).

Doutrinariamente falando, Vianna era sobretudo um liberal de recorte anglo-saxônico. A ênfase é dele: "O *citizen* e a *gentry*[21] são realmente as duas mais admiráveis instituições do mundo público até agora criadas pelo ho-

---

20. Sobre o sociologismo, cf. a **Unidade III**, adiante.
21. Termo com que se designa a classe dirigente inglesa tradicional, geralmente de origem aristocrática.

mem" (1987a, I, p. 262). Chegou mesmo a dizer: "tudo mostra [...] que o mundo vai caminhando para um só tipo de Estado: o *Estado nacional, de base democrática*" (p. 92 – itálicos do autor). Até chegarmos lá, porém, haveria um longo caminho a percorrer, pois ao brasileiro, formado no "regime de clã" em torno do senhor de terras, faltaria a independência, a altivez, o espírito cívico do *citizen* inglês. Ao invés do individualismo de corte *yankee* – enfatizado por DaMatta –, nossa formação social e econômica produziu o "*mais extremado individualismo familiar*" (p. 110 – itálicos do autor), o que leva Vianna a uma constatação desoladora:

> É claro que de tudo isto outra coisa não se poderia esperar senão este traço cultural tão nosso, caracterizado pela despreocupação do interesse coletivo, pela ausência de espírito público, de espírito do bem comum, de sentimento de solidariedade comunal e coletiva (p. 110).

Em páginas que beiram o humor involuntário, Vianna disserta sobre nossos *tipos sociais* como o "coronel", o "oposicionista sistemático", o "governista incondicional", o "genro", o "sobrinho", o "juiz nosso", o "delegado nosso" etc. (p. 150); e, a respeito das nossas *instituições*, eis como ele define o nosso "nepotismo":

> O nepotismo é a fórmula tradicional e geral da nossa vivência política. O tipo regional do *oligarca* nordestino é-lhe a expressão mais ressaltante; mas, por todo o país, exprime-se no *afilhadismo*, no *genrismo* e no *sobrinhismo* (p. 153 – itálicos do autor).

Mas Vianna, como Sérgio Buarque antes dele, acreditava que essas nossas "raízes" seriam um dia revolvidas:

> É claro que estes complexos retardatários, vindos do período colonial, terão que se desintegrar futuramente; mas, só se desintegrarão com o avanço, para o interior, da *civilização do litoral*, que estas elites exprimem. Esta desintegração, porém, será obra do tempo (1987a, II, p. 93 – itálicos do autor).

Mas o tempo é muito longo e Vianna, homem programático – pragmático também –, achava que ele necessitava de um "*modicum* de coação" a seu favor (p. 127). Ou seja, liberal por convicção, programaticamente Oliveira Vianna nunca escondeu sua descrença de que a solução para o dilema brasileiro passasse pelo receituário liberal clássico: descentralização política, autonomia municipal, sufrágio universal etc. Nesse sentido, era e nunca deixou de ser um autoritário. Nas condições do Brasil da época em que escreveu, não dava nenhuma importância ao sufrágio universal, mecanismo a seu ver inadequado para um povo destituído de vocação cívica e democrática. Chegou a escrever com todas as letras:

> eu só concederia o direito de sufrágio ao cidadão *sindicalizado*, ao homem do povo que fosse molécula de qualquer associação de interesse *extrapessoal* – econômico, beneficente, artístico, mesmo esportivo [...]; ao homem do povo de qualquer forma partícipe e integrado numa comunidade de finalidade coletiva *extraindividual* – embebido, envolvido, impregnado de uma aura qualquer de *socialidade* (p. 145 – itálicos do autor).

Chamo a atenção do leitor para o fato de que Vianna foi um ativo colaborador do regime de Vargas, tendo sido um dos mais eminentes técnicos do Ministério do Trabalho à época da elaboração das leis trabalhistas que depois formaram a CLT. Ele vivenciou, assim, a imposição de uma "legislação social" avançada para a época, e a defende:

> Hábitos novos se estão constituindo e se consolidando em torno das suas disposições – e tudo nos leva a concluir que, dentro de algum tempo, estes hábitos se integrarão num "complexo", modificando inteiramente a nossa mentalidade tradicional (p. 127).

É nesse contexto que ele observa que essas leis "apresentam todas elas este traço comum: em todas elas há uma utilização direta ou indireta do princípio fundamental da técnica autoritária" – precisamente o que ele chamou um tanto pudicamente de "*modicum* de coação". Noutras palavras, Oliveira Vianna foi, entre nós, um dos mais insignes ideólogos do Estado e seu papel na construção da nação. Ele lhe recusa uma "onipotência reestruturadora" (p. 29), certo, mas atribui-lhe uma "função legalizadora e unificadora" (p. 84) que atuaria sem açodamento, mas sempre. Dentro das tarefas que lhe incumbe, Oliveira Vianna tem um especial apreço pelo papel que o Estado Nacional pode e deve exercer no desmonte das tiranias locais. Autoritário, sempre foi um pensador muito atento aos direitos civis da tradição liberal clássica que nunca tiveram plena vigência no país da "cordialidade" e do "Você sabe com quem está falando?" Diz enfaticamente:

> Insisto: o nosso grande problema da democracia no Brasil não é a generalização do sufrágio, não é o *sufrágio universal*; é a *organização da liberdade civil e individual*. Reconhecer, assegurar e organizar a defesa efetiva das liberdades civis do povo-massa há

de ser o nosso primeiro trabalho [...]. É este o meio principal, e talvez o único, que temos para desintegrar os nossos dois formidáveis e velhos complexos – o do "feudo" e o do "clã" – que nasceram e se desenvolveram justamente em consequência do regime quadrissecular de desgarantias [sic] dessas liberdades privadas (p. 152).

É assim que Oliveira Vianna traz para o debate sobre as grandes questões nacionais temas até então pouco explorados entre nós, quando não simplesmente ignorados, como os da justiça – entendida como aparelho judiciário – e da polícia, reivindicando um sistema de justiça federal e de uma polícia igualmente federal e de carreira, subtraídos ambos do controle político dos potentados locais. Para ele, as mazelas da justiça estadual ("o juiz nosso", o "delegado nosso") são resquícios de um Brasil colonial. Para fazer frente aos "mesquinhos e pequeninos interesses da politicalha da província", propõe instituir e organizar dois corretivos saneadores: uma *justiça federalizada* e uma *polícia de carreira* também federalizada. Propugna um novo sistema judiciário liberto dos "coronéis de aldeia", dos "partidos do governo" e das "oligarquias onipotentes" – autônomo, independente, "servindo aos interesses gerais e impessoais da ordem pública e da ordem jurídica das pequenas comunidades locais" (p. 153). Oliveira Vianna revela-se, ao final da obra com que conclui seu pensamento, um ardente defensor de um judiciário de bases nacionais que possa dar abrigo ao que DaMatta chamou de os nossos "fodidos" – ou seja: o nosso povo mais simples:

> *Garantir a liberdade civil ao povo-massa*: eis o problema central da organização democrática do Brasil. [...] Os nossos reformadores constitucionais e os nossos sonhadores liberais ainda não se convenceram de que nem a *generalização do sufrágio* direto, nem o *self-government* valerão nada sem o primado do poder judiciário – sem que este poder tenha pelo Brasil todo a penetração, a segurança, a sensibilidade que o ponha a toda hora e a todo momento ao alcance do Jeca mais humilde e desamparado (p. 150 e 159 – itálicos do autor).

Como disse no princípio, Oliveira Vianna é um autor que anda sendo redescoberto. Pelo menos o Vianna de *Instituições políticas brasileiras*, preocupado com a "liberdade civil do povo-massa" e, nesse sentido, propugnando um sistema federalizado de justiça e de polícia. Como que cumprindo seu desejo, o Brasil tem assistindo nos últimos tempos ao protagonismo de instituições como a polícia e a justiça federais (mas também o ministério público) na investigação de "crimes de colarinho branco" – o que, num país como o Brasil, constitui por si só uma revolução nos nossos usos e costumes. Começa a haver uma sensibilidade republicana em relação ao dinheiro público, surrupiado em episódios de corrupção cujas cifras seriam inimagináveis no tempo do nosso autor. Os malversadores não são exatamente os "coronéis de aldeia" em quem Vianna pensava quando escreveu seu livro, numa época em que as "oligarquias rurais", distribuídas por nosso vasto interior, ainda eram predominantes. Desde então, o Brasil modernizou-se e as "oligarquias onipotentes" são outras. Os "Jecas" também já não são os mesmos. Hoje em dia estão sobretudo nas nossas favelas e periferias. E mesmo aqueles que continuam morando nos grotões estão substituindo o obsequioso jumento pela barulhenta motocicleta. Apesar dos pesares, creio haver mais noção de cidadania no meio dessas populações, hoje, do que havia no tempo em que Oliveira Vianna escreveu. E o Estado brasileiro – aí incluídas suas instâncias judiciárias *lato senso* – tem sido, apesar dos pesares, um dos veículos desse incremento. Curiosamente, o próximo e último autor que examinaremos vê no Estado brasileiro, tal qual foi construído, um dos nossos principais problemas.

Raymundo Faoro (1925-2003)

> *Quem tem padrinho não morre pagão.*
> Ditado popular recolhido por Faoro.

Raymundo Faoro foi um personagem original na vida cultural brasileira. Jurista de formação e profissão, chegou à presidência da OAB em 1977, num momento em que o General Geisel, aos trancos e barrancos, continuava a sua "distensão lenta, gradual e segura", e Faoro, pelo cargo que ocupava, foi um dos interlocutores do regime que então começava o processo que veio a ser chamado pelo Presidente Figueiredo de "abertura" – e que terminou desembocando na redemocratização do país em 1985. Foi nesse momento que Faoro tornou-se uma figura pública, como um dos nomes mais expressivos do mundo jurídico do país. Curiosamente, ele já tinha um nome firmado nas hostes da sociologia e da ciência política brasileiras, por causa de um livro que publicou numa primeira versão em 1958 e, numa edição bastante ampliada, em 1975, *Os donos do poder*.

Diferentemente dos autores anteriores, Faoro não dá grande atenção às dessimetrias da sociedade brasileira, aos seus abismos de classe. Não que divirja desses autores em assuntos cruciais como o "mandonismo local", por exemplo, sobre o que, aliás, não há praticamente quem discorde a respeito de sua causa estrutural: "a apropriação da terra em largas porções, [fazendo] proliferar o dependente agrícola" (FAORO, 2008, p. 151). Essa estrutura não possibilitou, entre nós, o desenvolvimento do *self-government* – como Oliveira Vianna tanto enfatizou. Tudo isso está também em Faoro, que anota a respeito dos nossos grotões: "Cria-se um governo [...] sem lei e sem obediência, à margem do controle, inculcando ao setor público a discrição, a violência, o desrespeito ao direito" (p. 210).

Essa não é, porém, sua temática principal. Se fosse tentar resumi-la, eu diria que *Os donos do poder* trata, num primeiro momento, da instalação, no Brasil Colônia, de uma estrutura político-administrativa como prolongamento do estado patrimonial português, a qual, a partir da Independência e da criação do Estado nacional – e isso independentemente de regime político –, continua tutelando a sociedade e sugando as energias da nação. É uma história que se inicia no ano da graça de 1385, com a ascensão ao poder da dinastia de Aviz, no Reino, e chega até o regime de Getúlio Vargas, no Brasil. Uma história de quase seis séculos! Vamos analisá-la – como não poderia deixar de ser num item que tem como finalidade principal despertar no leitor o desejo de ler a obra – muito brevemente.

Essa longa continuidade não seria obra de uma classe, uma dinastia ou mesmo um grupo de famílias; ela é assegurada por aquilo que Faoro, apoiando-se conceitualmente em Max Weber – como Sérgio Buarque já o fizera com o conceito de "funcionário 'patrimonial'" – chamou de *estamento*, que ele define assim:

> primariamente uma camada social e não econômica, embora possa repousar [...] sobre uma classe. O estamento político [...] constitui sempre uma comunidade, embora amorfa: os seus membros pensam e agem conscientes de pertencer a um mesmo grupo, a um círculo elevado, qualificado para o exercício do poder (p. 61).

Antes de seguir, um esclarecimento teórico. Raymundo Faoro, como já se anotou várias vezes, é um weberiano. Com isso alude-se especificamente ao seu alinhamento ao lado de Weber num debate existente entre este e Marx na análise do fenômeno político. Para Marx, como se sabe, a política é uma espécie de caudatária obediente dos interesses da classe dominante. Numa passagem famosa do *Manifesto comunista*, ele classificou o estado como o "comitê executivo da burguesia". Para Weber, o poder não se confunde necessariamente com o poder economicamente condicionado. Ele tem suas regras, lógica própria e interesses próprios. Pode, assim, estar ou não a serviço da classe economicamente dominante. Os diferentes contextos históricos é que definirão quem condiciona o quê. Faoro o diz com todas as letras: "A estratificação social, embora economicamente condicionada, não resulta na absorção do poder pela economia" (p. 60). O estamento político que aqui se instalou é caracterizado como uma "comunidade", mas é uma comunidade "amorfa", cuja existência e reprodução são asseguradas pelo pertencimento a um "círculo elevado, qualificado para o exercício do poder". Diferenciado-o do conceito marxista de *classe*, Faoro elabora uma frase que ficou famosa: "Os estamentos governam, as classes negociam" (p. 62). No caso, como e por quê?

"A Península Ibérica formou, plasmou e constituiu a sociedade sob o império da guerra" – assim abre Faoro seu livro monumental (p. 17). A dinastia de Aviz, no final do século XIV, marca o momento em que foram sendo progressivamente agregados à casa real domínios territoriais que deram feição patrimonial ao estado português, "indistinta a riqueza particular da pública. [...] Os dois caracteres conjugados – o rei-senhor da guerra e o rei-senhor de terras imensas – imprimiram a feição indelével à história do reino nascente" (p. 22 e 19). Detentor do domínio territorial das terras conquistadas, o rei torna-se o primeiro negociante do reino, e os diversos empreendimentos comerciais, quando capitaneados por particulares, dão-se mediante concessão geradora de obrigações – os famosos "quintos" – junto ao poder concedente. A expansão marítima que se dá a partir do século XVI estende o negócio do reino ao outro lado do Atlântico.

Assim, diferentemente dos puritanos ingleses que embarcaram no *Mayflower* e vieram fundar um "novo mundo" nos domínios mais teóricos que reais da Coroa Britânica do lado de cima do equador, "os navios que trouxeram os donatários e os colonos não trouxeram um povo que transmigra, mas funcionários [...], obreiros de uma empresa comercial, cuja cabeça ficou nas praias de Lisboa" (p. 143). Faoro retoma aqui a diferença primordial e já tantas vezes notada entre as colonizações inglesa e portuguesa: "O inglês fundou na América uma pátria, o português um prolongamento do Estado" (p. 145) –, matriz original, sem dúvida, das diferenças entre o *indivíduo* da cultura do *self made man* americana e a *pessoa* brasileira escanchada na *rua* como se estivesse na varanda da própria *casa*, tão acuradamente captadas por DaMatta. Essa tutela do Estado sobre a sociedade, entre outras coisas, inibiu um dinamismo econômico entre nós. Tudo era matéria a regulamentos miúdos e desconfiados. O caráter das velhas Ordenações, que vigoraram no Brasil tão longamente, diz muito desse obsessivo cuidado do rei com os seus negócios:

> As Ordenações não regulam, não disciplinam relações jurídicas individuais, tendo em conta a harmonia dos interesses em pugna. O Direito se dirigia ao delegado real, ao agente do soberano, e só daí se projetava ao indivíduo, instrumento de desígnios superiores, vigiado de cima, do alto, sem autonomia moral e sem incolumidade jurídica. [...] Não havia, a rigor, Direito Civil, nem Direito Comercial, mas Direito Administrativo, que se prolonga na tutela de direitos dos indivíduos, presos e encadeados, freados e jungidos à ordem política (p. 85).

Noutro trecho, Faoro diz algo que leva o leitor inevitavelmente a evocar a facilidade e a ligeireza com que se criam ainda hoje estados e municípios entre nós – e, obviamente, os consequentes novos estamentos estaduais e municipais (e novas despesas...) para administrá-los: "As vilas se criavam antes da povoação, a organização administrativa precedia ao afluxo das populações. Prática que é modelo da ação do estamento, repetida no Império e na República: a criação da realidade pela lei, pelo regulamento" (p. 143). Quando da vinda da família real para o Brasil, o país foi elevado à condição de Reino Unido e foi preciso organizar aqui uma administração condizente com o novo estatuto da antiga colônia. Ao invés de criar-se uma estrutura adaptada às condições locais, transplantou-se a estrutura da matriz que tinha ficado no outro lado do mar. Faoro transcreve, a propósito dessa operação, um comentário de Hipólito José da Costa, jornalista da época, que é um achado em matéria de humor:

> O governo do Brasil arranjou-se exatamente pelo Almanaque de Lisboa, sem nenhuma atenção ao país em que se estabelecia. Mostra, por exemplo, o Almanaque, em Lisboa, um Desembargo do Paço, um Conselho da Fazenda, uma Junta de Comércio etc.; portanto, quer o Brasil careça destes estabelecimentos, quer não, erigiram-se no Rio de Janeiro, logo que a corte aqui chegou, um Desembargo do Paço, um Conselho da fazenda e uma Junta do Comércio. Precisa-se, porém, pela natureza do País, de um Conselho de Minas, uma Inspeção para a abertura de estradas, uma Redação de mapas, um Exame de navegação dos rios, e muitas outras medidas próprias do lugar. Mas, nada disso se arranja, porque não aparecem tais coisas no Almanaque de Lisboa (p. 289).

Data dessa época e desse contexto conhecido episódio que, não fora as provas históricas existentes, qualquer pessoa poderia sensatamente acreditar ser pura obra de ficção. Junto com a família real vieram "entre dez e quinze mil pessoas" escoltadas pela frota inglesa, que era preciso acomodar. A acomodação foi feita mediante a espoliação pura e simples: "O soberano requisitava as moradias que entendesse – o direito de aposentadoria real – mediante o sumário processo de colar à porta as iniciais P.R. (Príncipe Real), que passou a ser rancorosa e zombeteiramente chamado de 'ponha-se na rua'" (p. 296). Esses dois elementos, rancor e zombaria, tiveram e ainda têm vida longa no imaginário político do brasileiro comum no que diz respeito à lei de um modo geral – o que insere Raymundo Faoro numa das vertentes principais desenvolvida nesta **Unidade**: as deficiências do espírito cívico e de uma moral republicana entre nós. Faoro debita esse fato à feição espoliativa do empreendimento português nos trópicos. Cito-o:

> O Estado não é sentido como protetor dos interesses da população, o defensor das atividades particulares. Ele será, unicamente, monstro sem alma, o titular da violência, o impiedoso cobrador de impostos, o recrutador de homens para empresas com as quais ninguém se sentirá solidário (p. 193).

Um dos momentos do livro em que, malgrado a prosa tantas vezes pesada, aparece a beleza literária do texto de Faoro, é quando ele descreve o comportamento dos rebeldes da então Vila Rica em 1789 – episódio que passou à história com o nome de Inconfidência Mineira e pelo qual – como já soía (e ainda sói) acontecer num país de medalhões – o pato foi pago pelo mais desclassificado de todos, um simples alferes conhecido como Tiradentes: "O inconfidente é bem o protótipo do homem colonial: destemperado e afoito na conspiração, tímido diante das armas e, frente ao juiz, herege que renuncia ao pecado, saudoso da fé" (p. 193). Da experiência fundadora do Estado brasileiro como um estado meramente arrecadador, Faoro extrai uma lição que na época da Inconfidência foi mais de uma vez sussurrada por padres subversivos nos confessionários de Vila Rica:

> Os opressivos modos de cobrança [...] geraram a convicção, solertemente difundida pelos eclesiásticos comprometidos com o contrabando, de que o tributo, por ser tributo, não obrigava em consciência e só gerava o dever civil de pagar. Cinde-se a obrigação religiosa da obrigação pública [...], cisão que irá influenciar, por séculos, a *educação do brasileiro* (p. 272 – itálicos meus).

Mais de dois séculos se passaram. Mas, apesar de distantes no tempo, acho que essas "sussurradas" lições se tornaram hábitos mentais e ainda estão próximas de nós no espaço – atualizadas que são cada vez que cada um de nós vai ao médico fazer uma consulta e, com a maior naturalidade do mundo, negocia com a secretária se vai ser com recibo ou sem recibo...

Epílogo – Entre um *yankee* no Brasil e um estudante brasileiro em Paris

Keith S. Rosenn, um "brazilianista" americano, escreveu um livro interessante dedicado ao tema do "jeitinho" na cultura jurídica brasileira. Logo na abertura do livro ele conta uma anedota ilustrando o que seria a maneira brasileira de lidar com o sistema jurídico formal, que irei reproduzir parafraseando-o. Um estudante recém-formado em medicina na Europa queria emigrar para o Brasil. Visando obter o visto, dirigiu-se ao cônsul brasileiro em Paris, que prontamente alterou a qualificação profissional do requerente de médico para agrônomo, explicando-lhe: "Sabe como são essas coisas, não? Quotas profissionais, besteiras sem importância. Em todo caso, assim ficará 100% dentro das normas legais". Inicialmente o europeu protestou, achando que o cônsul podia estar lhe preparando uma armadilha, a fim de obter falsas declarações. O cônsul, entretanto, insistia na ideia de que reclassificar o médico europeu como um agrônomo, longe de criar problemas, os solucionaria. O cônsul explicou-lhe que estava apenas dando um "jeito", palavra que ele não conseguiu traduzir. Foi somente depois de viver no Brasil por algum tempo que o "médico-agrônomo" compreendeu (ROSENN, 1998, p. 11-12).

A anedota, segundo o autor, está relatada no livro de um certo Peter Kellemen, com o título sugestivo de *Brasil para principiantes, venturas e desventuras de um brasileiro naturalizado*. Publicado pela Civilização Brasileira, do Rio de Janeiro, a versão citada por Rosenn é de 1964, quando o livro já estava na sua 8ª edição! Deve, portanto, ter sido um livro muito lido na época. Ao me deparar com essa informação, fiquei me perguntando se não teria sido nele que Tom Jobim, nosso Maestro, se inspirou para cunhar a frase que se tornou famosa: "O Brasil não é para principiantes". Para um estrangeiro, acostumado à "jaula de ferro" de Weber, operada por burocratas "puros", não é mesmo.

Rosenn, um *yankee* que passou uma temporada por aqui, deve ter levado também algum tempo para se acostumar. Jurista dotado de olhar antropológico, leu *Carnavais, malandros e heróis* de Roberto DaMatta antes de escrever o seu livro. Curiosamente, leu também *Instituições políticas brasileiras* de Oliveira Vianna e *Os donos do poder*, de Raymundo Faoro – os mesmos livros que li, todos referenciados no seu. Essa proximidade com a cultura brasileira torna o seu texto algo bem diferente de uma "lição de moral" dada por um jurista estrangeiro a um povo que não leva as leis a sério. Simplesmente constata: "Sem considerar se o cônsul brasileiro classificou o médico como agrônomo por pena, mediante suborno, ou por sincera crença de que o país carecia de médicos mais preparados, os brasileiros se referirão à manobra do cônsul como um jeito". Mas, em seguida, adverte: "O fato de as leis e regulamentos brasileiros serem frequentemente moldados a fim de atingirem seus objetivos práticos [...], não torna o país singular", pois "a distorção de normas legais para tal fim ocorre, até certo ponto, em todos os países" (p. 12-13) – inclusive o seu, o tão puritano Estados Unidos da América, de que o autor dá vários exemplos. Isso dito, porém, há uma observação que ele faz e que gostaria de reter, porque também me inclino a subscrever:

> A peculiaridade no Brasil é que essa prática de desvio das normas legais para alcançar o fim desejado elevou-se de um modo tal, que resultou na criação de uma instituição paralegal altamente cotada conhecida como "o jeito" [...] e seu diminutivo "jeitinho" (p. 13).

Em resumo, o que Rosenn está dizendo é que se práticas de desvios das normas para se alcançar certos fins (eventualmente justos) configura uma conduta universal, nossa particularidade residiria no fato de tais práticas, por serem correntes, terem se "institucionalizado" socialmente, a ponto de termos criado designações amplamente conhecidas e consideradas legítimas para nomeá-las. Minha inclinação a favor dessa observação decorre do fato de ter vivido uma parte de minha vida num país que se não é tão puritano quando os Estados Unidos, também não é tão irreverente quanto o nosso frente à solenidade da lei: a França – onde fiz meu doutorado nos anos de 1980. É a partir dessa experiência que tendo a concordar com o autor americano. Assim, para concluir esta **unidade**, vou relatar algo do meu *séjour* parisiense que considero um aprendizado.

Curiosamente, ele começou no dia marcado para a minha primeira aula. Era um 10 de novembro, uma segunda-feira. O dia seguinte, uma terça-feira, dia 11 de novembro, era feriado nacional, pois nessa data se comemora o Armistício da I Guerra Mundial, ganha pelos franceses. No Brasil, nunca haveria essa aula, pois uma segunda-feira, "imprensada" entre um domingo e um feriado, seria naturalmente "enforcada". E teríamos um "feriadão". Estando na França, não pensei nisso. Mas eis que chego à frente da escola e encontro o portão fechado. Não havia viva alma. Nem um vigia a quem pedir alguma informação. Como os franceses são muito organizados, nesses locais tem sempre na entrada um aviso impresso, oficial, listando todos os dias do ano em que não haverá aula. E de fato estava lá anotado o dia seguinte, dia 11 – isto é, a terça. Mas, no fim da lista, alguém tinha acrescentado, à revelia da lei (pois estava escrito à mão), que também não haveria aula no dia 10! Sozinho na calçada, no frio de novembro, aparentemente eu era o único a não saber disso. Sim, eles também têm seus dias (antes ou depois de um feriado) "enforcados". Como vim a descobrir depois, existe até uma expressão para isso: *faire le pont* – isto é, "fazer a ponte" – que, reconheçamos, é criativa e engraçada.

A segunda descoberta foi também na escola, por ocasião da primeira aula que finalmente tive. Em todas as salas tem um aviso bem visível: *Défense de fumer* – o nosso "Proibido fumar". Mas, passada uma meia-hora do curso, o próprio professor puxa do bolso sua carteira de *Gauloise* e se põe calmamente a fumar! E como na sala naturalmente não havia cinzeiro, ele improvisou como tal o copinho plástico onde tinha bebido café. Tudo igual ao Brasil. E foi assim que, pouco a pouco, descobri que eles também têm o famoso "jeitinho" – que no Brasil costumamos ingenuamente reivindicar, até com orgulho, como sendo um patrimônio exclusivamente nosso. Há até um nome para isso: *Système D* – expressão que figura no próprio dicionário Larousse como sendo *habileté à se tirer d'affaire*, que quer dizer "habilidade para sair-se bem", mas que poderíamos melhor traduzir por "habilidade para dar um jeitinho". Mas se disso generalizarmos nosso julgamento sobre a forma como os franceses encaram suas instituições legais e concluirmos que se trata de um povo sempre em busca de um "jeitinho" para contorná-las, cometeremos uma generalização abusiva. O *Système D* francês não é algo tão visível e espalhado quanto o nosso "jeitinho". Um indício dessa menor familiaridade do francês com o seu *Système* talvez resida no fato de várias pessoas que interroguei sobre o enigmático "D" da expressão não saberem dizer o que significava. Uma dessas pessoas, finalmente, achava que era a primeira letra da palavra *débrouillard* – palavra que designa alguém que sabe se virar na vida. Faz sentido.

Como é óbvio, na França tem também corrupção. Um dos suicidas de que tratei na **Unidade I**, o ex-primeiro-ministro Pierre Bérégovoy, matou-se depois de ser acusado de prática desse tipo. Num exemplar de *Le nouvel observateur*, prestigioso periódico francês (16-12/02/89), colhi farto material sobre as mumunhas da administração municipal francesa. São coisas do arco da velha. Se no Brasil temos o "caixa 2", lá eles têm o "*caisse noire*" (caixa preto), por onde entra o dinheiro que ninguém deve saber de onde veio. Como ele é produzido? As fontes são várias, desde o superfaturamento por serviços prestados, até o simples faturamento por serviços não prestados. Nesse último caso, o intermediário que produz as faturas é conhecido por "taxi". Quando um empresário ou um político quer constituir um "caixa negro", ele "chama um taxi". Da mesma forma, lá também tem "pistolão", que eles chamam de *piston*. É ainda a mesma revista (edição de 06-12/04/89) que lhe dedica uma matéria de capa. Tem *piston* para tudo: para um funcionário conseguir ser transferido para um local onde o clima é mais ensolarado do que na Metrópole (a Córsega, p. ex.), para se conseguir uma vaga para os filhos nas melhores escolas, para se conseguir naturalizar jogadores de basquete estrangeiros que vêm jogar na França, para que um jovem convocado para o serviço militar seja mandado para uma caserna perto da casa de papai e mamãe etc.

A existência de idênticos fenômenos (*caisse noire*, *piston*, *Système D*) nas duas culturas remete-nos à semelhança que, em certa medida, todas as sociedades partilham. O fato, todavia, de que esses fenômenos apareçam em graus diferenciados nas duas sociedades indica que as diferenças, afinal, existem. Há terrenos na comparação conosco onde a semelhança ambígua cede lugar à clara diferença. A um francês médio, por exemplo, nunca ocorreria pensar que é normal perguntar a um agente de trânsito que parou seu veículo depois de uma infração: "E aí, seu guarda, será que a gente pode dar um jeito?"...

Unidade III

A perspectiva crítica

O aparecimento da perspectiva crítica do Direito no Brasil remonta ao final dos anos de 1970. Em termos teóricos e doutrinários, ela compreende um amplo espectro que inclui desde o pensamento marxista *lato sensu* até, entre nós, a Teologia da Libertação. Inclui também correntes de pensamento não necessariamente marxistas, mas comprometidas com a "questão social", como a doutrina dos direitos humanos. Em termos institucionais, engloba movimentos que vão da Crítica do Direito *stricto sensu*, de origem francesa, ao Direito Alternativo, formulado aqui mesmo na América Latina, passando pelo Uso Alternativo do Direito, de procedência italiana. Todos partilham uma visão crítica a respeito do direito oficial, guardião de uma ordem social e econômica injusta e exploradora. Alternativamente, a perspectiva crítica aparece comprometida com o projeto de construção de uma sociedade livre, justa e igualitária – no limite, socialista. Segundo dois autores colombianos, trata-se de um "esforço consciente para questionar os fundamentos das formas jurídicas e sociais dominantes com a finalidade de impulsionar práticas e ideias emancipadoras dentro e fora do campo jurídico" (VILLEGAS & RODRÍGUEZ, 2003, p. 17). A citação dos dois colombianos mostra que tal perspectiva não é um fenômeno adstrito ao Brasil. Apesar disso, as reflexões que se seguem têm esse país como principal referência, pela razão de que, sendo brasileiro, conheço bem melhor o que se passa na realidade do meu país do que na realidade dos demais países da região.

Passados mais de trinta anos do seu aparecimento, a partir da metade dos anos de 1990 ocorreu certo "refluxo" do movimento, como anota, referindo-se especificamente ao Direito Alternativo, um dos seus representantes (ANDRADE, 1998, p. 25). Um bom exemplo disso é a perda progressiva de público que sofreram os Encontros Internacionais de Direito Alternativo realizados na cidade de Florianópolis, a partir de 1991, e que teve sua quarta edição em 1998. Só recentemente, em 2011, a tentativa dos encontros foi retomada com a realização de um Congresso Internacional de Direito Alternativo, na mesma cidade de Florianópolis, para comemorar os vinte anos do movimento, num contexto que já não é o mesmo de duas décadas atrás. Depois voltaremos a esse assunto. Por enquanto, voltemos nossa atenção para as correntes que integram a perspectiva.

No terreno da reflexão especificamente jurídica, sua perspectiva teórica mais conhecida é o Pluralismo Jurídico. Esse conceito foi posto em voga no Brasil no início dos anos de 1980, a partir de um pioneiro trabalho de campo do sociólogo português Boaventura de Souza Santos, feito uma década antes, sobre práticas judiciárias não oficiais exercitadas no interior de uma favela do Rio de Janeiro a que ele deu o nome fictício de "Pasárgada", onde os favelados, através de sua associação de moradores, desenvolveram informalmente um conjunto de práticas processuais para resolver os litígios surgidos entre os seus habitantes. O trabalho resultou numa tese de doutorado em Sociologia defendida na Universidade de Yale, nos Estados Unidos, e os textos dele resultantes publicados nos anos de 1970, em língua inglesa (SANTOS, 1974, 1977), permaneceram praticamente desconhecidos no Brasil durante essa década. Posteriormente, já em 1980, um resumo dessa pesquisa foi publicado numa coletânea de textos de Sociologia Jurídica (SANTOS, 1999) organizada por dois dos mais importantes nomes da área no Brasil – Cláudio Souto e Joaquim Falcão –, o que contribuiu para tornar o nome de Boaventura Santos conhecido dos juristas-sociólogos brasileiros e popularizou suas reflexões sobre a pluralidade de ordenamentos jurídicos.

Havia um ambiente propício à recepção do trabalho de Boaventura. Estávamos vivendo, entre fins dos anos de 1970 e início dos anos de 1980, o ocaso do regime militar e, como ocorreu nas mais variadas áreas da atividade cultural e acadêmica, houve, também no terreno jurídico (nesse caso de maneira surpreendente, dado o tradicional conservadorismo da área), uma disseminação do pensamento marxista, submetido durante a ditadura à vigilância sempre ameaçadora das forças de repressão. A pesquisa de Boaventura Santos, adotando a perspectiva da luta de classes para explicar a gênese do Direito de Pasárgada, encontrou aqui um ambiente favorável à sua disseminação. Por volta dessa época, porém, e independentemente da influência do trabalho do sociólogo português, já floresciam alguns movimentos críticos adotando o materialismo histórico de Marx como principal fonte teórica nos ambientes jurídicos, entre os quais destacaria alguns mais conhecidos e influentes.

É o caso do movimento *Crítica do Direito*, de origem francesa, que aportou no Brasil através da Pós-graduação em Direito da Universidade de Santa Catarina, irradiando-se daí para outros centros. Seu principal teórico, Michel Miaille, é autor de um "contramanual" publicado na França em 1976, e conhecido no nosso país a partir de sua versão portuguesa publicada em 1979 – *Uma introdução crítica ao Direito* –, tornando-se com isso uma referência obrigatória nos estudos de orientação marxista sobre o Direito que começavam a aparecer entre nós[22]. Apesar de ser, como o seu título já indica, um contraponto crítico (uma "desconstrução", como se diria hoje) aos tradicionais manuais de Introdução à Ciência do Direito, não se trata de um livro que ceda às facilidades do panfleto. Ao contrário, é um livro analiticamente sofisticado. Tentando resumir numa frase "a explicação do que é realmente o Direito", e que funções ele cumpre numa sociedade capitalista, seu autor enuncia a seguinte hipótese: "a mercadoria na esfera econômica tem o mesmo papel que a norma na esfera jurídica" (MIAILLE, 1979, p. 89). É a extensão da hipótese marxista da mercantilização que se opera em todos os setores da sociedade ao terreno do Direito. A sofisticação reside em que não se trata simplesmente de denunciar o caráter de classe do direito burguês, o fato de que ele é seletivamente aplicado, punindo as classes pobres e cobrindo os ricos e poderosos com o manto da impunidade etc. O que faz Miaille[23] é levar a hipótese enunciada por Marx até os conceitos fundamentais do Direito em si mesmos, como faz, por exemplo, com a figura tão importante do "sujeito de direito". Eis o que ele diz:

> A troca das mercadorias, que exprime, na realidade, uma relação social – a relação do proprietário do capital com os proprietários da força de trabalho –, vai ser escondida por "relações livres e iguais", provindas aparentemente apenas da "vontade dos indivíduos independentes". O modo de produção capitalista supõe, pois, como condição do seu funcionamento, a "atomização", quer dizer, a representação ideológica da sociedade como um conjunto de indivíduos separados e livres. No plano jurídico,

---

22. Para um exemplo de trabalhos feitos no Brasil sob a influência de Michel Miaille, cf. o livro *Uma crítica à concepção jurídica do Estado* (NASCIMENTO, 2012).

23. Na esteira, aliás, do que já fizera o jurista soviético Eugeny Pashukanis no seu clássico *A Teoria Geral do Direito e o marxismo*, que é de 1924.

> esta representação toma a forma de uma instituição: a do sujeito de direito (p. 111).

Nesse mesmo contexto histórico entre o final dos anos de 1970 e o começo dos anos de 1980, e sem ligação com as leituras que estavam sendo feitas em Santa Catarina, surge também a *Nova Escola Jurídica Brasileira*, do jurista Roberto Lyra Filho, professor da Universidade de Brasília, o qual, dotado de uma personalidade carismática e iconoclasta[24], veio a se tornar um nome conhecido e muito controvertido, detestado por boa parte dos juristas e, obviamente, idolatrado por boa parte dos estudantes. Deve-se mencionar também o *Direito Insurgente*, do advogado Miguel Pressburger, principal teórico de uma instituição chamada Apoio Jurídico Popular (Ajup), sediada no Rio de Janeiro. Os dois movimentos, malgrado algumas diferenças, veem o direito oficial como cristalizando, em cada etapa histórica, os interesses das classes dominantes, contra os quais as classes dominadas, através de suas lutas, vão cristalizando valores e princípios próprios, os quais constituirão a base de uma juridicidade alternativa ao direito dos dominantes. Dentro dessa perspectiva, o povo (as classes dominadas, os grupos oprimidos etc.) tem a capacidade, através de suas lutas, de gerarem um novo direito – perspectiva presente nos trabalhos de Lyra Filho (1982a) e de Miguel Pressburger (1987/1988), mas ausente na *Crítica do Direito* francesa, que trabalhava mais no terreno da epistemologia e, em termos práticos, não chegava a ser propositiva.

No caso de um Lyra Filho (nome ainda hoje de grande circulação nos novos movimentos ligados à Perspectiva Crítica, como veremos adiante), existe uma preocupação militante sobre o que fazer, como jurista, dentro do que ele chama de "positivação [...] dos princípios libertadores"; ou seja: fazer do direito, de *lege facta* ou de *lege ferenda*, um instrumento de luta. No seu estilo altissonante, bem característico de sua personalidade, "a historicidade dialética da liberdade em seu avanço sobre a necessidade" é uma preocupação constante. Roberto Lyra Filho é, nesse sentido, um jusnaturalista de esquerda de corte convencional, para quem esse "avanço sobre a necessidade"

> é o vetor extraído da dialética social [...], dentro da qual as classes e grupos ascendentes afirmam as novas quotas de liberdade, no eterno combate contra a espoliação e a opressão do homem

---

24. O próprio autor desse livro teve a oportunidade, em 1982, no curso de uma mesa-redonda em que Roberto Lyra Filho estava presente, de ouvi-lo fazer um jogo de palavras de gosto duvidoso com a Teoria Pura do Direito de Hans Kelsen, chamando-a de "teoria *puta* do direito"!

pelo homem; nossa meta é a justiça militante, não metafísica, nem idealista, nem abstrata, mas conscientizada, em toda etapa, na práxis vanguardeira, em oposição às resistências imobilistas e retrógradas (p. 13-14).

Como quer que seja, no que diz respeito à produção intelectual, esses movimentos eram basicamente teóricos, animados por juristas que, mesmo voltados para o "concreto", não exercitavam a prática da pesquisa empírica. E eis que aparece o trabalho de Boaventura Santos, um trabalho de campo feito por um sociólogo que revelou a existência do "direito de Pasárgada", vale dizer, uma ilustração concreta de que os grupos dominados eram, sim, capazes de produzir um direito diverso do direito oficial. Creio que, aí, reside a explicação para a extraordinária recepção do seu trabalho e de suas ideias a respeito do pluralismo jurídico, nomeadamente no meio "crítico", dentro do qual se tornou uma referência obrigatória. A novidade do trabalho de Boaventura devia-se ao fato de que ele propunha uma renovação do conceito de pluralismo jurídico, que já tinha atrás de si uma longa história – mas não no campo intelectual da esquerda.

Trata-se na verdade de um conceito bastante antigo, já tendo sido objeto de reflexão por parte de vários juristas tradicionais, que adotaram na sua reflexão sobre o fenômeno jurídico um enfoque sociológico, a exemplo de Georges Gurvitch (1894-1965) e sua visão acerca da pluralidade de centros geradores de direito, tanto supraestatais – como as organizações internacionais, por exemplo – quanto infraestatais – como os sindicatos, as cooperativas etc. Mas também autores como o italiano Giorgio Del Vecchio (1878-1970) e o brasileiro Miguel Reale (1910-2006) reconhecem a existência de ordenamentos jurídicos não estatais vigendo no interior da ordem jurídica oficial, de que são exemplos o Direito Canônico, o Direito Internacional Privado, os estatutos esportivos e de associações de classe etc. Mas é opinião unânime que ordenamentos desse tipo não são capazes de infirmar a exclusividade do direito oficial como o único direito válido num determinado território soberano (tese do monismo jurídico), na medida em que eles se referem seja a matéria espiritual fora do seu âmbito de intromissão – caso do Direito Canônico –, seja a pequenos ordenamentos incluídos no seu âmbito de abrangência, na medida em que autoriza e protege seu funcionamento – caso das associações esportivas –, seja a regras derivadas de convenções internacionais cuja validade depende de sua aceitação – como no caso do Direito Internacional Privado.

O enfoque pluralista tradicional dos juristas revela-se, no fundo, um falso pluralismo, pois, como lembra Carbonnier, os fenômenos descritos como constituindo um outro direito são tomados em consideração pelo sistema jurídico global e, portanto, "de certo modo, integrados nele" (CARBONNIER, 1979, p. 220). Para um enfoque verdadeiramente pluralista, é para a antropologia e a sociologia jurídicas que devemos nos voltar. E é para essas duas áreas do conhecimento, aliás, que se volta inicialmente Boaventura Santos, reconhecendo que se trata de um conceito aplicável, e já aplicado, às mais variadas situações, das quais algumas se tornaram clássicas. A mais conhecida é a situação do colonialismo do século XIX, onde havia necessariamente a coexistência, num mesmo espaço arbitrariamente unificado como colônia, do direito do estado colonizador e dos direitos tradicionais. Além do contexto colonial clássico, três outras situações de pluralismo jurídico têm sido geralmente identificadas pela literatura socioantropológica. Tal é a situação dos países com tradições culturais dominantes não europeias, que adotaram o direito europeu como instrumento de modernização. É o caso, entre outros, da Turquia. Uma segunda situação tem lugar quando, em virtude de uma revolução, o direito tradicional entra em conflito com a nova legalidade, sem, no entanto, deixar de vigorar, em termos sociológicos, durante muito tempo. O caso mais conhecido é o das Repúblicas da Ásia Central, de tradição jurídica islâmica, no seio da URSS, depois da revolução soviética. Por último, Boaventura Santos considera os casos em que populações "nativas", quando não totalmente exterminadas no curso da expansão marítima europeia, foram submetidas ao direito do conquistador com a permissão, expressa ou implícita, de em certos domínios continuarem a seguir o seu direito tradicional. É o caso das populações indígenas dos países da América do Norte e da América Latina, e dos povos autóctones da Nova Zelândia e Austrália (SANTOS, 1988).

Assim, e a rigor, em termos de América Latina o conceito de pluralismo jurídico, pelo menos na sua feição clássica, recobriria apenas aquelas situações em que direitos indígenas continuaram sobrevivendo após a implantação da ordem capitalista. E a própria literatura sobre o tema que se seguiu ao trabalho de Boaventura Santos parece ciente dessa particularidade, na medida em que estabelece uma classificação desses fenômenos em que se distingue o pluralismo jurídico "cultural" do pluralismo jurídico "sociológico". O primeiro referir-se-ia à "presença de diferentes ordens jurídicas, correspondentes a diferentes culturas que convivem em um mesmo espaço e tempo" (VILLEGAS & RODRÍGUEZ, 2003, p. 46), de que a coexistência do sistema jurídico estatal com sistemas jurídicos indígenas sobreviventes à implantação do primeiro seria um exemplo. O pluralismo jurídico sociológico, por seu turno, referir-se-ia, "à coexistência de uma pluralidade de sistemas de direito no seio de uma [mesma] unidade de análise [...], pondo-se em xeque o postulado dogmático jurídico da exclusividade e prevalência do direito oficial na sociedade, para mostrar a existência de outras ordens jurídicas igualmente determinantes dos comportamentos sociais" (p. 49). O Direito de Pasárgada, que não constitui nenhuma ordem jurídica nativa que tenha sobrevivido à implantação do direito oficial imposto pelo colonizador, pertence, por certo, a esse segundo tipo de pluralismo, e é principalmente dele que trato aqui.

Boaventura Santos, ao analisar as práticas jurídicas que têm lugar em Pasárgada, promove, a partir de um registro de esquerda, uma atualização da antiga e geralmente conservadora perspectiva *sociologista* sobre o direito (que engloba movimentos como a *Escola Histórica* de Savigny e o *Direito Vivo* de Ehrlich), a qual, em resumo, se caracteriza por situar "nas profundezas da vida social a única fonte de direito" (CARBONNIER, 1979, p. 28). Em "Pasárgada", os favelados, sem título de propriedade do chão onde habitavam – e, portanto, sem a proteção do direito oficial que eles próprios chamavam de "direito do asfalto" –, desenvolveram informalmente um conjunto de práticas processuais que, aplicadas pela associação de moradores da favela, tinham por finalidade resolver os conflitos de natureza sobretudo territorial surgidos entre os seus habitantes. Na formulação do próprio Boaventura Santos, considera-se que

> existe uma situação de pluralismo jurídico sempre que no mesmo espaço geopolítico vigoram (oficialmente ou não) mais de uma ordem jurídica. Essa pluralidade normativa pode ter uma fundamentação econômica, rácica, profissional ou outra; pode corresponder a um período de ruptura social como, por exemplo, um período de transformação revolucionária; ou pode ainda resultar, como no caso de Pasárgada, da *conformação específica do conflito de classes numa área determinada da reprodução social* – neste caso, a habitação (SANTOS, 1999, p. 87 – itálicos meus).

É assim que o autor justifica a adoção do antigo conceito para abrigar um objeto novo que ele descobriu encravado numa favela do Rio de Janeiro. A operação não se dá sem um alargamento conceitual feito conscientemente. Referindo-se aos casos clássicos de pluralismo jurídico, ele observa que todos eles "constituem situações socialmente consolidadas e de longa duração [...].

Têm lugar em sociedades que, por isso, têm sido designadas 'heterogêneas'". Mas é ele próprio quem, em seguida, sugere

> ampliar o conceito de pluralismo jurídico, de modo a cobrir situações susceptíveis de ocorrer em sociedades cuja homogeneidade é sempre precária porque definida em termos classistas; isto é, nas sociedades capitalistas. Nestas sociedades, a "homogeneidade" é, em cada momento histórico, o produto concreto das lutas de classes e esconde, por isso, contradições [...]. Essas contradições podem assumir diferentes expressões jurídicas [...]. Uma dessas expressões [...] é precisamente a situação de pluralismo jurídico e tem lugar sempre que as contradições se condensam na criação de espaços sociais, *mais ou menos segregados*, no seio dos quais se geram litígios ou disputas processados com base em recursos normativos e institucionais internos (1988, p. 76 – itálicos meus).

Tal é o caso de Pasárgada. Mas, como reconhece o próprio Boaventura, tais casos, "em geral, tendem a configurar situações de menor consolidação (e por vezes mais curta duração) quando confrontadas com as que compõem os contextos de pluralismo jurídico anteriormente mencionados". E mais: na medida em que fenômenos jurídicos plurais configurados como enclaves estão cercados por uma ordem dominante, não estariam eles devidamente "contaminados" pelos valores dessa mesma ordem? Nesse caso, não faltaria a eles a originalidade cultural que está na base dos fenômenos de pluralismo jurídico na sua feição clássica? A hipótese da "contaminação" pela ideologia dominante que afetaria esses fenômenos jurídicos plurais é confirmada pelo próprio Boaventura Santos, o qual, a respeito da ordem jurídica de Pasárgada, diz:

> as normas que regem a propriedade no direito do asfalto podem ser seletivamente incorporadas no direito de Pasárgada e aplicadas na comunidade. Deste modo não surpreende, por exemplo, que o princípio da propriedade privada (e as consequências legais dela decorrentes) seja, em geral, acatado no direito de Pasárgada do mesmo modo que o é no direito estatal brasileiro (SANTOS, 1988, p. 14).

Não se trata, com essas observações, de negar que exista – ou, mais exatamente, que tenha existido – em Pasárgada um fenômeno de pluralismo jurídico, entendido este como uma forma não estatal de resolução de conflitos. Também não se trata de recusar a explicação marxista para a existência desse direito, ocasionado basicamente pela segregação a que a estrutura capitalista condena grupos sociais inteiros. O questionamento a ser feito diz respeito a certas leituras desses fenômenos enviesadas pela "perspectiva crítica" típica da época do seu aparecimento, nas quais eles aparecem como dotados de um potencial anticapitalista e emancipatório que, empiricamente falando, dificilmente apresentam. Como já ressaltei a propósito da "contaminação" a que esses fenômenos estariam submetidos, é mais do que plausível a hipótese de que comunidades não anteriores ao capitalismo, mas produzidas no seu interior, dificilmente apresentem um perfil coletivista de acordo com a visão frequentemente idealizada presente na literatura pluralista produzida entre nós. É o caso de aglomerados rurais e urbanos como "ocupações" e favelas, frutos de um agir conjunto que responde a uma necessidade ditada pela carência de morar ou de ter terra para plantar. Produzidos no interior do sistema capitalista, e, portanto, submetidos à ideologia aí dominante, esses fenômenos jurídicos plurais não configurariam a afirmação de um novo direito, assentado em bases coletivistas, mas, ao contrário, a reivindicação para integrar-se ao sistema dominante. O que eles pretenderiam não seria viver uma cultura, valores e normas autóctones, sem a interferência do Estado, mas que este, através das mais diversas políticas públicas – inclusive uma política de regularização de suas "ocupações" – intervenha em seu favor[25].

O mais curioso é que essa perspectiva do pluralismo jurídico sociológico como um subproduto da ausência do poder público – noutros termos, não como afirmação de uma *positividade*, mas como consequência de uma *negatividade* –, já se encontra presente no próprio Boaventura Santos, o qual observa, numa passagem menos lida do que talvez deveria, que "a intervenção da associação de moradores nesse domínio [a resolução de conflitos] visa constituir como que um *ersatz* da proteção jurídica oficial de que carecem" (SANTOS, 1988, p. 14). Ora, a partir da extraordinária recepção do trabalho de Boaventura Santos pela "perspectiva crítica" então em evidência, instalou-se nos meios críticos brasileiros uma verdadeira onda pluralista em busca de ordens jurídicas existentes em favelas e em bairros miseráveis das periferias da cidade, supostamente dotadas de uma maior legitimidade por sua origem comunitária. Miguel Pressburger, principal teórico do Direito Insurgente, anunciava:

---

25. Villegas e Rodríguez chamam a atenção para o fato de que "a intervenção do Estado na sociedade não é a única causa de boa parte da exclusão e da hierarquização sociais. Isto também sucede quando o Estado não intervém. Esta segunda perspectiva é, com frequência, subestimada na literatura sociojurídica latino-americana devido à prevalência de uma concepção reificada da sociedade civil como espaço de onde a dominação está excluída" (2003, p. 52).

> Os deserdados da sociedade, os que foram lançados na periferia ou jamais permitidos a ingressar na modernidade modelada pelo sistema, construíram e desenvolvem culturas paralelas, para eles revestidas de todas as prerrogativas legais (1987-1988, p. 5).

E Daniel Rech, do mesmo movimento, dava o tom:

> as comunidades urbanas e rurais à margem do Estado de Direito criaram em seu interior normas de conduta que têm vigência e eficácia, tal qual o direito estatal normatizado. Essas regras de conduta, verdadeiras normas consensuais, já que não estão escritas, têm demonstrado ser adequadas e eficientes, levando mais em conta as relações sociais vigentes (RECH, 1990, p. 4).

Uma das grandes questões que essas reflexões levantam diz respeito ao critério de legitimidade que os seus autores aparentemente elegem, qual seja, o da maior eficiência e adequação das práticas jurídicas plurais às relações sociais vigentes no seio das comunidades populares. Trata-se, de certa forma – e mesmo que a partir de um registro de esquerda –, de uma atualização da antiga e no mais das vezes conservadora perspectiva *sociologista* sobre o Direito, mencionada atrás. É preciso aqui lembrar que a perspectiva sociologista já recebeu inúmeras críticas[26], as quais, para não alongar o debate, podem ser resumidas na cândida observação, perpassada de bom-senso, de que a visão sociologista corre o risco de, em vez de promover o "verdadeiro" direito, legitimar de fato a injustiça. Pode ser o caso. Esses direitos locais, em muitas de suas manifestações, longe de significarem uma práxis libertadora, cristalizam, ao contrário, práticas de dominação tão velhas quanto o mundo. Um bom exemplo disso chega até nós através do próprio Miguel Pressburger, o qual, procurando o "direito insurgente" numa favela do Rio de Janeiro, deixa falar um trabalhador:

> lá onde vivemos [...], existem também regras de viver bem, da convivência, que são nossas leis, se não, seria cada um por si e Deus por ninguém. [...] Quer ver só uma? Pode até parecer violento, mas faz parte da vida das pessoas. O marido que pega a mulher com outro, pode encher de pancada e ninguém se mete (apud PRESSBURGER, 1989, p. 98).

Numa palavra, as provas empíricas não são convincentes em demonstrar que essas formas populares e comunitárias de justiça portam consigo princí-

---

26. Cf., a propósito, Elías Días (1974, p. 156).

pios e valores mais libertadores do que aqueles existentes no direito oficial. Da mesma forma que são também inexistentes as evidências de que essas comunidades marginalizadas sejam portadoras de valores anticapitalistas. Vejamos, sobre isso, o que diz Joaquim Falcão numa pesquisa que, no início dos anos de 1980, se debruçou sobre o fenômeno das "invasões" (como então as *ocupações* eram normalmente designadas) numa das metrópoles brasileiras onde elas mais ocorrem: a cidade do Recife. A ação coletiva, certo, é de regra. Ela é, aliás, a condição *sine qua non* para que o movimento tenha alguma chance de êxito. Como observa Joaquim Falcão em trabalho pioneiro que se tornou uma referência para os que se seguiram, "os invasores [...] sabiam que o sucesso na defesa de seus direitos seria proporcional à capacidade de permanecerem unidos. A força do eventual direito repousava no caráter coletivo das reivindicações, e unitário das soluções" (FALCÃO, 1984, p. 88). Mas cessa aí a pretensão de fundar um direito diferente: "a pretensão maior dos que pautam suas condutas por essas manifestações normativas não estatais é justamente transformá-las posteriormente em direito estatal" (p. 83). E prossegue: "Os invasores querem ser proprietários. Justificam a invasão [...] porque sobre o direito de usar e dispor segundo a livre-vontade do proprietário, deve prevalecer o direito de moradia de todos" (p. 95). Mas, uma vez o tão desejado barraco edificado, "a pretensão de todo invasor não é permanecer com um direito 'informal' ou paralegal. Sua pretensão é de numa segunda etapa fazer com que a posse mantida e reconhecida seja 'legalizada' pelo direito estatal" (p. 98)[27].

Essas ponderações a respeito do Pluralismo Jurídico se tornaram um tanto longas. Mas, além do interesse acadêmico que em si mesmo o assunto desperta – por tratar de uma questão instigante a respeito do *monismo* jurídico reivindicado pelo direito moderno –, é um tema que não perdeu atualidade, mesmo passadas as escaramuças iniciais provocadas pelo surgimento da Perspectiva Crítica há mais de trinta anos. Uma evidência disso é o fato de que, recentemente, numa das provas de conhecimento para carreiras jurídicas, depois que instituições como o Ministério Público e a Defensoria Pública passaram a contemplar nos seus concursos matéria de Sociologia do Direito[28],

---

27. No mesmo diapasão, adverte Azuela: "Pelo menos no México, é excepcional que os que controlam o acesso ao solo se apresentem ante os demais ostentando 'sua' própria legalidade como substituta da legalidade estatal; ao contrário, tratam de apresentar a si mesmos como titulares de um direito, ou como capazes de 'legalizar' a situação em um futuro não muito distante" (AZUELA, s.d., p. 21).

28. Sobre a introdução de questões de Sociologia do Direito nesses concursos, em seguida a Resolução do CNJ estabelecendo sua obrigatoriedade na área da magistratura, remeto à **Unidade IV**, adiante.

apareceu uma questão versando sobre o Pluralismo Jurídico. Isso dito, voltemos à temática da Perspectiva Crítica e dos movimentos que ela desencadeou, entre os quais aquele que se tornou mais conhecido: o Direito Alternativo. Começarei por desbastar o terreno, tentando esclarecer algumas confusões conceituais que a meu ver percorrem essa e outra tendência que lhe é muito próxima: a do Uso Alternativo do Direito.

A designação Direito Alternativo surge no início dos anos de 1990. Para ser mais preciso, digamos que é a partir dessa época que ela se torna conhecida. Mas o conceito já tinha sido formulado antes dessa data. Até onde estou informado, a expressão surge pela primeira vez num livro publicado em 1984 pelo jurista crítico Carlos Artur Paulon, *Direito Alternativo do Trabalho*, o qual abre com uma "Nota" que começa dizendo: "Aqui estão compilados alguns trabalhos que têm em comum a tentativa de investigação *crítica* da lei trabalhista brasileira"; e termina com uma conclamação: "Por minha vontade, a publicação serviria para advogados, juízes e estudantes. Não como lições de direito, mas como uma *alternativa de uso deste direito* ainda tão distante da verdade democrática" (PAULON, 1984, p. 13 – itálicos meus). Notam-se aqui duas referências importantes: a primeira, à "perspectiva crítica" então em evidência; a segunda, ainda que com os termos trocados e sem referência explícita, ao movimento do "uso alternativo do direito", de origem italiana. A referência a esse movimento volta a ser feita adiante, quando Paulon propugna a utilização das "contradições do ordenamento jurídico estatal" a serviço dos trabalhadores e, já aí utilizando a expressão com todas as letras, diz:

> Uma legislação trabalhista jamais toca na questão do modo de produção, jamais avança no sentido de democratizar a propriedade da empresa, ou seja, jamais se constitui em instrumento de substituição da propriedade privada pela propriedade social. Todavia, o *uso alternativo* do direito do trabalho, mesmo que instituído com o propósito de manutenção da ideologia capitalista, acaba por, pelo menos, demonstrar até onde a ordem jurídica burguesa poderá absorver as conquistas elevadas à categoria de lei (p. 19-20 – itálicos no original).

Como se vê, o autor está consciente de que não é através da legislação trabalhista que se conseguirá a "substituição da propriedade privada pela propriedade social", mas, ainda assim, recomenda o seu uso:

> Quando é possível aos advogados, juízes e demais trabalhadores em Direito exercitarem suas atividades com uma perspectiva

de engajamento na luta pela libertação do proletariado, esses profissionais devem fazê-lo no sentido de, mesmo dentro das instituições das classes dominantes, pressionarem esta ordem jurídica que expressa a dominação. Pressionar com novas interpretações, *criando as alternativas* de um mesmo direito legislado e gerando jurisprudência e outros instrumentos normativos que tenham como objetivo uma verdadeira justiça social (p. 20 – itálicos no original).

O que está dito acima constitui a perspectiva mais clássica do Uso Alternativo do Direito. As referências a ele, entretanto, são apenas alusivas. A única indicação bibliográfica dessa filiação aparece, de forma indireta, pela referência a um trabalho de Roberto Lyra Filho (principal teórico da *Nova Escola Jurídica Brasileira*), *Direito do Trabalho e Direito do Capital*, de 1982, no qual esse autor faz referência explícita à corrente alternativista italiana liderada por Pietro Barcellona, nos seguintes termos:

> Na hipocrisia de fazer o contrário do que dizem (i. é, dizer que vão realizar a Justiça, nas normas, enquanto resguardam seus privilégios), os dominadores se contradizem, deixam "buracos" nas suas leis, costumes e doutrina, por onde os mais hábeis juristas de vanguarda podem enfiar a alavanca do progresso. A isto chamariam Barcellona e seu grupo de "uso alternativo do Direito" (LYRA FILHO, 1982b, p. 40).

Apesar dessa filiação, Paulon deu à sua perspectiva uma designação própria: direito alternativo, ainda que pensando em termos de um uso alternativo do Direito. E haveria alguma diferença? Sim, na medida em que a expressão escolhida por Paulon, pelo menos se atentarmos para o sentido literal da palavra, remeteria não ao direito estatal – e é disso que trata o uso alternativo do Direito –, mas, para usar uma expressão consagrada no título de uma prestigiosa revista do Instituto Latino-americano de Serviços Legais Alternativos (Ilsa) da Colômbia, a "*otro derecho*" – ou seja, a um direito alternativo ao estatal! Essa é a perspectiva que, anos depois, vai ser adotada por Jesús Antonio Muñoz Gómez num texto publicado logo no primeiro número da revista *El otro Derecho*, no qual o autor tece algumas considerações a respeito do movimento de origem italiana e sobre a impropriedade que ele considera existir em sua aplicação no contexto da realidade latino-americana. Vamos por partes.

O uso alternativo do Direito surgiu entre fins dos anos de 1960 e inícios dos anos de 1970 na Itália, através do movimento Magistratura Democrática. Os integrantes dessa corrente estribavam-se nos dispositivos da vigente

Constituição italiana que, proclamada em 1948, ao fim da Segunda Guerra Mundial, num contexto político marcado pela forte presença do movimento proletário, reconstituído após a queda do fascismo (BERGALLI, 1992, p. 25), abrigava preocupações sociais bastante próximas de um programa socialista. Muñoz Gómez (1988, p. 49) lembra essa circunstância, transcrevendo o artigo 3º da referida Constituição, que diz:

> É missão da República remover os obstáculos de ordem econômica e social que, limitando de fato a liberdade e a igualdade dos cidadãos, impedem o pleno desenvolvimento da pessoa humana e a efetiva participação de todos os trabalhadores na organização política, econômica e social do país.

A partir daí, tratava-se de estabelecer uma nova direção na interpretação da lei, fazendo com o que a legislação ordinária, tradicionalmente presa aos cânones liberais da codificação civilista típica do século XIX, fosse doravante aplicada à luz dos novos princípios sociais consagrados na Constituição de 1948, levando o Direito, *alternativamente*, a operar em benefício dos setores sociais mais necessitados. Ora, para Muñoz Gómez, esse uso alternativo do Direito não seria possível na Colômbia, pois, segundo ele, escrevendo em 1988 a propósito do seu país, "não temos uma norma como o artigo 3º da Constituição italiana, que permita ao jurista uma prática judicial alternativa" (p. 54). E, adiante, generalizando um tanto apressadamente, dizia:

> Na América Latina, nos últimos anos surgiu uma concepção diferente da europeia do uso alternativo do direito. Cremos que a versão que começa a desenvolver-se na América Latina está mais sobre a base de um Direito alternativo do que de um uso alternativo do Direito. Ademais *seria conveniente dar-lhe essa denominação – direito alternativo –* para distingui-la da europeia (p. 58 – itálicos meus).

O ponto de diferença fundamental, anunciado pela própria expressão, seria o fato de que, para usar os próprios termos do autor,

> As duas correntes partem de práticas diferentes: uma, da prática judicial, e a outra das lutas da comunidade por seus direitos [...]. Na concepção latino-americana não se pensa na reivindicação do juiz, a quem se vê como um personagem distante [...], mas na comunidade. Pretende-se que seja a comunidade mesma, os usuários diretos do Direito, que adotem mecanismos para a defesa de seus próprios interesses, estejam ou não reconhecidos e protegidos adequadamente pelo Direito (p. 59).

Resumindo: no caso do uso alternativo do Direito, de procedência europeia, o direito de que se fala é o direito estatal, enquanto que no caso do Direito Alternativo, surgido na América Latina, tratar-se-ia de um direito novo gestado pelas próprias comunidades cujos interesses não seriam acobertados pelo sistema jurídico. Como se vê, é o Pluralismo Jurídico de Boaventura Santos. Entretanto, como vimos, quando a designação aparece pela primeira vez no Brasil, no trabalho de Carlos Artur Paulon, os seus destinatários seriam "advogados, juízes e demais trabalhadores em Direito", conclamados a criar uma "jurisprudência e outros instrumentos normativos que tenham como objetivo uma verdadeira justiça social". Ou seja: algo mais próximo da corrente europeia do que da corrente latino-americana. Por isso aludi a algumas confusões conceituais envolvendo o uso das duas expressões entre nós.

O livro de Paulon é de 1984; e o artigo de Muñoz Gómez, de 1988. No ano seguinte, em 1989, o juiz brasileiro Amilton Bueno de Carvalho[29], do Estado do Rio Grande do Sul, começa um curso na Escola da Magistratura do seu estado com o nome, justamente, de Direito Alternativo, inspirado, segundo se recorda[30], pelo título do livro de Carlos Artur Paulon. Mas é de se imaginar que o seu curso, até pelo fato de ser dado numa escola da magistratura, dirigido a juízes, fosse, mais propriamente falando, de uso alternativo do Direito. E isso era possível porque, diferentemente do que disse o autor colombiano a respeito da impropriedade de tal designação no seu país, a situação do ordenamento jurídico brasileiro em 1989 apresentava – e apresenta ainda – uma situação mais próxima daquela do ordenamento italiano dos anos de 1970 do que da situação colombiana tal qual referida por Muñoz Gómez, na medida em que a Constituição brasileira de 1988 – promulgada, portanto, um pouco antes do curso de Carvalho –, entre outros dispositivos igualmente progressistas[31], estabelecia logo no seu artigo 3º o seguinte princípio:

---

29. Um nome que viria a se tornar, ao lado de Edmundo Lima de Arruda Junior, professor da Universidade de Santa Catarina, a principal referência do movimento no Brasil.

30. Informação dada em correspondência dirigida ao autor desse livro, em resposta a uma consulta a respeito da origem do termo.

31. Mesmo bem antes disso, aliás, o ordenamento jurídico brasileiro já tinha consagrado na sua legislação ordinária princípios dotados desse mesmo teor "social". Em 1942, p. ex., foi editada a Lei de Introdução ao Código Civil cujo artigo 5º dizia: "Na aplicação da lei, o juiz atenderá aos fins sociais a que ela se dirige e às exigências do bem comum". Não por acaso, esse era um dispositivos bastante citado pelos doutrinadores do Direito Alternativo.

> Constituem objetivos fundamentais da República Federativa do Brasil:
> I – Construir uma sociedade livre, justa e solidária;
> [...]
> III – erradicar a pobreza e a marginalização e reduzir as desigualdades sociais.

Mas, apropriadamente aplicada ou não, a designação escolhida pelo juiz Amilton Bueno de Carvalho foi a que ficou. E a sua popularização no Brasil se deu a partir de um episódio midiático envolvendo o grupo de juízes alternativistas por ele liderado. Em 25 de outubro de 1990, o *Jornal da Tarde*, de São Paulo, publicou uma reportagem sobre o grupo com um título provocador: "Juízes Colocam Direito Acima da Lei" (ANDRADE, 1998). Nela, o jornalista autor da matéria, aparentemente aproveitando o nome do curso dado na Escola da Magistratura por Carvalho, chamou o movimento de Direito Alternativo. A reportagem teve grande repercussão, dentro e fora do Judiciário, gerando grandes discussões e fortes acusações por parte dos juízes mais tradicionais. Foi na sequência desse "tiroteio" que o grupo de juízes alternativistas, juntamente com Edmundo Lima de Arruda Junior, professor na Universidade de Santa Catarina, resolveu, "numa espécie de resposta" (ANDRADE: 1998, p. 20), organizar o I Encontro Internacional de Direito Alternativo para o ano seguinte. O resultado, em termos de repercussão e participação, foi muito além do esperado[32], e o movimento tornou-se conhecido em todo o Brasil – e mesmo além-fronteiras –, passando, daí em diante, a tornar-se praticamente sinônimo de toda a Perspectiva Crítica que lhe antecedeu. Com o passar do tempo, o "início eufórico" do movimento teria perdido velocidade, com o que voltamos ao nosso ponto de partida.

Retomando o balanço de Lédio Rosa de Andrade, ele o conclui anunciando que o Direito Alternativo estaria diante de duas perspectivas: ou se firmar como uma corrente crítica do Direito, "consolidando uma *práxis* jurídica alternativa e o início de uma nova teoria do Direito", ou fracassar e ficar "na história como uma moda, uma revolta momentânea que veio e passou" (1998, p. 26). Parecem duas posições extremas: a glória de um lado, a efemeridade de outro. Frente às duas, proponho a velha cautela popular: "nem tanto ao mar, nem tanto à terra". Mais de quinze anos depois do balanço de

---

32. Os organizadores previam a presença de umas 400 pessoas; mas as inscrições, ao chegarem ao número surpreendente de 1.200 pessoas, foram suspensas por falta de espaço físico para acomodar mais gente (ANDRADE, 1998, p. 21).

Lédio Rosa, nem me parece que o Direito Alternativo tenha produzido uma obra capaz de alçá-lo à posição de uma nova teoria do fenômeno jurídico, nem que o *low profile* atual signifique algo mais do que o simples refluxo de uma marca. O refluxo ocorreu, mas, a meu ver, sem maiores prejuízos para o que realmente importa: o conteúdo. Quero com isso dizer que o Direito Alternativo, mais do que um movimento dotado de características próprias e conceitos precisos, foi, antes, uma bem-sucedida designação que a partir de determinado momento passou a exprimir as mais variadas correntes críticas do Direito no Brasil.

Foi, aliás, por causa da existência de várias tendências abrigadas sob a mesma designação que Amilton Bueno de Carvalho sugeriu a adoção de uma tipologia que esclarecesse e, ao mesmo tempo, abrangesse todas as vertentes do que ele passou a chamar de "Direito Alternativo *lato sensu*", que seria uma espécie de gênero abrigando as seguintes espécies: a) "Uso Alternativo de Direito" que, como vimos, seria uma "atuação dentro do sistema positivado", mediante uma reinterpretação dos seus dispositivos; b) "Positividade combativa", que seria a "efetiva concretização [de] conquistas democráticas que já foram erigidas à condição de lei", mas que muitas vezes permanecem sem aplicação; e, finalmente, c) o "Direito Alternativo em sentido estrito", este, sim, um fenômeno de "pluralismo jurídico", porque configurador de um "outro direito" (CARVALHO, 1997). Nesse caso, estamos falando de um direito não oriundo do Estado, mas criado pelos grupos sociais desfavorecidos a partir dos seus interesses e necessidades. O "direito de Pasárgada" seria um bom exemplo disso. O "direito à moradia" que emerge das ocupações dos movimentos dos "sem-terra" e dos "sem-teto", também. O que os distingue de um uso alternativo do Direito é o fato de eles se desenrolarem seja no âmbito interno a uma comunidade e na indiferença do direito estatal, como no caso de Pasárgada, seja infringindo disposições desse mesmo direito, como no caso das ocupações *contra legem*, em que há uma infração aos dispositivos ordinários que regem o direito de propriedade vigente.

Mas, no final das contas, o Direito Alternativo *stricto sensu* termina sendo um fenômeno residual que não exaure todas as vertentes da Perspectiva Crítica do Direito no Brasil, entre elas o uso alternativo do Direito e a positividade combativa, para retomar os termos de Amilton, mas também outros movimentos que lhe antecederam como a *Nova escola jurídica brasileira*, de Roberto Lyra Filho e o *Direito Insurgente*, de Miguel Pressburger, por exemplo. Questão: Essas tendências teriam refluído junto com a designação Direito

Alternativo, ou, mesmo sem a visibilidade ruidosa dos anos de 1990, permaneceriam ainda hoje correntes de pensamento irrigando a perspectiva crítica no Brasil? Inclino-me em favor dessa hipótese. Chegados à segunda década do século XXI, parece ter passado o tempo das escaramuças iniciais, época em que um presidente do Instituto Brasileiro de Direito Constitucional referia-se pela imprensa aos juízes que iniciaram o movimento do Direito Alternativo como uma "magistratura rebelde", opinando que ela devia "ser processada" (apud JUNQUEIRA, 2001, p. 27, nota 26).

Essa menor visibilidade midiática parece correr paralelamente a uma menos ruidosa – mas talvez não menos frutífera – assimilação de um pensamento crítico nos espaços institucionais das faculdades de Direito. A presença de uma disciplina *naturalmente* "crítica" como a Sociologia Jurídica nos cursos jurídicos, por exemplo, não seria um fator operando nesse sentido? É importante realçar que, fruto ou continuação da efervescência crítica que perturbou a modorra das nossas escolas de Direito entre finais dos anos de 1970 e meados dos anos de 1990, vislumbram-se hoje em dia, no Brasil, várias iniciativas de alunos, professores e operadores jurídicos no sentido de "abrir" o direito para as diferentes e conflitantes realidades do mundo. O próprio sistema jurídico brasileiro tem reconhecido e integrado, ao menos em nível normativo, vários princípios de direitos humanos inspiradores de lutas individuais e coletivas. O rol de direitos sociais e econômicos inscritos na Constituição Cidadã de 1988 impulsiona a positividade combativa de que falava Amilton Bueno.

Quem se dispuser a procurar, tomará conhecimento de várias iniciativas e experiências interessantes – umas mais recentes, outras mais antigas, mas que nem por isso desapareceram. Como já noticiei, em 2011, em Florianópolis – cidade onde nasceu o movimento –, foi realizado um Congresso para celebrar os vinte anos do Direito Alternativo. O projeto de ensino a distância *Direito Achado na Rua*, criado na UnB em 1987 por José Geraldo de Sousa Jr. (depois do desparecimento de Roberto Lyra Filho em 1986, em cuja obra o projeto se inspira), persiste e continua sendo ministrado Brasil afora e mesmo além-fronteiras, pois recentemente o curso passou a ser disponibilizado também em língua espanhola, dirigido ao público latino-americano. Todas essas informações são facilmente acessíveis via internet – como praticamente tudo no mundo hoje em dia. No espaço internáutico (onde talvez esteja se constituindo uma forma inédita de *polis*), quem for ao Google® e digitar "direito alternativo", "uso alternativo do direito", "direito insurgente" ou "direito achado na rua" ("direitoachadonarua" também serve!), vai se surpreender com tanta notícia. E encontrará também novidades. No âmbito das faculdades, por exemplo, deve-se mencionar o movimento conhecido como Ajup[33] – Assessoria Jurídica Universitária Popular. Reunindo ideias políticas do italiano Antonio Gramsci e pedagógicas do brasileiro Paulo Freire, e adotando explicitamente a "teoria dialética do Direito de Roberto Lyra Filho" (FURMANN, 2003, p. ix), os estudantes põem em prática o que seria uma das atividades primordiais da universidade, a *extensão*, mas adotando princípios inovadores em relação à velha atividade de "assistência judiciária", rejeitada em favor de uma nova postura: a *assessoria jurídica*:

> Apesar da palavra "Assessoria", em sentido comum, ser quase sinônima da palavra "Assistência", foi ela escolhida para simbolizar uma metodologia inovadora de extensão. A escolha busca exprimir um significado político contrário às propostas de índole "assistencialista". A postura política da Assessoria, por surgir no espaço discursivo dos movimentos populares, é uma postura de contestação e não de caridade. Busca a Assessoria desconstruir o modelo assistencialista, contestar a sociedade da exploração do trabalho e rechaçar a Assistência como solução de problemas sociais (p. 63).

E novas siglas têm vindo se agregar ao movimento. É o caso dos SAJUs (Serviços de Assessoria Jurídica Universitária), que são os "modelos institucionais" da Ajup. Em 1997, é criada a Rede Nacional de Assessoria Jurídica Universitária (Renaju), que pretende "divulgar e expandir esta proposta inovadora através do movimento estudantil de Direito, em especial através de encontros universitários" (p. 71-74). Ao deixar as faculdades, alguns desses "ajupianos", agora bacharéis, vão integrar uma nova sigla, a Renap (Rede Nacional de Advogadas e Advogados Populares), dedicada à assessoria jurídica e política aos cidadãos empobrecidas pelo sistema econômico dominante. Ao lado dos "sem-teto" e dos "sem-terra" (os "fodidos" de sempre, retomando a linguagem de DaMatta), aparecem novas figuras que, nos últimos anos, emergiram das sombras a que tradicionalmente estavam relegadas, como é o caso dos quilombolas. Nos seus documentos institucionais[34], a Renap se apresenta como uma rede de advogados

---

33. Curiosamente, Ajup era também a sigla do movimento de Miguel Pressburger, do começo dos anos de 1980, no Rio de Janeiro – de que tratei páginas atrás. Até onde estou informado (mas talvez não esteja bem-informado), não há relação de continuidade entre uma coisa e outra, exceto a coincidência das siglas.

34. Disponíveis no site renap.org.br [Acesso em 21/12/2014].

dedicada à prestação de serviços jurídicos ao povo trabalhador e pobre do Brasil, aberta a parcerias com Defensorias Públicas, associações e movimentos de defesa dos direitos humanos, entre outros coletivos com fins semelhantes aos seus, dotados de uma indignação ética que acredita num outro mundo possível.

Dir-se-ia, pensando na geração que viu emergir a "perspectiva crítica do direito" há mais de trinta anos (a minha geração), que "não há nada de novo sob o sol", como gemia o autor do *Eclesiastes*. Mas talvez haja. Como destaquei na **Introdução**, só o fato de a linguagem do direito ter vindo intrometer-se na nossa gramática social, onde as regências sempre foram outras (o privilégio, o favor, as vantagens por baixo do pano, a brutalidade escancarada etc.), já é em si mesmo uma notícia alvissareira. A "mobilização do espaço judicial por diversas modalidades de movimentos sociais e ONGs, envolvendo a formalização jurídica de causas políticas e sociais" (ENGELMANN, p. 357) é, no mínimo, uma novidade. Uma questão que resta a ser respondida é: Em que medida ter acesso ao *judiciário* significa ter acesso à *justiça*?[35] As duas coisas não são idênticas. O Judiciário é uma instituição, a Justiça é um valor. E, como lembrei na **Introdução**, nas sociedades em que vivemos, qualificadas por Boaventura Santos como de "homogeneidade precária" – porque são afinal sociedades capitalistas onde as desigualdades sociais são, por definição, de regra – seria ingênuo, além de insensato, esperar ou exigir que o Judiciário tenha por missão eliminá-las. Institucionalmente falando, o Judiciário existe, em primeiro lugar, para aplicar o Direito vigente. Nesse caso, ele é um instrumento de administração dos conflitos que essas desigualdades produzem.

Mas, como também vimos, o Direito não é um objeto unívoco. Dentro do mesmo ordenamento coexistem, por exemplo, o princípio da propriedade privada e o princípio do seu "uso social". A nossa Constituição consagra o "direito à moradia", mas o Código Civil não abriga a necessidade de morar como uma das formas de aquisição da propriedade. E assim por diante. É nesses interstícios que as perspectivas "pluralistas", "alternativas", "insurgentes" etc. do Direito investem. Na medida em que o Direito consagra não a univocidade, mas a plurivocidade, há espaço para levar as lutas sociais até o seu interior. Abre-se aqui todo um repertório de questões que o aluno interessado na tensão entre o Direito e a Justiça pode percorrer. Indico uma delas – talvez

---

35. Cf. o tópico "Acesso à justiça" na **Unidade IV**, "Tendências atuais da Sociologia Jurídica", adiante.

a mais crucial: o direito à moradia *versus* o direito de propriedade. Proponho sairmos das discussões doutrinárias e retomarmos uma pesquisa do início dos anos de 1980 onde esse assunto foi discutido numa perspectiva empírica. Trata-se do trabalho de Joaquim Falcão, *Justiça Social e Justiça Legal* (1984), já mencionado, que se tornou uma referência obrigatória sobre o tema na literatura jurídico-sociológica brasileira.

Pelo título do trabalho já se percebe que a primeira das duas justiças, a *Social*, corresponde ao primeiro dos dois direitos, o de *moradia*; e que a segunda, a Justiça *Legal*, ao segundo, o de *propriedade*. Passo a palavra ao autor: "aqui descrevemos e analisamos conflitos de propriedade numa sociedade do *terceiro mundo*, o Brasil. Estes conflitos foram provocados por *invasões* coletivas de terrenos urbanos não ocupados, por populações política, social e economicamente marginalizadas" (FALCÃO, 1984, p. 82 – itálicos meus). Uma nota curiosa: percebe-se, lendo o trecho transcrito, que ele, como todo e qualquer texto, carrega as marcas do seu tempo. O Brasil é referido como fazendo parte do "terceiro mundo"; hoje, ele seria caracterizado como um "país emergente". E os conflitos são qualificados de "invasões"; hoje, muito provavelmente, receberiam o qualificativo de "ocupações". O material empírico da pesquisa é constituído por "nove casos de invasão de propriedade urbana por populações de média e baixa renda, ocorridos na região metropolitana do Recife entre 1963 e 1980" (p. 85). Num deles, como se vê, o caso remonta ao ano de 1963, razão pela qual resolvi deixá-lo de fora, preferindo trabalhar com eventos ocorridos na época da realização da pesquisa: final dos anos de 1970 e início dos anos de 1980, quando o regime militar começava a se desagregar e iniciava-se a fase de redemocratização. Nesse contexto, o poder político estava mais sensível à "questão social". Ficamos assim com oito casos.

Seguindo explicitamente a perspectiva do Pluralismo Jurídico de Boaventura Santos[36], Joaquim Falcão examina como o encaminhamento destes conflitos, mesmo cinco deles tendo chegado ao Poder Judiciário, se deu, em sua grande maioria, ao arrepio das disposições do Código de Processo Civil. Nas ações judiciais que foram intentadas pelos proprietários dos imóveis ocupados, interveio, além das partes legalmente habilitadas para figurar no processo

---

36. Lembro que foi por volta dessa época que o trabalho do sociólogo português sobre o *Direito de Pasárgada* começou a ser conhecido entre nós. Joaquim Falcão, então professor da Universidade Federal de Pernambuco, foi, aliás, quem o introduziu junto à então irrisória comunidade de juristas-sociólogos brasileiros.

(proprietários e invasores), o Poder Executivo estadual. Sua intervenção foi variada: ora desapropriando imóveis em litígio, ora intermediando acordos, ora exercendo pressão sobre os julgadores no sentido de adiar uma decisão até que uma solução política fosse encontrada. Em apenas um caso o direito de propriedade consagrado no Direito Civil foi aplicado segundo o princípio *dura lex, sed lex*. Foi numa ação de reintegração de posse e o juiz que a julgou não deixou por menos: "Não cabe à Justiça resolver probleminhas [sic] sociais, mas garantir o primado da Lei" (p. 93). Aparentemente no lado oposto do espectro, outro juiz, às voltas com um caso envolvendo antigos moradores de um terreno de marinha e a Companhia de Habitação Popular (Cohab) do Estado de Pernambuco, que queria desalojá-los para edificar um empreendimento imobiliário no local, foi taxativo: "Eu só vou julgar o caso quando eles resolverem entre si" (p. 90).

A pesquisa de Falcão apresenta resultados que, a uma primeira leitura, levariam à visão de um Judiciário brasileiro (no caso, pernambucano), convertido ao que depois veio a ser o Direito Alternativo. Afinal, o "equacionamento" dos conflitos que o autor examina foi obtido mediante uma combinação de "normas e valores do direito estatal oficial e normas e valores outros". Quais? Eis a resposta: "uma concepção de direito em geral, e do direito de propriedade [...] em particular, distinta da que se estruturou no direito estatal dominante" (p. 82). Essa outra concepção do direito de propriedade "sugere que o direito social à moradia é uma limitação ao direito de usar, gozar e dispor" (*utendi, fruendi et abudenti*, como diria o vetusto Direito Romano) da propriedade de acordo com o Código Civil (p. 96). Mas uma leitura mais atenta dos dados da pesquisa pode igualmente sugerir que as coisas não são bem assim. Em primeiro lugar, em apenas um dos casos que chegaram ao Judiciário, aquele que se concluiu pela expulsão dos invasores, houve uma decisão passada em julgado: a expulsão dos invasores. Não é fora de propósito chamar a atenção para o fato de que se tratava de uma propriedade particular. Nos demais, o conflito, à época da pesquisa, achava-se "institucionalizado" dentro do Judiciário (p. 93). Ou seja: não se sabe se houve um *happy end*, ou não. Pode não ter havido. Mas, como quer que seja, os casos em que o conflito se encontrava "institucionalizado" (i. é, os casos que à época da pesquisa não tinham chegado a uma solução final decidida pelo Judiciário), envolviam, praticamente todos eles, algum agente público como o "proprietário" invadido. Nesses casos, justamente porque não se trata de um bem privado (como foi o caso do hotel abandonado na Avenida São João, em São Paulo, evocado na **Unidade I**), é mais fácil ao poder público adotar "valores outros" no que diz respeito ao direito de propriedade, a principal pedra de toque da sociedade capitalista, como nos lembra o paradigma marxista. Uma hipótese subsidiária que daí poderíamos extrair é a de que, no caso de imóveis privados, a tendência dominante seria a da reintegração de posse pura, simples e expedita – o governo lavando as mãos com o argumento, tantas vezes ouvido, de que "decisão judiciária não se discute: cumpre-se". Como quer que seja, eis aí uma questão em aberto – que o aluno de Sociologia Jurídica interessado na pesquisa empírica pode usar para transformar em hipóteses de trabalho e, tendo disposição para tanto, investigar.

***

Para concluir. A perspectiva crítica se tornou, pelas discussões que levantou e pela incorporação de muitas de suas preocupações à prática de vários operadores jurídicos, um dos movimentos responsáveis pela renovação que se vem operando na nossa cultura jurídica, inclusive (hipótese a ser enunciada com cautela) no Poder Judiciário, tradicionalmente preso a um dogmatismo abstrato e indiferente ao que pode advir de suas decisões. Isso, num país como o Brasil, chega a ser revolucionário. Não se trata, evidentemente, de uma revolução no sentido marxista do termo. Trata-se, antes, de uma revolução *liberal* no sentido americano do termo – isto é: de esquerda, mas *light*. Afinal, o postulado de que o Judiciário tem de levar em conta as consequências sociais da aplicação do Direito é o beabá da chamada *Sociological Jurisprudence*, de matriz americana. Seu principal teórico, Roscoe Pound, foi juiz da Corte Suprema dos Estados Unidos, e é um autor que, entre nós, talvez mereça ser conhecido – e lido.

Segunda

PARTE

Unidade IV

Tendências atuais da Sociologia Jurídica: indicações

Que temas atuais da Sociologia Jurídica poderiam interessar a um futuro bacharel desejoso de se submeter a um concurso público? Responder essa pergunta é a finalidade desta **unidade**. Não se trata de uma pergunta em abstrato. Ela é formulada a partir do fato bem concreto de que, atualmente, importantes instâncias de acesso a uma função pública na área jurídica têm previsto a inclusão de temas da Sociologia do Direito nos seus concursos. Nomeio as duas que me parecem mais importantes.

O Conselho Nacional de Justiça (CNJ), através da Resolução n. 75/2009, instituiu a *obrigatoriedade* de matéria sociológica em concursos para juízes em todo o território nacional. O Anexo VI da Resolução refere-se explicitamente à Sociologia do Direito e elenca vários tópicos atinentes à matéria; *verbis*:

> **1. Introdução à sociologia da administração judiciária. Aspectos gerenciais da atividade judiciária (administração e economia). Gestão. Gestão de pessoas.**
>
> **2. Relações sociais e relações jurídicas. Controle social e o Direito. Transformações sociais e Direito.**
>
> **3. Direito, Comunicação Social e opinião pública.**
>
> **4. Conflitos sociais e mecanismos de resolução. Sistemas não judiciais de composição de litígios.**

O Conselho Federal da Ordem dos Advogados do Brasil (OAB), por seu turno, através do Provimento n. 144/2011, regulando o Exame de Ordem, diz no art. 11, parágrafo 4º, que "o conteúdo das provas [poderá] contemplar disciplinas do Eixo de Formação Fundamental" dos cursos jurídicos; e este, conforme a Resolução n. 09/2004 do Conselho Nacional de Educação

(CNE), abrange "estudos que envolvam conteúdos essenciais" sobre Sociologia. Assim, nos concursos para juízes entrariam matérias específicas de Sociologia do Direito, e nos concursos para a OAB entraria, de forma opcional, matéria de Sociologia *tout court*. Isso na teoria. Na prática, as coisas têm deixado a desejar. As provas da OAB têm simplesmente ignorado a Sociologia – jurídica ou não. Tangencialmente, têm entrado questões de filosofia e de direitos humanos (geralmente numa perspectiva dogmática), mas não Sociologia. Nos concursos para a magistratura, também a Resolução do CNJ tem sido negligenciada. Mesmo quando os editais anunciam a disciplina, a Sociologia do Direito não tem sido explorada. É difícil achar questões nas provas para juiz (federal ou estadual) que versem sobre a matéria. Como a exigência da disciplina é recente, talvez isso explique a inexistência de questões nos concursos da área até o momento.

Mas, para o futuro, espera-se que as notícias se tornem mais alvissareiras. Tanto mais que, inspiradas por essas fontes, instituições como tribunais de justiça (federais e estaduais), o Ministério Público e a Defensoria Pública (da União e de alguns Estados) têm inserido nos seus concursos mais recentes questões relativas à Sociologia do Direito. Não são muitas, mas são promissoras. Especificamente para este *Manual*, foi feita uma pesquisa em editais de concursos e em provas elaboradas por instituições como o Cespe (ligado à UnB) e a Fepese (ligada à UFSC). A partir da formulação das questões encontradas, foi possível "extrair" os seguintes assuntos, em número de nove, presentes nesses concursos:

a) Evolução histórica da Sociologia do Direito.

b) Controle social formal e informal.

c) Relação entre Direito e opinião pública.

d) Marxismo e direito.

e) Weber e o direito.

f) Pluralismo jurídico.

g) Acesso à justiça.

h) Mecanismos inovadores de acesso à justiça.

i) Informalização nos procedimentos de resolução de conflitos e estado de direito.

Quatro desses assuntos (**b**, **c**, **h**, **i**), inclusive pelo uso de termos comuns, podem ser subsumidos aos tópicos previstos na Resolução do CNJ – onde, aliás, foram buscar inspiração. Para não cansar o leitor, vou dar apenas um exemplo: o assunto **b**, *Controle social formal e informal*, presente nos concursos, é subsumível ao tópico **2** da Resolução do CNJ, que contempla o *Controle social e o Direito*. Outros exemplos poderiam ser facilmente fornecidos. Restariam como não estando subsumidos os seguintes assuntos:

a) Evolução histórica da Sociologia do Direito.

d) Marxismo e direito.

e) Weber e o direito.

f) Pluralismo Jurídico.

g) Acesso à Justiça.

De três deles (**d, e, f**), porém, este *Manual* se ocupa nas Unidades precedentes: no que diz respeito aos assuntos tratando de Marx e de Weber, e suas relações com o Direito, remeto o leitor para a **Unidade I**, onde o assunto está suficientemente discutido; e no que diz respeito ao Pluralismo Jurídico, ele também foi bastante discutido na **Unidade III**. Restariam "a descoberto" apenas dois tópicos (**a, g**), a saber: *Evolução histórica da Sociologia do Direito* e *Acesso à Justiça*. Por isso dedico a cada um deles, adiante, um tópico específico.

Assim, os tópicos que serão a seguir abordados, em número de seis, reproduzem, integral e literalmente, aqueles da Resolução do CNJ, aos quais foram acrescentados dois outros: um tópico sobre a evolução histórica da Sociologia do Direito, e outro sobre o acesso à justiça. Essa gama cobre os interesses de um recém-bacharel frente a um exame da OAB e/ou concurso público para a área jurídica. Não se trata, obviamente, de aprofundar nenhum dos assuntos. Todos envolvem tal gama de questões, autores e escolas sociológicas diferentes (até mesmo divergentes), que cada um deles mereceria um livro à parte. Mas, nos limites de um Manual, irei simplesmente dedicar a cada tópico algumas páginas, fornecendo as indicações bibliográficas de que me vali e que poderão ser úteis. Para minimizar as dificuldades decorrentes da amplidão de cada um deles, adotei, na tarefa de circunscrevê-los, a estratégia de consultar o teor das questões que foram formuladas nos concursos pesquisados, partindo do pressuposto de que tais teores refletem o que os formuladores dos quesitos consideram como mais relevante de ser abordado em cada um dos assuntos.

1 Evolução histórica da Sociologia do Direito

Como anunciei, a melhor estratégia para delimitar o que abordar é consultar as questões que já foram formuladas em concursos. No que diz respeito a este tópico, foi encontrada a seguinte questão:

> Assinale a opção correta no que concerne à evolução histórica da Sociologia do Direito (PROVA CESPE, 2014).

Entre as opções apresentadas, a resposta correta[37] é a seguinte:

> As drásticas mudanças nas relações sociais e jurídicas oriundas da Revolução Industrial repercutiram nos fundamentos da Sociologia do Direito.

Como se vê, a instituição da Sociologia do Direito é remetida ao mesmo contexto e às mesmas razões da fundação da própria Sociologia. Faz sentido. Basta lembrar o quanto o Direito ocupa um lugar importante na reflexão de Durkheim e de Weber sobre o mundo gerado pela Revolução Industrial. Nesse caso, pergunto-me se seria válido alongar este tópico para além do que já disse na **Unidade I** deste manual, em que trato da tradição sociológica e de como ela decorre das grandes mudanças sociais, políticas e econômicas do século XIX. Dadas as especificidades da disciplina sociológica aplicada ao Direito, porém, julgo útil fazer alguns acréscimos. Talvez alguns ajustes.

Consideremos o lugar central que o Direito ocupa na reflexão durkheimiana sobre a solidariedade social, da qual ele seria "o símbolo mais visível"; ou o lugar igualmente relevante que a forma de dominação legal-racional – vale dizer, o direito moderno – ocupa na reflexão weberiana sobre a "jaula de ferro" onde todos estamos enredados. Nesse sentido, tanto um quanto o outro poderiam ser igualmente considerados os fundadores da Sociologia do Direito. E, de fato, um e outro figuram entre os grandes sociólogos que se ocuparam da disciplina – ainda que com enfoques muito diferentes. No entanto, os historiadores da Sociologia do Direito costumam atribuir ao austríaco Eugen Ehrlich (1862-1922) o galardão de ter sido o seu verdadeiro

---

37. Para chegar à escolha correta, primeiro procurei responder, como se fosse um candidato, a questão. Em algumas delas, como verá o leitor, tive dificuldades para fazer minha escolha. Num segundo momento, para ter a certeza de que minhas respostas estavam corretas, recorri ao gabarito para fazer a checagem e não subsistir nenhuma dúvida. Qual não foi a minha surpresa quando constatei que, pelo menos em relação a uma delas, a escolha que havia feito estava errada! Revisei a minha escolha, explicando porque a tinha feito, e passei a discutir a escolha feita pelo formulador da questão.

fundador. Ehrlich, ao que tudo indica, foi o primeiro autor a escrever um livro especificamente sobre o assunto, *Fundamentos da Sociologia do Direito*, de 1913. Além disso, diferentemente de autores como Durkheim e Weber (e mesmo Marx), tem uma concepção original do fenômeno jurídico. Quando qualquer um dos "três porquinhos" se refere ao direito, está se referindo ao direito formalmente em vigor; numa palavra, ao direito oficial. Ehrlich, ao contrário – e apesar de ser jurista de profissão, pois era professor de Direito Romano – apresenta, por assim dizer, uma concepção radicalmente *social* do Direito. O que isso quer dizer?

Na abertura do seu clássico de 1913, querendo resumir numa só frase a tese contida no livro, Ehrlich escreveu a seguinte premissa: "ainda no tempo presente, como em outras épocas, o centro de gravidade do desenvolvimento do direito não se acha na legislação, nem na ciência jurídica, nem na jurisprudência, mas na sociedade mesma" (EHRLICH, 1976). Daí que ele considere como o verdadeiro direito aqueles usos e costumes realmente observados pelos grupos sociais, não só os reconhecidos pelo direito oficial, mas também os que passaram despercebidos e até mesmo os que a lei desaprovou. É o que chama de "direito vivo". Herdeiro da tradição crítica ao movimento codificador que se seguiu ao Código Napoleônico, o que o distingue de movimentos como a Escola *Histórica de Savigny* ou o *Direito Livre* de Kantorowicz parece ser menos uma questão doutrinária e mais uma questão de enfoque e de métodos. Ehrlich estabelece a necessidade de pesquisas empíricas que captem o "direito vivo" (aplicação de questionários, entrevista, análise de documentos, observação e até experimento), com o que a nova disciplina teria efetivamente *status* científico. Por trás desse programa subjaz a ideia crítica de que o direito legislado, estático e distante, não dá conta das especificidades, da riqueza e da mobilidade do real, criando-se assim uma defasagem entre aquilo que a lei diz e aquilo que a sociedade realmente pratica.

Mas a premissa de que o Direito – entendido no sentido de ordenamento jurídico oficial – deve estar adequado ao tempo e ao povo aos quais se aplica não é recente. Dentro do pensamento social ocidental, ela remonta pelo menos a Montesquieu (aliás, frequentemente lembrado como um dos precursores da Sociologia do Direito), autor da conhecida exigência de que as leis devem estar relacionadas à geografia, ao clima, à situação e extensão do país, bem assim ao gênero de vida dos seus habitantes (1979, p. 28). Com Ehrlich, a Sociologia do Direito como um saber que teria como finalidade investigar as práticas jurídicas efetivamente vigentes é uma ideia que se confunde com o próprio sentido da disciplina. Ao afirmar-se em oposição à dogmática jurídica, valorizando as práticas jurídicas concretas como sendo o verdadeiro direito, essa sociologia adota uma visão *sociologista* sobre o fenômeno. Uma das considerações mais recorrentes sobre o sociologismo jurídico é a que o considera um enfoque "que se caracteriza por situar nas profundezas da vida social a única fonte de direito" (CARBONNIER, 1979, p. 28). E, apesar das advertências de Elías Días de que "o sociologismo possa e deva ser sujeito a críticas a partir de uma instância mais geral que pretenda referir-se ao conceito total de Direito", e de que ele "nunca deva sem mais aquela ser identificado com a sociologia jurídica mesma" (1974, p. 156), a verdade é que a preocupação em fazer tais ressalvas indica, precisamente, a prestigiosa tradição do enfoque. O fato de o autor a quem geralmente se credita o fundamento da Sociologia do Direito, Eugen Ehrlich, ter adotado uma perspectiva sociologista, provavelmente explica esse prestígio. Mas o enfoque merece um recuo que evite uma adesão rápida e entusiasmada ao mesmo.

Ocorre que o investimento na realidade, se não é feito com um espírito crítico que ultrapasse a mera constatação factual, pode levar ao equívoco de, em nome de promovermos o "verdadeiro" direito, legitimarmos de fato a injustiça. A ultrapassagem desse dilema não se faz sem um questionamento das vinculações epistemológicas que o sociologismo mantém com o positivismo nas ciências sociais – corrente teórica que elege os postulados das ciências naturais como modelo ideal da ciência, de onde decorre que as relações sociais correm o risco de ser percebidas como dados naturais cuja formação não se questiona e em relação aos quais há que se prestar a mesma submissão que se deve às leis da natureza. Semelhante "naturalização" parece perpassar os postulados sociologistas de Ehrlich, para quem existe na sociedade um direito vivo que "não está nas proposições jurídicas do direito positivo", mas que "domina a vida" (1976, p. 592). Pensando na realidade brasileira, isso pode ser bastante interessante se pensarmos em fenômenos culturais de fundas raízes populares como, por exemplo, o jogo do bicho. Apesar de ilegal, ele configura práticas jurídicas que, por sua persistência histórica, bem poderiam ser consideradas um fenômeno típico de "direito vivo". Mas há outras práticas que também poderiam ser consideradas – dentro de critérios sociologistas – como jurídicas, mas às quais já não podemos inocentemente chamar de "direito vivo", porque tal designação esconderia o fato de que tais práticas cristalizam a injustiça. É o que acontece, por exemplo, com os usos e costumes violentos da polícia brasileira para a obtenção de "confissões". Mesmo sendo ilegais, constituem práticas inscritas na nossa história desde sempre. Mas a questão da injustiça como um dos elementos constituintes da própria realidade está ausente dos postulados positivistas de um modo geral. Assim, se aderirmos inteiramente a esses postulados, poderíamos considerar que a repressão policial das classes populares à margem da lei seria uma espécie de "direito vivo".

Ora, a temática do Direito Vivo passou por uma revivescência entre nós a partir da eclosão dos movimentos críticos tratados na **Unidade III**, cuja perspectiva teórica mais visível, o pluralismo jurídico, nutre-se, entre outras fontes, da visão ehrlichiana sobre o Direito. A perspectiva pluralista baliza uma das grandes vertentes que pontuam a evolução histórica da Sociologia do Direito: ao lado dos autores para quem Direito é o direito posto, existem aqueles para quem o fenômeno jurídico não se confunde com o direito oficial. É a postura, entre nós, de Cláudio Souto, um dos fundadores da disciplina no Brasil, para quem o direito oficial é o que ele classifica de "controle social estatal", podendo, ou não, abrigar o Direito – que, para esse autor, é um fenômeno social real, existente como *fato* e possível de ser captado pelo sociólogo, independentemente de ser alçado à condição de direito oficial[38]. Tal vertente, que teria em Ehrlich seu momento inaugural, compreende autores como os franceses Henri Lévy-Bruhl (1884-1964) e Georges Gurvitch (1894-1965), o italiano Santi Romano (1875-1947) etc., todos partidários de uma visão pluralista na medida em que consideram que o fenômeno jurídico é algo mais vasto do que o direito estatal.

Mas cabe notar que a Sociologia do Direito também pode adotar uma visão monista, elegendo o ordenamento jurídico oficial como seu objeto de pesquisa. Ao fazer isso, ela pode bipartir-se na maneira de abordá-lo. Tomando emprestados os termos empregados por Maria Lucia Sabadell, teríamos uma Sociologia *do* Direito e uma Sociologia *no* Direito (2013, p. 48). A primeira faria uma abordagem "externa" do direito posto, enquanto a segunda o abordaria a partir do seu "interior"; aquela seria um terreno palmilhado por sociólogos, cientistas políticos etc., enquanto esta seria o local onde se encontrariam os juristas insatisfeitos com o excesso de dogmatismo da sua disciplina – aqueles que, antes que os cientistas sociais se interessassem pelo Direito, adotaram por conta própria um olhar sociológico sobre sua área de saber. Diz Maria Lucia:

---

38. Sobre a concepção original de Cláudio Souto a respeito do Direito, cf. o livro de Cláudio e Solange Souto (1981, p. 149-168).

Nessa perspectiva, o termo "Sociologia do Direito" indica o ramo da Sociologia que tem como objeto de estudo o Direito. Trata-se de uma leitura sociológica do sistema jurídico, feita preferencialmente por sociólogos. Já os juristas que estudam as dimensões sociológicas das normas jurídicas, fazem uma "sociologia jurídica", permanecendo dentro do sistema jurídico e procurando contribuir para sua melhoria (p. 53).

Como se vê, é praticamente a mesma maneira de abordar as diferenças sugeridas por Eliane Junqueira entre uma *Sociologia do Direito* como ramo da Sociologia, cultivado principalmente por cientistas sociais, e uma *Sociologia Jurídica* como "saber crítico" sobre o Direito produzido por juristas – como destaquei na **Introdução.**

2 Introdução à Sociologia da Administração Judiciária; aspectos gerenciais da atividade judiciária (administração e economia); gestão; gestão de pessoas

O que "administração judiciária" teria a ver com Sociologia? Parece pertencer mais ao domínio da Administração. E se pertence a algum ramo da Sociologia, parece ser menos da Sociologia do Direito e mais da Sociologia das Organizações. Tanto mais que o próprio tópico refere-se a "aspectos gerenciais da atividade judiciária" e a "gestão de pessoas" – o que remete mais a uma atividade administrativa do que propriamente judiciária. Mas, de acordo com o princípio jurídico da "inegabilidade do ponto de partida" (talvez já familiar ao aluno-leitor), o intérprete pode se opor à norma, mas não negá-la.

É o caso. Conceitual e epistemologicamente falando, parece estranho que atividades como gestão de pessoas figurem num tópico de Sociologia do Direito. Mas a Resolução do CNJ assim dispôs. Nesse caso, temos de nos colocar no seu diapasão. Uma questão permanece, todavia: O que um sociólogo do Direito teria a dizer sobre o assunto? O embaraço, aparentemente, não é só meu. Num pequeno, mas instrutivo livreto destinado aos que estejam interessados numa "revisão rápida antes da prova da OAB", Dalton Oliveira, às voltas com esse tópico, escreve que, nesse caso, "o Poder Judiciário exerce *função atípica administrativa* quando realiza a gestão do seu funcionamento por meio de contratação de membros e servidores, aquisição de bens e materiais etc." (OLIVEIRA, 2011, p. 35 – itálicos meus). E emenda:

> Impõe-se, todavia, salientar que uma função administrativa exercida no âmbito do Judiciário, embora não constituindo função típica, tem se tornado cada vez menos função excepcional. A gestão administrativa tem tomado cada vez mais relevância para a consecução do fim último do Poder Judiciário, que é propiciar o provimento jurisdicional (p. 35).

De acordo. Mas o problema é o que propor como sugestão bibliográfica para o aluno de Direito interessado em prestar concurso para a área jurídica. O autor citado, às voltas com o mesmo problema, remete a um texto de Boaventura de Souza Santos, apresentado como "um dos principais estudiosos e teóricos a respeito do tema 'Administração *Judiciária*'" (p. 37 – itálico meu). Trata-se de um texto do sociólogo português de meados da década de 1980, recorrentemente citado entre nós. Há, porém, um problema: o texto de Boaventura Santos não é exatamente sobre administração *judiciária*. Como anuncia o próprio título, ele é uma "Introdução à Sociologia da Administração da *Justiça*" (SANTOS, 1986 – itálico meu), o que não é a mesma coisa. É claro que o qualificativo *judiciário* e o substantivo *justiça* não são estranhos um ao outro. Uma administração judiciária eficiente parece ser uma condição para uma melhor prestação da justiça. A primeira, porém, diz respeito mais a aspectos gerenciais do andamento dos feitos (matéria de competência da ciência da administração) do que a aspectos ligados à *justiça* de tal andamento – aí, sim, assunto de competência dos sociólogos do Direito. Prova-o uma das questões formuladas nos concursos que foram pesquisados; *verbis*:

> A perspectiva sociológica trouxe importante contribuição para o estudo e diagnóstico das condições efetivas dos serviços prestados pela administração da *justiça*. Pesquisas desenvolvidas nos países centrais na década de 1970 apontaram como principais *obstáculos de natureza econômica para o acesso à justiça* (PROVA FEPESE, 2012 – itálicos meus).

Chamaria atenção para dois detalhes: primeiro, a menção a administração da *justiça*, e não judiciária; segundo, o interesse do formulador da questão por um aspecto da prestação jurisdicional do qual a ciência da administração (preocupada com fluxos e gargalhos *internos* ao sistema) a princípio não se ocupa: os obstáculos de natureza econômica para se ir ao Judiciário. Ou seja, um aspecto *externo* aos feitos, relacionado ao sistema socioeconômico que envolve as partes que para lá vão – ou, por não terem recursos, não vão. Isso, sim, é matéria atinente à Sociologia do Direito. É, aliás, um dos assuntos de que se ocupa um dos principais temas da disciplina, o "acesso à justiça" – e é dessa problemática que o texto de Boaventura Santos também se ocupa.

O seu ponto de partida é a constatação de uma "crise da administração da justiça" que teria eclodido, já nos anos de 1960, nos países centrais (basicamente Europa ocidental e Estados Unidos), consequência de uma "explosão de litigiosidade" devida às lutas protagonizadas por grupos sociais até então sem tradição histórica de "ação coletiva de confrontação": negros, estudantes, setores da classe média em luta por novos direitos nos domínios da segurança social, habitação, educação, transportes, meio ambiente, consumo de bens duráveis etc. (SANTOS, 1986, p. 15). É dessa realidade que trata o texto de Boaventura Santos, que destaca as principais "linhas de investigação" trazidas por essa litigiosidade de tipo novo para a *sociologia da justiça*: 1) as desigualdades no acesso ao direito; 2) a administração da justiça enquanto atividade política, pondo fim ao mito da neutralidade do Judiciário; e, por fim, 3) a existência, na sociedade, de múltiplas instâncias jurisdicionais que competem com os tribunais na resolução dos conflitos. Digamos uma palavra sobre cada uma delas.

A *primeira linha* refere-se explicitamente ao tema do "acesso à justiça", que abordarei com mais detalhes no **tópico 5** adiante. Por ora, lembraria apenas a ênfase que o autor dá à questão das desigualdades e como elas afetam a possibilidade de se ir ao Judiciário. Muitas e variadas reformas têm sido empreendidas mundo afora no sentido de neutralizar, ou minimizar, tais desigualdades – inclusive aqui no Brasil, como veremos adiante. Mas é preciso estar consciente de que um sistema jurídico (qualquer um que tenha havido, haja e haverá) existe para dirimir conflitos dentro dos marcos sociais e econômicos dominantes na sociedade, qualquer que seja ela. Reformas no acesso à justiça, por mais espetaculares que sejam, mexem apenas no Direito Processual, isto é, adjetivo, deixando intocado o Direito substantivo (Civil, Penal, Comercial, Trabalhista etc.). Nesse sentido, é de bom alvitre lembrar uma observação que faz Boaventura Santos:

> A desigualdade da proteção dos interesses sociais dos diferentes grupos sociais está cristalizada no próprio direito substantivo, pelo que a democratização da administração da justiça, mesmo se plenamente realizada, não conseguirá mais do que igualar os mecanismos de reprodução da desigualdade (1986, p. 29).

Restaria em aberto uma discussão adjacente, mas a meu ver importante: reformas processuais que viabilizem a presença, em pé de igualdade, do hipossuficiente frente a um litigante poderoso (social, econômica ou politicamente falando), não implicaria uma mudança *substantiva*, por mínima que seja, nas relações sociais tão desiguais num país como o nosso?

A *segunda linha*, explorada inicialmente pelos cientistas políticos, enfoca a justiça como uma instância política, e os tribunais como "um subsistema do sistema político global" (1986, p. 23). Em consequência disso, os juízes foram para o centro do campo analítico. Seus comportamentos, motivações e decisões passaram a ser uma "variável dependente" correlacionada a "variáveis independentes" como a origem de classe, a formação profissional, a ideologia política etc. Dessacralizou-se a ideia convencional da administração da justiça como uma função neutra protagonizada por um juiz dedicado em fazer justiça acima e equidistante dos interesses das partes (1986, p. 24). Do lado dos próprios juristas (no caso, juristas críticos como Pietro Barcellona, ou juristas-sociólogos como Renato Treves), essa linha frutificou nos anos de 1970 na Itália. Boaventura Santos dá uma atenção especial aos "estudos italianos sobre a ideologia da magistratura", feitos sob a orientação de Renato Treves, a partir dos quais o espanhol Elías Días detectou a existência de "três grandes tendências ideológicas" no seio daquela magistratura, a saber:

> Em primeiro lugar, a tendência dita "estrutural funcionalista", com ênfase nos valores da ordem, do equilíbrio e da segurança social, e da certeza do direito, que agrupa os juízes e magistrados conservadores ou moderados, defensores da divisão dos poderes, adeptos das soluções tradicionais, quer no plano socioeconômico, quer no da organização judiciária. Em segundo lugar, a tendência do chamado "conflitivismo pluralista" em que prevalecem as ideias de mudança social e se defende o reformismo, tanto no interior da organização judiciária, como no da sociedade em geral, com vista ao aprofundamento da democracia dentro do marco jurídico-constitucional do Estado de direito. Em terceiro lugar, a tendência mais radical do chamado "conflitivismo dicotômico de tipo marxista" que agrupa os juízes apostados num uso alternativo do Direito, numa função mais criadora da magistratura enquanto contribuição do Direito para a construção de uma sociedade verdadeiramente igualitária. Estas tendências têm tido expressão organizativa na *Unione di Magistrati Italiani*, na *Associazione di Magistrati Italiani* e na *Magistratura Democratica* respectivamente (SANTOS, 1986, p. 25).

Remeto o leitor à **Unidade III** deste *Manual*, onde, tratando da perspectiva crítica, faço remissões ao movimento da *Magistratura democrática*, liderado por juristas como Pietro Barcellona, que teorizaram sobre o "uso alternativo do Direito". Como vimos ali, muitos juristas críticos brasileiros e latino-americanos, cientes de que a "desigualdade da proteção dos interesses sociais dos diferentes grupos sociais está cristalizada no próprio direito substantivo" – repetindo Boaventura Santos –, preferiram radicalizar no sentido de propor, em vez de um uso alternativo do Direito existente (que, afinal, consagra as instituições básicas da sociedade capitalista produtora de desigualdades), um "direito alternativo". Mesmo quando ocorrem mudanças no direito substantivo que vão ao encontro dos interesses das classes trabalhadoras, sua realização não é fácil, seja no dia a dia das práticas sociais, seja na sua implementação via administrativa ou judiciária, muito dessa legislação permanecendo "letra morta". É o que diz o sociólogo português: "Pode mesmo avançar-se como hipótese de lei sociológica que quanto mais caracterizadamente uma lei protege os interesses populares e emergentes, maior é a probabilidade de que ela não seja aplicada" (1986, p. 29).

No que diz respeito à *terceira linha* – ou seja: a existência, na sociedade, de múltiplas instâncias jurisdicionais que competem com os tribunais na resolução dos conflitos –, remeto ao **tópico 6** adiante, onde trato especificamente dessa matéria.

3 Relações sociais e relações jurídicas; Controle social e o Direito; Transformações sociais e Direito

Relações sociais e relações jurídicas querem dizer praticamente tudo. Por isso, em concreto, não querem dizer praticamente nada. Afinal, que relação existe entre seres humanos que não seja social? E qual delas estaria fora do âmbito do Direito? Mesmo as que lhe são indiferentes – seja porque não as regula, seja porque não as proíbe – entraria no âmbito daquelas que ele protege, em virtude do princípio segundo o qual "o que não é proibido, é permitido". Mas, felizmente, a resolução do CNJ esclarece os dois tipos de relação que interessam: *controle social* de um lado, *transformação social*, de outro. Mesmo com esse esclarecimento, ainda assim o campo é muito vasto. Tratemos de precisá-lo. Antes, contudo, uma pequena adição terminológica. Como toda ciência, a Sociologia termina desenvolvendo todo um jargão técnico em que algumas palavras são preferidas a outras, ainda que igualmente possíveis de ser empregadas. Faço a observação porque a expressão "transformação social", escolhida pela resolução do CNJ, costuma ser menos encontrada do que outra – no fundo, significando a mesma coisa: "mudança social". Assim, o uso de uma ou de outra, aqui, não implicará qualquer diferença de significado.

Controle e *mudança* são dois dos temas mais tradicionais da Sociologia, facilmente encontráveis em qualquer manual da disciplina. Nos manuais de Sociologia do Direito, como é natural, eles geralmente vêm conectados à questão do papel que a norma jurídica desempenha como "controle social formal" ou, inversamente, como fator de transformação, geralmente sob a rubrica "Direito e mudança social". Os dois papéis são, de certa forma, opostos, mas, de certa maneira, também complementares, pois a permanência (que o "controle social" assegura) e a mudança convivem o tempo todo em qualquer sociedade. E o Direito tanto assegura a primeira quanto, eventualmente, promove a segunda. Seu papel é, assim, ambíguo. Há transformações que se dão contra o direito vigente; mas há também mudanças das quais o Direito vigente é o seu veículo. As primeiras costumam ser violentas; as segundas, não. Exemplificando: uma revolução – como a que ocorreu na França em 1789 e na Rússia em 1917 – promove uma transformação social; mas a Emenda Constitucional n. 72, de abril de 2013 (dita "das empregadas"), estabelecendo a igualdade de direitos trabalhistas entre os trabalhadores domésticos e os demais trabalhadores brasileiros, também. Ou seja: uma mudança pode ser dotada de profundidade, situada nos níveis mais estruturais da sociedade, tanto quanto pode ser menos drástica, não alterando as estruturas mais básicas dessa mesma sociedade. Os dois exemplos ilustram essas situações.

Mas, de um modo geral, e a maior parte do tempo, o direito existe para manter a sociedade tal qual ela existe num determinado momento histórico. É sua função precípua, e ela é, inevitavelmente (dando a esse termo uma conotação inteiramente neutra), *conservadora*. Toda sociedade, *boa* ou *má*, pelo simples fato de existir como sociedade, implica um "sistema de controle" sobre seus membros, pois há determinados padrões culturais que precisam ser obedecidos para a sua *permanência*. Passo a palavra aos sociólogos:

> devemos observar que as pessoas são normalmente recompensadas quando seguem as diretrizes da cultura e punidas quando não as seguem. Essas recompensas e punições, que têm como objetivo assegurar a conformidade, são conhecidas como **sanções**. Tomadas em seu conjunto, são chamadas de **sistema de controle social**. As recompensas (ou sanções positivas) incluem desde elogios e encorajamentos até dinheiro e poder. As punições (ou sanções negativas) variam de atitudes de evitamento e

desprezo até prisão, violência física e banimento (BRYM et al., 2006, p. 77 – negritos no original).

Pensando no Direito em relação a esse *sistema* e suas duas formas de *sanção*, digamos que quando a lei de execuções penais diminui o rigor da pena por bom comportamento do preso, atua uma sanção positiva; a sanção negativa, que seria a própria pena, atuou no momento em que o infrator foi condenado à prisão. Num e noutro caso, estamos diante de exemplos que integram os chamados *controles sociais formais*, dos quais o direito, no mundo moderno, é o principal protagonista. Ao lado dele, há os *controles sociais informais*, operados pelos costumes, as normas de etiqueta, a opinião pública veiculada pelos meios de comunicação etc. A questão que foi encontrada na pesquisa sobre os concursos públicos diz respeito aos dois tipos de controle, *formal* e *informal*, e mais um terceiro, *alternativo*, cujo sentido chegou a me embaraçar. Partilho as dúvidas que me surgiram com o leitor. Eis a questão:

> Em relação às possibilidades de controle social formal, informal e *alternativo*, assinale a opção correta (PROVA CESPE, 2014).

As opções apresentadas foram as seguintes:

a) O Estado laico limita a função de controle social informal dos poderes religiosos.

b) A educação representa forma de controle social informal.

c) A ação das polícias que extrapola seu rol legal de competência é exemplo de controle social *alternativo*.

d) O poder público é o único titular do controle social no âmbito do estado democrático de direito.

e) A família exerce função de controle social idêntica ao controle jurídico.

O itálico na palavra "alternativo", nas duas vezes em que aparece, é meu. Serve para realçar o que me pareceu ser uma "casca de banana": fornecer ao respondente o que seria uma pista errada para fazê-lo evitar a opção que seria a certa! Caí como um patinho. Como ao leitor pode interessar meus percalços, relato-os. Num primeiro momento, achei que a opção "c", seria a resposta certa. A ela cheguei por eliminação. Vejamos. A opção "a" não seria verdadeira porque os estados laicos, entre eles o Brasil, não limitam o controle social informal feito pelas religiões; a opção "b" também não me pareceu verdadeira porque a educação, entendida como instituição, seria uma forma de controle social formal; a opção "d" claramente não é verdadeira porque o poder público não é o único titular do controle social num estado de direito; e, finalmente, a opção "e" também não poderia ser verdadeira porque o controle social exercido pela família não é idêntico àquele exercido pelo direito. Restava a opção "c". Depois de ponderar tudo isso, foi aquela que escolhi. Mas não estava inteiramente seguro. Afinal, como dizia aquele personagem de um velho programa de humor, "há controvérsias".

Elas vinham à tona por causa da classificação do "controle social" exercido pela polícia à margem da lei como "alternativo". Do ponto de vista estritamente etimológico (*alter* = outro), seria. Ocorre que, no contexto jurídico brasileiro, o termo adquiriu uma conotação específica, o que já não permite o seu uso de forma meramente etimológica. É aí onde se situa a controvérsia, que de fato existiu. Ela surgiu no período em que o movimento do Direito Alternativo estava no auge (entre meados dos anos de 1980 e meados dos anos de 1990), a partir das advertências, feitas por alguns pesquisadores, em relação ao excesso de entusiasmo dos alternativistas ao assumir, sem maiores cautelas, o pressuposto de que as comunidades pobres de nossas favelas e periferias seriam portadoras de uma ordem jurídica mais justa e igualitária, ao "abonar qualquer prática jurídica alternativa que tais comunidades desenvolvam, apenas pelo fato de refletirem valores locais" (OLIVEIRA, 2003, p. 40). Ocorre que, para não ir muito longe, algumas dessas práticas não se coadunavam com valores como direitos humanos, dos quais, aliás, os teóricos do movimento eram igualmente defensores. Um dos mais prestigiosos teóricos do movimento, Antonio Carlos Wolkmer, escreveu então um texto onde colocava os pontos sobre os "is":

> não é qualquer grupo social que gera "direitos" autênticos, pois torna-se essencial a distinção entre grupos comprometidos com as causas do "justo", do "ético" e do "bem comum" [...] e grupos sociais identificados com a manutenção dos privilégios, a dominação e a oposição a qualquer mudança (WOLKMER, 1991, p. 290).

Restava claro que, nessas condições, certas práticas de controle social internas às comunidades, e com muito mais razão ainda as práticas *contra legem* da polícia, não seriam verdadeiramente "alternativas". Sem entrar no mérito dessa discussão (hoje, aliás, um tanto datada), o que importa aqui ressaltar é que a opção "correta" do formulador da questão do concurso estaria longe de ser algo pacífico. Ela desconsideraria o fato de que a resposta está embrenhada numa discussão política – e mesmo ideológica – que não se resolve sem que entre em cena a postura igualmente política que tenhamos frente ao movimento do Direito Alternativo. Nesse sentido, não era uma resposta *objetivamente* indiscutível.

Por tudo isso, não estava satisfeito com minha escolha. Fui olhar o gabarito da prova. E verifiquei que estava errado! A resposta "correta" era a "b" – aquela que apresenta a educação como *forma de controle social informal*, que eu havia descartado. As aspas em *correta* querem realçar que é possível continuar achando que há controvérsias... É verdade que, de um lado, podemos encontrar manuais onde o caráter informal da escola como instituição de controle social aparece explicitamente. É o caso de Reinaldo Dias, que dá como exemplo de agências de controle formal o legislativo, a magistratura, o ministério público, a polícia e as prisões; e, como agências informais, a família, a Igreja e a *escola* (DIAS, 2014, p. 183 – itálico meu). Mas, devo pontuar, nas pesquisas que em seguida ao meu "erro" andei fazendo em manuais da disciplina para aquilatar até que ponto outros autores partilhavam a opinião de Reinaldo Dias, não encontrei quem a adotasse – pelo menos explicitamente. Diria mesmo, como passo em seguida a demonstrar, que os autores consultados dão margem a considerar o contrário – ou seja: a educação (ou a escola, se se preferir) como controle social *formal*, que foi a minha escolha inicial. Vamos aos autores.

Ana Lucia Sabadell não explicita que forma de controle a educação seria. Seu texto é mais alusivo. Para ela, "o controle formal é realizado, principalmente, pelas autoridades do Estado. Este pressupõe um processo de institucionalização, como é o caso do controle dos comportamentos desviantes, efetuado pelo sistema jurídico". O controle informal, ao contrário, seria "difuso, mutável e espontâneo e realiza-se por meio da dinâmica que se desenvolve no âmbito de pequenos grupos sociais". Ela considera que o controle informal é próprio "de sociedades pequenas e homogêneas (aldeias, tribos), em que não há necessidade de criar instituições específicas para o controle de seus membros". E completa: "Porém, o controle informal também se manifesta nas sociedades modernas. Neste contexto, é exercido por meio da família, amigos, colegas de trabalho, entre fiéis da mesma religião etc., que reprovam determinados comportamentos e fazem recomendações" (SABADELL, 2013, p. 129). Como se vê, um aluno que a lesse teria dificuldades para responder a pergunta. Afinal, a escola – ou a educação – não é apenas uma instituição que reprova determinados comportamentos e faz recomendações; a escola, como o sistema jurídico, pressupõe um processo de *institucionalização*. Não seria então uma forma de controle formal? A autora não responde.

Para complicar as coisas, se esse aluno recorresse a Sergio Cavalieri Filho para tirar as coisas a limpo, talvez se sentisse ainda mais perdido, pois esse autor, num capítulo onde trata dos "efeitos positivos da norma", aborda em itens diferentes o "controle social" e o seu efeito "educativo" (CAVALIERI FILHO, 2015, p. 107). Dedução lógica: a educação não seria uma forma de controle social! Mas para outro autor contemporâneo, José Manuel de Sacadura Rocha, seria. E como! A exclamação vai por conta de que, adotando como "marco teórico" o marxista francês Louis Althusser, o autor insere o tema do controle social na temática mais geral dos famosos "aparelhos ideológicos de estado". Através deles, o "papel central do Estado [...] se organiza de forma a realizar e reproduzir a ideologia e ciência, em todos os níveis e nas mais diversas especialidades que interessam à consolidação das vantagens materiais e intelectuais das classes dominantes" (ROCHA, 2009, p. 180). Entre tais aparelhos ideológicos figuram (assim mesmo, com maiúsculas) a Família, a Igreja e... a Escola! (p. 181). Creio que um aluno que o lesse não hesitaria em escolher a opção que também foi inicialmente a minha: a da educação como um controle social formal. Para concluir, faço uma remissão a um dos mais conhecidos manuais de Sociologia do Direito no Brasil, o de Miranda Rosa, que é dos anos de 1970. Mesmo sem se valer da terminologia althusseriana, sua posição não seria diferente daquela do autor anterior. Pelo menos é o que deduzo quando, no capítulo sobre controle social do seu livro, leio uma reflexão como esta:

> Todo o processo educacional em uma sociedade se desenvolve segundo princípios jurídicos que o moldam. A sociedade moderna, aliás, deslocou em muito esse processo da esfera do grupo familiar, ou dos grupos vicinais, para instituições de raízes mais amplas, com a criação de escolas e o desenvolvimento dos sistemas de ensino, em que a *intervenção do Estado* se faz sentir de maneira cada vez mais importante (ROSA, 1984, p. 68 – itálicos meus).

Essas considerações não pretendem embaralhar a cabeça do leitor. Apenas chamam a atenção para o fato de que, nos domínios das ciências sociais e humanas (e tanto o Direito quanto a Sociologia do Direito estão neles inseridos), os conceitos com que se trabalha nem sempre se prestam a um uso unívoco. Como discutirei na **Unidade V**, não existe algo chamado *A Sociologia* como uma ciência dotada de rigor e beneficiando-se de um consenso conceitual e epistemológico entre os seus cultores num determinado momento histórico – como ocorre com as chamadas "ciências duras" como a química, a física etc. Muitas vezes, responder a uma pergunta dessas de forma "correta" significa apenas que o aluno teve a boa sorte de ler um autor, e não outro...

Isso dito, passo ao segundo tema do **tópico**, relativo à mudança (ou transformação) social. Em relação a ele não podemos nos valer da estratégia até aqui adotada de ver o que foi formulado como questão em algum concurso, por não ter sido encontrada alguma que enfocasse a mudança social. Temos, assim, de palmilhar um terreno sem essa baliza – que, afinal, terminou revelando-se tão problemática no caso do "controle social".

Toda sociedade está o tempo todo mudando. A sociedade moderna, especialmente, tem na mudança uma de suas características mais essenciais. Alguns autores, inspirados nas ideias de Marx, atribuem essa transformação incessante ao modo de produção capitalista. Nas palavras do próprio inspirador, "a burguesia não pode existir sem revolucionar incessantemente os instrumentos de produção, por conseguinte, as relações de produção e, com isso, todas as relações sociais" (MARX & ENGELS, 2010, p. 43). Mas, evidentemente, Marx não estava pensando no direito como um dos vetores do tipo de mudança com que sonhava. As mudanças "estruturais", aquelas que afetam a estrutura de classes e o sistema econômico, se dão, normalmente, via revolução, não pelas vias pacíficas, lentas e burocratizadas do Poder Judiciário. Afinal, a Revolução Francesa e a Revolução Russa se deram por meios violentos, expeditos, e contra o direito vigente. Mas, independentemente desses momentos de crispação revolucionária, as mudanças são um fenômeno constante na sociedade.

Fenômenos como o crescimento da população, a urbanização e o próprio processo de desenvolvimento tecnológico arrastam atrás de si importantes transformações (BRYM et al., p. 460-488). Basta pensar na internet e nas mudanças que provoca nas *relações sociais*. Em relação a essas mudanças, o Direito tem sua palavra a dizer. Hoje em dia problemas relacionados à informática (privacidade dos internautas, os direitos autorais dos criadores etc.) reclamam a intervenção do Direito. Em tais casos, porém, vemos o ordenamento jurídico a reboque das mudanças que se dão na sociedade. Mas, antecipando-se (ou pondo-se no seu diapasão), ele também promove mudanças na correlação de forças aí existente. Não, evidentemente, no nível da radicalidade revolucionária. Já dei um exemplo de uma mudança não radical: a Emenda Constitucional que equiparou as empregadas domésticas aos demais trabalhadores brasileiros no que diz respeito aos direitos trabalhistas. A própria Consolidação das Leis do Trabalho (CLT) de Getúlio Vargas, dos anos de 1940, entraria nessa categoria de mudanças reformistas. No próprio pensamento marxista, como vimos quando citei uma famosa carta de Engels, concede-se que as normas jurídicas exercem influência sobre o curso das lutas históricas e, em muitos casos, determinam sua forma[39]. Não, porém, a ponto de mudar o modo de produção dominante ou a estrutura de classes aí existente.

Em que pese isso, em finais do século XIX correntes da esquerda reformista puseram em voga o conceito de "Socialismo Jurídico", através, principalmente, do trabalho do jurista austríaco Anton Menger (1841-1906). Essas correntes tentaram formular as reivindicações socialistas em termos jurídicos, confiando no potencial transformador do Direito. Mas Engels, mesmo não descartando a importância das lutas jurídicas, não acreditava que elas chegassem a tanto, e escreveu diatribes contra o movimento. Essa discussão, tão antiga quanto o aparecimento das lutas operárias e do socialismo, reapareceu no Brasil nos anos de 1980, quando da eclosão de movimentos como o Direito Alternativo e do uso alternativo do Direito – analisados na **Unidade III**. Desenvolveu-se então toda uma reflexão em torno das potencialidades do Direito na resolução de problemas que ainda hoje estão na pauta das lutas sociais brasileiras, como a reforma agrária e o direito à moradia. Movimentos como os do "sem-terra" e dos "sem-teto" reavivam, entre nós, antigas demandas da "luta de classes" – ao lado de demandas mais recentes veiculadas pelo que passou a ser chamado de "novos movimentos sociais". *Novos* porque, mesmo alguns de seus principais teóricos inspirando-se no esquema analítico marxista (o espanhol Manuel Castells, o francês Alain Touraine, a brasileira Ruth Cardoso etc.), são assim chamados porque, diferentemente dos movimentos sociais clássicos – partidos de esquerda e sindicatos, basicamente –, "a luta política passa a incorporar, além da dimensão econômica, um conjunto de reivindicações por direitos de cidadania e por qualidade de vida" (BRYM et al., p. 512).

> Esses movimentos incluem o movimento pela paz, o movimento pelos direitos humanos e o movimento ambiental. Outros novos movimentos sociais – como é o caso do movimento de mulheres e o movimento pelos direitos de *gays* e lésbicas – promovem

---

39. Cf. a **Unidade I** deste *Manual*.

os direitos de grupos específicos excluídos de participação social integral (p. 521).

Atualmente, muitas dessas reivindicações têm sido "judicializadas" – para usar um jargão novo cuja simples existência já ilustra o papel que o Direito passou a ter nas lutas sociais no país. O aluno, assim, deve ficar atento ao neologismo.

4 Direito, comunicação social e opinião pública

Os dois assuntos cobertos pelo tópico – comunicação social de um lado, opinião pública de outro – sugerem dois movimentos: o primeiro indicando um movimento de comunicação do mundo jurídico com a sociedade; o segundo, um movimento de influência da sociedade, expressa pela *opinião pública*, sobre o mundo jurídico. Vamos abordá-los em dois tempos: um breve; o outro, mais longo.

O tempo breve refere-se ao primeiro assunto. Analogamente ao que disse no **tópico 2** a respeito da *administração judiciária*, a *comunicação social* parece-me estar mais para a área da Comunicação do que da Sociologia do Direito. Os autores que abordam o assunto realçam o desconhecimento mais ou menos generalizado da população acerca do Poder Judiciário. Para as pessoas comuns, segundo um desses autores, "tudo é justiça: a polícia, o Ministério Público, a Defensoria Pública, o sistema carcerário etc.; acredita que só pobre vai para a cadeia; não confia na justiça ou confia muito pouco; tem uma imagem negativa dos seus operadores" (CAVALIERI FILHO, p. 249). E por aí vai. Mas esse desconhecimento não é uma exclusividade brasileira. Ana Lucia Sabadell, referindo-se a uma corrente da Sociologia do Direito dedicada a pesquisas agrupadas na sigla KOL (do inglês *Knowledge and Opinion about Law*), abrangendo vários países, informa que "a maior parte das pesquisas realizadas chega às seguintes conclusões: a população não possui um bom conhecimento do sistema jurídico, não confia no mesmo e tem uma imagem muito negativa dos seus atores" (SABADELL, p. 207). Como se vê, tanto o desconhecimento quanto a imagem negativa são mais espalhados do que se poderia à primeira vista pensar. A autora chega a lembrar a previsão feita por Max Weber a propósito das instituições sociais de um modo geral no mundo moderno: a de serem cada vez mais opacas ao cidadão comum. Com efeito, a propósito do direito, o sociólogo alemão observa que seu "destino inevitável, como consequência do desenvolvimento técnico e econômico [...] será o *desconhecimento* crescente, por parte dos leigos, de um direito cada vez mais repleto de conteúdos técnicos" (WEBER, 2012, p. 153).

Mesmo assim, ou por isso mesmo, os autores costumam enfatizar a necessidade de que o sistema judiciário se faça melhor conhecido. É onde entraria a *comunicação social*. Mas o que teria um sociólogo do Direito a ensinar a "comunicadores"? Talvez somente lembrar, a respeito do assunto (e para não ficarmos apenas no veredicto weberiano da "opacidade"), que no Brasil, atualmente, o Poder Judiciário já não é tão imune ao olhar externo, como se pode pensar e como efetivamente era num passado recente. Existem atualmente pelo menos dois índices que monitoram as atividades do judiciário no Brasil: o Índice de Desempenho da Justiça (IDJus) – que mede o desempenho do Judiciário a partir do funcionamento interno dos tribunais, tendo como matéria-prima as informações disponibilizadas pelo CNJ –, e o Índice de Confiança na Justiça (ICJBrasil), da Fundação Getúlio Vargas, que mede a confiança que a população tem na Justiça, tendo como matéria-prima pesquisa de opinião conduzida com moradores de oito estados (AM, PE, BA, MG, RJ, SP, RS e DF)[40] – um e outro índices acessíveis a qualquer pesquisador mediante simples busca no Google®. Isso dito, passo ao assunto a ser mais longamente abordado – aquele da *opinião pública*.

Sobre esse assunto a Sociologia do Direito tem coisas pertinentes a dizer. Dalton Oliveira, autor do livreto ("para uma revisão rápida") já citado, discorrendo sobre "o Direito influenciado pelos meios de comunicação de massa", sugere a "hipótese" de que "notícias de jornal podem influenciar uma decisão judicial, ou provocar uma alteração legislativa por pressão ao parlamento" (OLIVEIRA, 2011, p. 75). Pondo-me de acordo com ele, apenas observaria que, mais do que notícias de jornal, devemos estar atentos ao que veiculam dois outros meios de comunicação de massa bem mais influentes num país como o Brasil: o rádio e a televisão. Comecemos com uma informação fornecida por especialistas da área:

> Das 168 horas da semana, o brasileiro médio gasta cerca de 51,3 delas interagindo com os meios de comunicação de massa. Isso representa 57,4% do tempo que ficamos acordados, tomando como base uma média de oito horas de sono por dia. Gastamos mais tempo vendo TV, ouvindo rádio, indo ao cinema, lendo

---

40. Informações colhidas em Cavalieri Filho, p. 249-250.

> jornais e revistas, ouvindo CDs, usando a internet e assim por diante, do que trabalhando ou indo à escola (BRYM et al., 2006, p. 433).

Os dados são de 2005. Como hoje em dia as mudanças sociais, impulsionadas pelos avanços tecnológicos, se dão numa velocidade alucinante, talvez já precisem ser ajustados. Atualmente, por exemplo, estar no trabalho ou na escola não é uma ocupação incompatível com estar na chamada "rede". A internet tanto funciona como "meio de comunicação de massa" – como entretenimento, por exemplo –, quanto como instrumento de trabalho. Por outro lado, ouvir rádio é uma atividade perfeitamente compatível com vários tipos de atividade profissional. Deixando de lado essas filigranas, a verdade é que um brasileiro médio passa muito tempo de sua vida útil conectado a um ou outro desses meios. Principalmente, como seria de se esperar, ouvindo rádio (17,2 horas) ou vendo televisão (18,4 horas) – o que soma 35,6 horas semanais. Como também era de se esperar, o tempo dedicado à leitura é mínimo: 5,2 horas (p. 434). Assim, o destaque aqui dado ao rádio e à televisão tem a ver com o fato de que ambos avultam como os mais importantes meios que *comunicam* algo aos brasileiros. Isso dito, vamos à questão formulada num dos concursos sobre o assunto:

> Considerando a relação entre direito, comunicação social e opinião pública no contexto brasileiro atual, assinale a opção correta (PROVA CESPE, 2014).

E a opção correta é a seguinte:

> O destaque conferido pelos meios de comunicação de massa a notícias sobre atividades criminosas fomenta o sentimento de insegurança da população, o que afeta a credibilidade do sistema de justiça criminal do país.

Os formuladores da questão problematizam o tratamento que a mídia brasileira costuma dar às ocorrências criminais no país. Os chamados "programas policiais", tão presentes no rádio e na televisão, costumam tratá-los num estilo sensacionalista em que os aspectos mais dramáticos e escabrosos são tratados como atrações num *show* de horrores. Mas o crime como atração não é uma exclusividade nossa. No começo do século XX, nos Estados Unidos, havia um lema nos tabloides de grande sucesso na época: *If it bleeds, it leads* ("se tem sangue, vira notícia") (apud RAMOS, 2014, p. 175). Ou seja: a notícia policial opera seletivamente: "o crime tem níveis distintos na mídia.

Crimes de ordem tributária, por exemplo, estão nas páginas de economia ou política dos jornais, enquanto os crimes violentos ocupam as páginas policiais" (MELO, 2014, p. 168). Além disso, torna a realidade mais terrível – e mais temível – do que ela realmente é: "O que sai na mídia norteia as agendas individuais de preocupações, fazendo-nos temer um conjunto de possíveis crimes que na maioria das vezes são raros e incomuns" (p. 172). Existe, assim, uma percepção mais ou menos generalizada de que a imprensa sensacionalista envenena o que seria uma opinião pública esclarecida – e que, nesse caso, nem o legislador nem o julgador podem se colocar a seu reboque: "Após um crime ou um escândalo político, muitos se sentem indignados com o sistema de justiça e multiplicam os apelos por uma política repressiva. Passada a comoção, muda a opinião" (SABADELL, p. 210).

Com efeito, alguns estudos sobre criminalidade e formas de punição têm notado que a opinião pública não é algo unívoco; que ela está sujeita a flutuações a depender de eventos criminosos particularmente chocantes. Peguemos, por exemplo, a questão da pena de morte. Em setembro de 1991, uma pesquisa do Datafolha encontrou 46% de brasileiros favoráveis à pena capital, e 43% contra. Praticamente um empate em termos estatísticos. Um ano e meio depois, em fevereiro de 1993, sob o impacto de dois crimes revoltantes – o da atriz Daniela Perez, no Rio de Janeiro, e o da menina Míriam Brandão, sequestrada e morta em Belo Horizonte –, o mesmo Datafolha constatou que esses números tinham saltado para uma posição inequívoca: 55% dos brasileiros eram a favor, e 38% contra (apud CARVALHO FILHO, 1995, p. 68). Outro exemplo: em outubro de 1999, sob o impacto das rebeliões e fuga de menores das várias unidades da Febem, com direito a imagens televisadas de selvageria explícita, a população de São Paulo, em pesquisa realizada pelo Instituto Brasmarket, foi praticamente unânime em considerar que a responsabilidade penal deveria diminuir de 18 para 16 anos de idade: 91,4% dos paulistanos foram a favor, e apenas 6,8% foram contra a medida (Revista *IstoÉ*, 13/10/99). E os exemplos poderiam se multiplicar.

Dados como esses sugerem que, quanto mais as pessoas ficam expostas ao crime, mais elas tendem a apoiar soluções "de força" para o problema da violência que as aflige. Mas não só. Resultados de outras pesquisas sugerem igualmente que o cabedal cultural das pessoas é um fator que influi em sua opinião a respeito dessas soluções. Frequentemente, em tais pesquisas, as opiniões sobre formas de punição à criminalidade não são igualmente distribuídas por todos os estratos que compõem a opinião pública. Ao contrário, certa regularidade tem sido observada: quanto mais nos aproximamos dos estratos sociais desfavorecidos em termos de escolaridade, mais encontramos pessoas dispostas a aderir a soluções violentas para o problema da criminalidade. Na segunda pesquisa do Datafolha citada mais acima, por exemplo, o apoio à pena capital diminuía à medida que aumentava o grau de escolaridade dos entrevistados. Outra pesquisa sobre o apoio dos cidadãos a ações extrajudiciais da polícia (entenda-se: ações que constituem violações dos direitos humanos) entrevistou 1.043 pessoas no Rio de Janeiro, perguntando-lhes, entre outras questões, o seguinte: "Em alguns casos se justifica que a polícia torture os suspeitos para obter informações?" Os que deram respostas positivas ("de acordo" e "muito de acordo") não são maioria; chegam mesmo a ser uma minoria: "apenas" 12,5% assim responderam. Porém, vista a gravidade da violação aos direitos humanos em jogo (a tortura!), não deixa de ser preocupante. Mas o que gostaria de destacar é que, ao se agregarem as respostas por nível de educação, constata-se que "são os menos escolarizados que apoiam a tortura" (BRICEÑO-LEON & CARNEIRO E CRUZ, 1999, p. 121-124).

Correlações desse tipo são também detectáveis quando se diferenciam os respondentes por renda, o que de um modo geral também significa uma diferença no nível educacional, na medida em que uma renda mais alta significa, de um modo geral, também uma educação mais alta – e vice-versa. Exemplo disso é uma pesquisa de opinião feita em 1984 pela mesma *Folha de S. Paulo* sobre uma forma extremamente cruel de se fazer "justiça": o linchamento. Nela, os paulistanos foram perguntados se eram a favor dos "linchamentos de marginais que vêm ocorrendo na cidade". 48,2% dos entrevistados disseram sim. No interior desse percentual geral, entretanto, foram detectadas diferenças a partir da variável "renda": até 2 salários mínimos, eles eram 59,0% a favor; entre 2 e 5 salários mínimos, 49,8%; e acima de 5 salários mínimos, "apenas" 32,0% (MENANDRO & SOUZA, 1991, p. 45).

Tentando testar essas correlações, uma pesquisa entrevistou no Recife dois segmentos bem diferenciados em termos de renda e de escolaridade – professores universitários de um lado, motoristas de táxi de outro – a respeito de sua tolerância à violência policial como forma de combate à criminalidade. Os dois segmentos foram ainda escolhidos tendo em vista outra variável crucial: o grau de exposição à violência criminal a que estavam submetidos. Segundo tudo indicava, o segmento dos motoristas de táxi estava muito mais submetido a essa variável: só para se ter uma ideia, no ano de 1989 foram assassinados na grande Recife 26 motoristas de táxi, enquanto em 1999 – ano a que se refere a pesquisa –, até meados de novembro, 20 taxistas já tinham sido mortos. Uma vez escolhidos os dois segmentos, foram entrevistados 20 integrantes de cada um deles. Os resultados são interessantes. Em primeiro lugar, o grau de exposição diferenciada à criminalidade revelou-se menos nítido do que se supunha: se de um lado 13 motoristas, entre os 20 respondentes, já tinham sido assaltados, de outro nada menos do que 11 professores, entre os 20 que responderam à pesquisa, também já tinham sido. Isso praticamente tornou-os "empatados" no que diz respeito à exposição à criminalidade violenta. Entretanto, apesar disso, a atitude de ambos os segmentos em relação à aceitação da violência policial para combater os criminosos não se igualou: dos 20 taxistas entrevistados, 11 eram a favor; enquanto apenas um professor, entre os 20 entrevistados, revelou-se favorável (TAVARES, 1999, p. 65) – resultado que reforça a hipótese de que a posse de um bom cabedal cultural pode funcionar como um antídoto contra reações epidérmicas a favor da violência da polícia como uma boa solução para a violência dos criminosos. Mas, neste ponto, julgo importante fazer uma indagação no sentido de matizar essa hipótese: a não influência do fator exposição à violência sobre a opinião dos professores, não decorreria do fato de os assaltos que os vitimaram não serem parte de sua experiência cotidiana, ao contrário de motoristas de táxi, para quem essa possibilidade está sempre presente?

As questões levantadas nos parágrafos acima nos remetem ao assunto de onde partimos: mídia e opinião pública. O pressuposto, óbvio, é o de que a primeira influencia, quando não condiciona, a segunda. Assim, a exploração da criminalidade violenta nos programas policiais "fomenta" (para usar o termo da questão do concurso) a sensação de insegurança, o descrédito na justiça, a aceitação de uma atuação da polícia desrespeitosa dos direitos humanos dos delinquentes ou simples suspeitos etc. No atacado, o pressuposto parece correto. Quando partimos para o varejo, porém (como, aliás, sempre acontece nas ciências que se reportam ao comportamento humano), começam a surgir dúvidas que reclamam nuances. Voltemos, assim, aos especialistas.

A ideia do condicionamento "obedece a um modelo em que há um emissor ativo e um receptor passivo" (RAMOS, 2014, p. 176). Estudos empíricos feitos sobretudo nos Estados Unidos, no entanto, dão sustentação à hipótese menos determinista dos "efeitos limitados". Um de seus objetivos é tentar compreender por que algumas emissões de rádio e televisão surtem efeito em certos públicos e em outros não. Uma das hipóteses de trabalho dessas pesquisas é a do "interesse prévio da audiência na informação veiculada". Noutros termos, "as pessoas assistem na televisão, escutam no rádio ou leem nos jornais aquilo em que têm interesse" (p. 176). As pesquisas sobre eleições americanas minimizam a ideia do emissor ativo, de um lado, e do receptor passivo, de outro:

> os resultados contrariaram a tese inicial, sugerindo que os efeitos dos *mass media* na decisão eleitoral era mínimo e que a influência decisiva estava nos grupos sociais a que os eleitores pertenciam. Esses estudos levaram a novas concepções sobre os receptores: longe de ser indefeso e homogêneo, o público dos *mass media* é heterogêneo, tem suas próprias redes de influência e está fortemente inclinado a identificar-se com as mensagens da mídia, desde que elas sejam coincidentes com seu estatuto socioeconômico, de raça, religião, idade, local de residência etc. (p. 177).

Como quer que seja, tudo isso mudou. Ou está mudando num ritmo vertiginoso, com o surgimento da internet. Em 1962, o conhecido teórico da comunicação canadense, Marshall McLuhan, cunhou a expressão "Galáxia Gutemberg" para se referir ao sistema de comunicação que dominou a humanidade desde 700 anos a.C. até o advento da televisão. Foram mais de dois mil e quinhentos anos de domínio da comunicação pela escrita. A partir do começo do século XX, a difusão radiofônica juntou-se à imprensa escrita na tarefa de divulgar notícias entre os homens. A partir dos anos de 1950, com a televisão, o espectro comunicativo cresceu, e passaram a existir três tipos de imprensa: a escrita, a falada e a televisionada. A comunicação expandiu-se de tal forma que o mesmo McLuhan, para descrever o novo mundo, chamou-o de "aldeia global". Era uma metáfora. Agora, com a internet, é mais do que isso. Talvez seja mesmo uma descrição realista do mundo que estamos vivendo:

> A principal característica do novo sistema de comunicações organizado pela integração eletrônica é que todos os meios, do alfabeto e tipográfico aos sensoriais, isto é, aos audiovisuais, encontram-se integrados. Texto, rádio, televisão, cinema e telefone juntos. A segunda característica, esta mais importante e definidora de novos parâmetros para toda discussão sobre *mass media*, é que a internet permite a comunicação de muitos com muitos. Não mais o modelo de um emissor e milhões de receptores, mas uma nova condição em que os receptores são também emissores, por meio de correios eletrônicos, blogs, twitters, diversas redes sociais e dispositivos interativos em tempo real. Nesse sentido, a internet tem contribuído para alterar os processos de representação da realidade. Os efeitos desse novo momento na história das comunicações ainda não estão totalmente claros (RAMOS, p. 180).

Como toda essa realidade vai alterar as relações entre o *Direito*, a *comunicação social* e a *opinião pública*, também ainda é uma incógnita para todos nós: professores e pesquisadores. Os estudantes são também chamados a pensar sobre esse "admirável mundo novo" que se abre à nossa frente.

5 Acesso à justiça

Esse é um dos temas mais clássicos e, de algum tempo para cá, dos mais explorados pela Sociologia do Direito – e não apenas no Brasil. Trata dos obstáculos econômicos, sociais e culturais ao efetivo acesso à justiça – no caso entendido, fundamentalmente, como acesso ao Judiciário – por parte das classes populares, mas também médias da população. Possui, além disso, uma obra de referência que se tornou incontornável para quem se interesse pelo assunto. Trata-se do trabalho do italiano Mauro Cappelletti e do americano Bryan Garth, coordenadores do chamado "Projeto Florença", uma pesquisa de âmbito mundial feita nos anos de 1970, do qual um pequeno livro, justamente intitulado *Acesso à justiça*, disponível para o leitor brasileiro desde o final dos anos de 1980[41] (CAPPELLETTI & GARTH, 1988), serve de introdução geral às publicações geradas pelo estudo. É principalmente dele que vamos aqui tratar, destacando os aspectos que me parecem mais relevantes para um estudante brasileiro.

Uma curiosidade significativa: o Brasil ficou de fora do projeto! Fizeram-se representar países como Chile, Colômbia, México e Uruguai, mas não o Brasil. Sendo o maior país da América Latina, é no mínimo curioso que não constem dados sobre nosso país nesse projeto de dimensões internacionais. "A não participação do Brasil no *Florence Project* teria sido resultado de dificuldades de contatar pesquisadores brasileiros interessados em analisar esta questão?" – pergunta-se Eliane Junqueira. A pergunta faz sentido. Uma resposta positiva, também, já que estávamos em meados dos anos de 1970 e, como lembra a mesma autora, "o assunto só é introduzido no cenário acadêmico e político brasileiro a partir do final daquela década, quando (e aqui não

---

41. Observo que sua tradução para o Brasil foi feita por Ellen Gracie Northfleet, ex-ministra do Supremo Tribunal Federal, detalhe que talvez seja indicativo do interesse do mundo jurídico brasileiro *"top* de linha", de uns tempos para cá, pela Sociologia do Direito.

coincidentemente) se inicia o processo de abertura política" (JUNQUEIRA, 1996, p. 390). Mas vamos à pesquisa de Cappelletti e Garth, seguindo-lhes os passos tanto quanto possível.

O livro começa alinhando uma série de *Obstáculos* no acesso à justiça. O primeiro deles seriam as "Custas Judiciais". Problema de tradução ou não, esse primeiro obstáculo vem assim grafado: "custas", e não *custos* – o que, a meu ver, seria mais correto, porque "custas", pelo menos entre nós, tem um significado específico, o das "custas judiciais" – que, aliás, nem são tão exorbitantes assim, e os litigantes sem condições de pagá-las ficam isentos da obrigação. Em termos de *custos*, há outros mais importantes. Exemplo: os honorários advocatícios – "a mais importante despesa individual para os litigantes" (CAPPELLETTI & GARTH, p. 18). Em relação aos honorários, os autores fazem uma interessante comparação entre o "sistema americano" (que não obriga o vencido a reembolsar o vencedor) e o "sistema da sucumbência" (no qual, teoricamente, o vencido paga os ônus do vencedor), mais difundido e, aliás, vigente entre nós. A comparação entre os dois não deixa dúvidas: na prática, "dadas as normais incertezas do processo", o princípio da sucumbência obriga os litigantes a "enfrentar um risco ainda maior do que o verificado nos Estados Unidos" (p. 17). Vários exemplos mostram que, mais do que um risco teórico, é uma realidade factual. Assim, "qualquer tentativa realística de enfrentar os problemas de acesso [ao Judiciário] deve começar por reconhecer esta situação: os advogados e seus serviços são muito caros" (p. 18). Vem em seguida o problema das "pequenas causas". Em relação a elas pode-se enunciar um princípio em forma de paradoxo: quanto menor o valor *absoluto* da causa, maior o custo *relativo* do processo. Cito os autores:

> Causas que envolvem somas relativamente pequenas são mais prejudicadas pela barreira dos custos. Se o litígio tiver de ser decidido por processos judiciários formais, os custos podem exceder o montante da controvérsia, ou, se isso não acontecer, podem consumir o conteúdo do pedido a ponto de tornar a demanda uma futilidade. Os dados reunidos pelo Projeto Florença mostram claramente que a relação entre os custos a serem enfrentados nas ações cresce na medida em que se reduz o valor da causa (p. 19).

Temos em seguida o obstáculo do "tempo". Não se trata do sentimento de "perda de tempo" que um litigante pode experimentar quando a decisão não é a esperada. Trata-se do tempo, enorme, que uma demanda judicial pode consumir até que se chegue a um resultado, qualquer que seja ele. Cito novamente os autores:

> Em muitos países, as partes que buscam uma solução judicial precisam esperar dois ou três anos, ou mais, por uma decisão exequível. Os efeitos dessa delonga, especialmente se considerarmos os índices de inflação, podem ser devastadores. Ela aumenta os custos para as partes e pressiona os economicamente fracos a abandonar suas causas, ou a aceitar acordos por valores muito inferiores àqueles a que teriam direito (p. 20).

É o sempiterno problema da lentidão da justiça, a conhecida morosidade processual. Todos nós costumamos reclamar disso e exigir uma prestação jurisdicional expedita, sem a qual a ida à justiça é uma experiência frustrante. Universalmente apontada como um dos maiores males do judiciário, a lentidão é tão característica de sua atuação que, como sugere Boaventura Santos, "é importante investigar em que medida largos estratos da advocacia organizam e rentabilizam a sua atividade com base na (e não apesar da) demora dos processos" (SANTOS, 1986, p. 20). A observação, obviamente, é uma crítica aos advogados hábeis na prática da chamada "chicana" – ou seja: a protelação do processo mediante os mais diversos expedientes processuais para que ele nunca chegue ao fim. De um modo geral, o advogado "chicaneiro" está a serviço de um litigante desonesto, de que o "mau pagador" seria o protótipo. Mas essa não é uma via de mão única. A morosidade processual também pode ser instrumentalizada por advogados lutando por causas de forte teor "social".

É o que acontece quando despossuídos como os "sem-terra" e os "sem-teto", afrontando o direito de propriedade que os exclui de suas benesses, empreendem ocupações de terras, rurais ou urbanas. Para o Código Civil, é um esbulho possessório, contra o qual o proprietário tem o direito de ingressar na justiça com uma ação de reintegração de posse. Nesse caso, opera-se uma curiosa inversão na visão crítica acerca da lentidão do judiciário: a rapidez da prestação – entenda-se: uma liminar de reintegração de posse, para a qual o proprietário pode pedir o concurso da força policial – constitui, de um ponto de vista "crítico", a realização não da justiça, mas da injustiça. Coerentemente com isso, os advogados desses movimentos, à base de recursos protelatórios, tentam retardar o mais possível a prestação judicial, pois enquanto isso os ocupantes, mediante a politização do conflito, vão consolidando a posse, o que vai tornar ainda mais difícil a expulsão[42]. Ou seja: a rentabilização da atividade com base na demora dos processos, denunciada por Boaventura Santos, pode também ser uma prática de advogados comprometidos com a justiça. Afinal, é do próprio Boaventura a observação, já anotada atrás (cf. **tópico 2**), de que a "desigualdade da proteção dos interesses sociais" está contida no próprio direito substantivo das sociedades divididas em classes, de modo que a democratização do acesso ao Judiciário, mesmo se plenamente realizada, "não conseguirá mais do que igualizar os mecanismos de reprodução da desigualdade" (SANTOS, 1986, p. 29).

Em seguida, o livro abre um item sobre as *Possibilidades das partes* – expressão que os autores tomam emprestado ao sociólogo do direito americano Marc Galanter. Este autor lembra que "algumas espécies de litigantes [...] gozam de uma gama de vantagens estratégicas" (CAPPELLETTI & GARTH, p. 21). Quais? A primeira delas são os "recursos financeiros" diferenciados. Nesse caso, o obstáculo chega a ser uma obviedade:

> Pessoas ou organizações que possuam recursos financeiros consideráveis a serem utilizados têm vantagens óbvias ao propor ou defender demandas. Em primeiro lugar, elas podem pagar para litigar. Podem, além disso, suportar as delongas do litígio (p. 21).

Menos óbvias do que as diferenças de riqueza são as desigualdades "sociais e culturais". Os autores abrem um item para o que chamam de "Aptidão para reconhecer um direito e propor uma ação ou sua defesa". Noutras palavras, para que um direito possa ser efetivamente reivindicado através do aparelho judiciário coloca-se a "questão de reconhecer a existência de um direito juridicamente exigível" (p. 22), o que não é uma aptidão universalmente distribuída, porque nem todas as pessoas conhecem os direitos que têm. Outra diferença importante diz respeito a uma distinção, outra vez de Marc Galanter, entre *litigantes "eventuais"* e *litigantes "habituais"*. Ela se baseia "na frequência de encontros com o sistema judicial". Explicam os autores:

> esta distinção corresponde, em larga escala, à que se verifica entre indivíduos que costumam ter contatos isolados e pouco frequentes com o sistema judicial e entidades desenvolvidas, com experiência judicial mais extensa. As vantagens dos "habituais",

---

42. A esse respeito, remeto ao estudo de Joaquim Falcão (1984), examinado na **Unidade III**, sobre as diferentes estratégias utilizadas por proprietários e invasores em conflitos de propriedade no Recife, nos quais os tribunais aparecem como locais onde se obtém, sobretudo, "não decisões".

> de acordo com Galanter, são numerosas: 1) maior experiência com o Direito possibilita-lhes melhor planejamento do litígio; 2) o litigante habitual tem economia de escala, porque tem mais casos; 3) o litigante habitual tem oportunidade de desenvolver relações informais com os membros da instância decisora; 4) ele pode diluir os riscos da demanda por maior número de casos; e 5) pode testar estratégias com determinados casos, de modo a garantir expectativa mais favorável em relação a casos futuros (p. 25).

Como já percebeu o leitor, grandes empresas e entidades públicas, geralmente dotadas preventivamente de um "departamento jurídico" compõem o protótipo dos litigantes habituais. Sua vantagem operacional frente ao cidadão ordinário é mais do que evidente.

Na sequência, os autores abrem outro item para os "problemas especiais dos interesses difusos". Ora, o principal problema desses interesses não é o que o Direito Processual chama de "interesse de agir", uma das condições para estar em juízo. Trata-se de outra coisa, propriamente sociológica:

> Interesses "difusos" são interesses fragmentados ou coletivos, tais como o direito ao ambiente saudável, ou à proteção do consumidor. O problema básico que eles apresentam – a razão de sua natureza difusa – é que, ou ninguém tem direito a corrigir a lesão a um interesse coletivo, ou o prêmio para qualquer indivíduo buscar essa correção é pequeno demais para induzi-lo a tentar uma ação (p. 26).

Presumindo-se que esses indivíduos tenham a chamada legitimação ativa – ou seja, o "interesse de agir" no sentido jurídico do termo –, "eles estão em posição análoga à do autor de uma pequena causa, para quem uma demanda judicial é antieconômica" (p. 27). Além desse aspecto meramente monetário, outra dificuldade se relaciona com o fato de que, sendo a demanda individualmente pouco compensadora, é necessário agir coletivamente, o que não é uma empresa fácil de se levar adiante. Além do desgaste das "reuniões" que é preciso fazer, da difícil mobilização de vizinhos que muitas vezes não estão interessados em dedicar um tempo de sua vida a uma ação desse tipo, há o problema do chamado "livre-atirador" – o famoso *free-rider* teorizado pelo sociólogo americano Mancur Olson num livro célebre, *A lógica da ação coletiva* (1999), o que entre nós seria melhor traduzido pelo famoso "caroneiro". Ou seja: "uma pessoa que não contribui para a demanda, mas não pode ser excluída de seus benefícios" (CAPPELLETTI & GARTH, p. 27). Vem em seguida um item com o título "Um 'fator complicador'", assim explicado pelos autores:

> Muitos problemas de acesso são inter-relacionados, e as mudanças tendentes a melhorar o acesso por um lado podem exacerbar barreiras por outro. Por exemplo, uma tentativa de reduzir custos é simplesmente eliminar a representação por advogado em certos procedimentos. Com certeza, no entanto, uma vez que litigantes de baixo nível econômico e educacional provavelmente não terão a capacidade de apresentar seus próprios casos, de modo eficiente, eles serão mais prejudicados que beneficiados por tal "reforma". Sem alguns fatores de compensação, tais como um juiz muito ativo ou outras formas de assistência jurídica, os autores indigentes *poderiam* agora intentar uma demanda, mas lhes faltaria uma espécie de auxílio que lhes pode ser essencial para que sejam *bem-sucedidos*. Um estudo sério do acesso à justiça não pode negligenciar o inter-relacionamento entre as barreiras existentes (p. 29).

É algo muito próximo do que diz Boaventura Santos no seu texto sobre a sociologia da administração da justiça:

> nos litígios entre cidadãos ou grupos com posições de poder estruturalmente desiguais (litígios entre patrões e operários, entre consumidores e produtores, entre inquilinos e senhorios) é bem possível que a informalização acarrete consigo a deterioração da posição jurídica da parte mais fraca, decorrente da perda das garantias processuais e contribua assim para a consolidação das desigualdades sociais; a menos que os amplos poderes do juiz profissional ou leigo possam ser utilizados para compensar a perda das garantias (SANTOS, 1986, p. 31).

A transcrição desses longos trechos tem a ver com o fato de que uma das questões dos concursos públicos pesquisados, relativa aos mecanismos informais adotados nos juizados especiais, parece ter sido inspirada num e/ou noutro. Eis o teor da questão:

> Os mecanismos inovadores implementados pelos juizados especiais no Brasil, a partir do final da década de 1990, têm normalmente facilitado o acesso à justiça. Porém, é necessário atentar para o fato de que a informalização pode também ensejar certo tipo de risco, como no caso de: (PROVA FEPESE, 2012).

Entre as alternativas apresentadas, a correta tinha o seguinte teor:

> As partes possuírem desigual poder econômico, sendo que neste caso a ausência de advogado e a rapidez da tramitação processual têm aumentado a vulnerabilidade da parte economicamente mais fraca e desassistida.

O leitor que confrontar o que dizem Cappelletti e Garth, mas também Boaventura Santos, com o teor da questão, tenderá a concordar comigo no que diz respeito às fontes bibliográficas que inspiraram sua formulação. Como quer que seja, tenham essas fontes sido utilizadas ou não, o candidato que tenha lido os textos desses autores estaria em condições de responder com sucesso a questão. Devo, entretanto, confessar a esse mesmo leitor que, no exercício que fiz de responder às questões antes de escrever essas "dicas", deparei-me com duas outras alternativas de resposta à questão que poderiam ensejar, mais uma vez, controvérsias. Vou transcrevê-las abaixo, uma em seguida à outra:

> A conciliação abreviar o trâmite processual e, desta maneira, impedir que todas as provas sejam produzidas para chegar ao *desvendamento da verdade processual* como elemento indispensável e *finalidade precípua da justiça* (itálicos meus).

> A supressão de etapas e procedimentos próprios do rito ordinário vir a colocar em perigo a *finalidade essencial do processo* que, tendo em vista *a segurança jurídica*, é o *cumprimento da norma* (itálicos meus).

Atente o leitor para os destaques em itálico, a meu ver ensejadores de possíveis controvérsias. É verdade que, de minha parte, não considero que o "desvendamento da verdade processual" seja a "finalidade precípua da justiça" – como quer a alternativa primeira; nem que a "finalidade essencial do processo", considerando o princípio da "segurança jurídica", seja o "cumprimento da norma" – como quer a alternativa segunda. E, independentemente de considerações pessoais, acho que as duas afirmações estão em descompasso com uma Sociologia do Direito comprometida com a postura *crítica* e os valores *sociais* que inspiraram a legislação que introduziu a obrigatoriedade da disciplina nas faculdades de Direito – como expus na **Introdução**. As duas afirmações, afinal, exemplificam um judiciário indiferente às consequências sociais de suas decisões – o que uma Sociologia verdadeiramente *jurídica* rejeita.

E, no entanto, a rejeição a uma e outra das afirmações não é algo que possa ser simplesmente demonstrado, como se demonstraria, por exemplo, que a afirmação "a maioridade penal começa aos dezesseis anos" está errada (ainda que muita gente ache que ela deveria estar *certa*). Um jurista dogmático no sentido rigoroso do termo, de sensibilidade conservadora, poderia argumentar que as duas afirmações estão corretas. É o que faz, aliás, um dos juízes que apreciaram os casos estudados por Joaquim Falcão na pesquisa relatada na **Unidade III**, quando diz explicitamente que "não cabe à justiça resolver probleminhas [sic] sociais, mas garantir o primado da lei". Por mais que soe chocante, é preciso reconhecer que a opção por essa ou pela outra postura, preocupada com os efeitos sociais de uma decisão judicial, não é uma escolha *científica*; é uma escolha política, ou ética. Mas é uma escolha. Nesse caso, é algo que releva do domínio do dever-ser, não do domínio do ser. E ao jurista conservador não faltariam, no próprio repertório do Direito, princípios em que se apoiar. O princípio da "segurança jurídica" (que é, aliás, de grande importância também para os juristas progressistas) poderia servir de álibi para quem ache que a "verdade processual" é a "finalidade precípua da justiça" – esta, no caso, entendida como instituição, não como valor. Afinal, como diz o conhecido brocardo, "o que não está nos autos não está no mundo".

Toda essa discussão chama a atenção para algo a que já aludi no **tópico 3** acima, ao discutir uma questão relativa a "controle social": os conceitos das ciências sociais e humanas não são puras descrições de eventos produzidos em laboratório. Raramente eles se prestam a um uso unívoco. Assim, em alguns casos, como aconteceu naquela questão sobre controle social e, a meu ver, acontece aqui, não existe uma resposta objetivamente "correta", depurada da adesão do respondente a um ou outro tipo de postura intelectual, mas também ideológica. O aluno deve estar atento a essas nuances nem sempre destacadas nas publicações que preparam para concursos.

Mas depois dos *obstáculos*, vêm as *soluções*. Em relação a elas, o livro de Cappelletti e Garth estabeleceu uma tipologia que se tornou clássica: a das "três ondas" de acesso à justiça. Tendo por base o que se passou nos países ocidentais a partir de meados dos anos de 1960, elas "emergiram mais ou menos em sequência cronológica". Eis como eles as apresentam:

> Podemos afirmar que a primeira solução para o acesso – a primeira "onda" desse movimento novo – foi a *assistência judiciária*; a segunda dizia respeito às reformas tendentes a proporcionar *representação jurídica para os interesses "difusos"*, especialmente nas áreas da proteção ambiental e do consumidor; e o terceiro – e mais recente – é o que nos propomos a chamar simplesmente

> *enfoque de acesso à justiça* porque inclui os posicionamentos anteriores, mas vai muito além deles, representando, dessa forma, uma tentativa de atacar as barreiras ao acesso de modo mais articulado e compreensivo (p. 31).

Vejamos rapidamente cada uma delas. A *primeira onda* tem a ver com o fato de que, "até muito recentemente", a chamada assistência judiciária era inadequada na maior parte dos países, pois se baseava de um modo geral em serviços prestados por advogados particulares, sem remuneração. Se contraprestação havia, era o chamado *munus honorificum*, aquele que, entre nós, laureava o advogado designado pelo juiz para defender o réu pobre em processos criminais. Como era de se esperar, não se podia esperar grande coisa desse tipo de assistência: "Em economias de mercado, os advogados, particularmente os mais experientes e altamente competentes, tendem mais a devotar seu tempo a trabalho remunerado que à assistência judiciária gratuita" (p. 32). Daí a ideia da assistência jurídica como um *direito social*, a ser provido pelo poder público, e não mais como uma ação caritativa. Um bom exemplo dessa nova forma de assistência é o chamado "sistema *judicare*" (encontrável na Áustria, Inglaterra, Holanda, França e Alemanha Ocidental), em que as partes procuram advogados particulares que, se aceitam a causa, são remunerados pelo estado segundo tabela de valores preestabelecidos (p. 35). Uma variante do sistema inverte esse percurso: em vez de as parte terem de procurar advogados particulares, o estado põe à disposição do público advogados remunerados diretamente por ele, muitas vezes sob a forma de "escritórios de vizinhança" (p. 40).

> As vantagens dessa sistemática sobre a do *judicare* são óbvias. Ela ataca outras barreiras ao acesso individual, além dos custos, particularmente os problemas derivados da desinformação jurídica pessoal dos pobres. Ademais, ela pode apoiar os interesses difusos ou de classe das pessoas pobres. Esses escritórios, que reúnem advogados numa equipe, podem assegurar-se as vantagens dos litigantes organizacionais, adquirindo conhecimento e experiência dos problemas típicos dos pobres (p. 40-41).

A *segunda onda* consiste na "representação dos interesses difusos". Como vimos acima, um dos grandes problemas que a representação desses interesses apresenta é justamente o *interesse de agir* no sentido sociológico do termo. "A concepção tradicional do processo civil" – opondo uma grande corporação de um lado, e um indivíduo isolado de outro – "não deixava espaço para a proteção dos interesses difusos" (p. 49). Como remediar essa dissimetria? O caminho mais seguido tem sido o de criar instituições públicas que se encarregam de representar tais interesses. É o que os autores capitulam como "ação governamental" (p. 51). Os exemplos de tais ações incluem desde "a criação de certas agências públicas regulamentadoras altamente especializadas, para garantir certos direitos do público ou outros interesses difusos" (p. 52), até instituições específicas para lidar com certos tipos de interesse, como o famoso "Ombudsman do Consumidor, na Suécia [...], exemplo de instituição explicitamente criada para representar os interesses coletivos e fragmentados do consumidor" (p. 54). Essa expressão – "ombudsman" – fez tanto sucesso que foi adotada em várias partes do mundo, inclusive aqui no Brasil, onde ainda é conhecida. Ao lado dessas iniciativas relevando de uma "ação governamental", os autores dão exemplos de ações que relevam da "ação privada", como as *class actions* tipicamente americanas, "permitindo que um litigante represente toda uma classe de pessoas, numa determinada demanda, [o que] evita os custos de criar uma organização permanente" (p. 60). Um gênero bem particular do cinema hollywoodiano, o famoso "filme de tribunal", apresenta vários exemplos desse tipo de ação.

Passando para o Brasil, Eliane Junqueira observa que o nosso país "não acompanha o processo analisado por Cappelletti e Garth a partir da metáfora das três 'ondas'" (1996, p. 390). Um exemplo: antes que o atual sistema de Defensorias Públicas (que integraria a *primeira onda*) tivesse sido erigido em nível nacional, o que só aconteceu com a Constituição de 1988, o Brasil já havia instituído, nesse mesmo nível, a representação judicial dos interesses coletivos (que integraria a *segunda onda*), mediante a aprovação, em 1985, da Lei n. 7.347, que criou a Ação Civil Pública, deferindo ao Ministério Público ("ação governamental") e a associações civis constituídas para tanto ("ação privada") a legitimidade processual para a defesa de "interesses difusos, coletivos e individuais homogêneos" em matéria de danos ao meio ambiente, ao consumidor, ao patrimônio público, aos bens e direitos de valor artístico, estético, histórico e turístico, como diz a lei –, o que, convenhamos, é uma competência e tanto para defender em juízo vários interesses coletivos.

Mas, seguindo ou não a cronologia europeia das "três ondas", o Brasil tem avançado nesse caminho. A *assistência judiciária*, por exemplo, que comporia a "primeira onda", tornou-se, com a Constituição de 1988, um verdadeiro "direito social" (como previam Cappelletti e Garth), com a transformção dos serviços precários e caritativos de assistência judiciária em insituições públicas com *status* constitucional mediante a previsão das Defensorias Públicas no art. 134 da Nova Carta, disciplinadas pela Lei Complementar n. 80 de 1994.

É claro que, sendo um serviço público, não se pode esperar que de uma hora para outra os generosos desejos da lei se tornem realidade. Muitas críticas têm sido dirigidas a essas instituições, a cargo dos Estados, que têm atribuído às suas defensorias um orçamento "irrisório" (SABADELL, p. 203). Mas a direção está dada. E, além disso, vale a pena não esquecer a "multiplicação dos escritórios experimentais de advocacia e dos centros de atendimento jurídico, que são mantidos por universidades ou organizações profissionais e oferecem assistência jurídica gratuita a pessoas de baixa renda" (p. 203). Entrariam aqui as várias AJUPs referidas na **Unidade III**, aquelas que recusam explicitamente serem entidades de "assistência", reivindicando serem de "assessoria", mas que, seja uma coisa ou outra, reivindicam ser consideradas integrantes de uma das "ondas" do movimento de "Acesso à Justiça" (FURMANN, 2003, p. 64).

No que diz respeito à *segunda onda*, aquela da "representação jurídica para os interesses difusos", o Brasil, pelo menos em termos teóricos, não está mal-servido. No que diz respeito à "ação governamental", temos como exemplos as agências reguladoras (Anac, Anvisa, ANS etc.), o Ministério Público e sua competência para a defesa de interesses coletivos, os vários PROCONs estaduais e municipais etc. Quanto à "ação privada", creio que o que já disse em relação às AJUPs, o que não exclui outras experiências, é suficiente para pelo menos despertar a curiosidade do aluno desejoso de ver o que existe ao redor do mundo em que vive.

Uma vez vistas as duas primeiras *ondas*, teríamos a *terceira*, chamada pelos dois autores de "enfoque de acesso à justiça", como vimos. A meu ver, ela seria mais apropriadamente designada como sendo um *reenfoque*, pois esse novo enfoque inclui alguns mecanismos (judiciais ou extrajudiciais) bastante inovadores de resolução de conflitos, razão pela qual vamos examiná-los no tópico seguinte, ocasião em que discutiremos algumas de implicações desses mecanismos nem sempre evidentes à primeira vista.

6 Conflitos sociais e mecanismos de resolução; Sistemas não judiciais de composição de litígios

A *terceira onda* vem sumarizada por Cappelletti e Garth da seguinte maneira: "Do acesso à representação em juízo a uma concepção mais ampla de acesso à justiça" (p. 67). Como se vê, trata-se de uma concepção nova do que seja o *acesso à justiça*, visto doravante como algo mais amplo do que o simples *acesso ao judiciário*, na medida em que compreende também alguns "sistemas não judiciais de composição de litígios" – usando a terminologia da Resolução n. 75/2009 do CNJ. Antes de abordar esse novo enfoque, vamos a uma historinha.

Quem a conta é o ex-ministro do Supremo Tribunal Federal, Cezar Peluso. Trata-se de um fato anedótico que teria se passado com o Ministro Sepúlveda Pertence, quando este era presidente do STF. Num encontro de presidentes de cortes constitucionais realizado na Itália, o representante brasileiro relatou que o nosso Supremo Tribunal Federal tinha julgado 60 mil ações naquele ano. Na hora do cafezinho, um juiz americano teria lhe dito: "É preciso tomar cuidado com o seu tradutor. O senhor falou em 6.000 processos e ele traduziu como 60.000". O americano estava *certo*, porque uma cifra dessa é mesmo inacreditável. E inexequível. O volume de processos que chega à nossa corte suprema é tão grande que boa parte das decisões acaba nas mãos dos assessores técnicos. O ex-Ministro Peluso foi franco: "Ninguém lê 10.000 ações"[43] – referindo-se ao volume estimado de processos que passa pela mesa de um ministro anualmente. É de se perguntar: Como é possível que a mais alta corte de justiça do país viva assoberbada com uma avalanche de ações que normalmente já deveriam ter recebido uma sentença definitiva bem antes, numa instância inferior? A resposta é demasiadamente complexa e mereceria um estudo à parte. Porém, a título meramente provocativo (no bom sentido da palavra), chamo a atenção para o que talvez seja um caso único no mundo: no Brasil, o princípio universal do *duplo* grau de jurisdição é na verdade *quádruplo*: Juiz singular, Tribunal (estadual ou federal), Superior Tribunal de Justiça e Supremo Tribunal Federal. Para os que podem pagar escritórios advocatícios com representantes em Brasília, naturalmente.

Quando o ex-ministro confessa que é impossível ler todas as ações que passam pela sua mesa, está se referindo basicamente àquelas de rito comum ou ordinário (as que costumam desembarcar na mesa de um ministro do STF), o que, em termos de jurisdição civil e penal, era praticamente o que havia no Brasil até que, a partir dos anos de 1980, surgiram os primeiros ensaios no sentido de uma justiça mais ágil e informal, adequada a uma sociedade de massas e seus conflitos. Ou seja: o ex-ministro está se referindo aos *mecanismos de resolução* de conflitos que se situam na esfera do Poder Judiciário em

---

43. Entrevista à Revista *Veja*, 07/07/2010.

sua feição tradicional. Mas a situação hoje já não é a mesma. Ao lado dos mecanismos processuais tradicionais, existe toda uma jurisdição constituída pelos Juizados Especiais, por exemplo, a qual, mesmo se situando no âmbito do judiciário, inova bastante nos mecanismos de resolução de conflitos. Além disso, existem os *sistemas não judiciais de composição de litígios*. Retomando o texto de Boaventura Santos trabalhado no **tópico 2** desta **unidade**, é aqui onde se situa a "terceira linha" das pesquisas englobadas pela *sociologia da justiça* das últimas décadas: "os conflitos sociais e os mecanismos da sua resolução". Ela compreende, além dos mecanismos oficiais, a existência, na sociedade, de múltiplas instâncias jurisdicionais que competem com os tribunais na resolução dos conflitos. Vamos por partes.

No que diz respeito às jurisdições especiais, o Rio Grande do Sul saiu na frente: no início da década de 1980, a Associação dos Juízes do Estado, a Ajuris, implantou, em caráter experimental, juizados de pequenas causas, como os que existiam nos Estados Unidos e na Europa. Chamavam-se Conselhos de Conciliação e Arbitramento, e foram instalados em 1982. Interessado na experiência, o Ministério da Desburocratização, que existia à época, começou a desenvolver estudos para a oficialização do sistema em nível nacional. Daí resultou a Lei n. 7.244/84, que instituiu os Juizados de Pequenas Causas, com competência adstrita à esfera cível e para causas cujo valor não excedesse vinte salários mínimos. Sua inspiração foram as *Small Claims Courts*, de Nova York. Em 1988, deu-se um salto espetacular: o texto da nova Constituição previa os Juizados Especiais Cíveis, com competência para as causas cíveis de menor complexidade, e os Juizados Especiais Criminais, para examinar as infrações penais de menor potencial ofensivo. Uns e outros são marcados pelos "critérios da oralidade, simplicidade, informalidade, economia processual e celeridade, buscando, sempre que possível, a conciliação ou a transação" – como diz o art. 2º da Lei n. 9.099/95, que dispõe sobre o seu funcionamento.

Os juizados vieram atender a uma demanda reprimida e logo se espalharam por todo o país, tornando-se um sucesso. Mas como a realidade é dialética – como se dizia nos antigos manuais de materialismo histórico –, o próprio sucesso tornou-se uma nova fonte de problemas. Os juizados rapidamente ficaram lotados, repetindo os velhos inconvenientes da justiça tradicional: no Recife, no início de 2008, alguns Juizados Especiais estavam marcando audiências de conciliação para 2010[44] – dois anos depois! Em que pese isso, é

---

44. *Jornal do Commercio*, 10/02/2008. Recife.

impossível para um estudante de Direito, hoje, imaginar o cenário jurídico brasileiro sem a presença dessas formas especiais de jurisdição. Não há retorno possível, e se os problemas teimam em aparecer (no caso, reaparecer), não há outra alternativa senão enfrentá-los. Ana Lucia Sabadell assim escreve sobre esses novos inconvenientes:

> Em vez de serem um instrumento para resolver conflitos de forma eficiente e harmônica, os Juizados Especiais tornaram-se apenas um meio para diminuir o número de processos que assolam o Judiciário. Por uma série de motivos [...], o que interessa, na prática, é finalizar rapidamente os processos, não importando a efetiva participação dos interessados e a satisfação de suas necessidades (SABADELL, p. 204).

O que a autora diz vai ao encontro do que diz o sociólogo Luís Flávio Sapori[45], ao falar em uma "justiça linha de montagem" a partir de uma pesquisa nas varas criminais de Belo Horizonte nos anos de 1990. Um dos seus pressupostos, comum a toda abordagem sociológica do Direito, é o de que a justiça e suas práticas "não podem ser adequadamente compreendidas em seu funcionamento rotineiro, se tomarmos como referência sua estrutura formal" (SAPORI, 1995, p. 1). Uma coisa é o que a lei manda fazer; outra, é o que os seus operadores efetivamente fazem. É a famosa distinção entre *law in books* e *law in action*, que remonta ao jurista americano Roscoe Pound (1870-1964). Sapori começa pela constatação da "prevalência", nas varas criminais que pesquisou, "do princípio da eficiência [...]. Juízes, promotores e defensores públicos estão imbuídos da perspectiva de agilização do andamento dos processos penais" (p. 2). Trata-se, essa "eficiência" (entenda-se: o maior número de processos julgados no menor tempo possível), de uma verdadeira política de metas hoje em dia adotada pelas altas esferas do Judiciário, na intenção, a princípio salutar, de superar a velha modorra tão característica de um poder indiferente às pilhas de feitos esperando uma solução por anos a fio – para desespero dos jurisdicionados.

Mas essa política pode gerar efeitos indesejáveis – entre eles o da "justiça linha de montagem", tradução para o português da expressão *assembly-line justice*, utilizada pelo sociólogo do direito americano Abraham Blumberg para referir-se à "institucionalização de uma série de procedimentos práticos que

---

45. O trabalho de Sapori é mais um exemplo do interesse atual de sociólogos e cientistas políticos brasileiros por temas de Sociologia do Direito, como já destaquei várias vezes neste *Manual*.

determinam como fazer justiça de modo ágil", fenômeno também observado na justiça criminal americana (p. 4). Quanto à agilidade, tudo bem. O problema é quando, para atingi-la, "espera-se que os atores legais *não se apeguem em demasia aos formalismos da lei*, não dificultando, assim, a agilização do serviço da vara criminal em diversas situações" (p. 3 – itálicos meus). Tais estratégias de agilização implicam algumas entorses na lei, e elas se tornam possíveis mediante a consolidação, nas varas criminais, do que o autor chama de uma "comunidade de interesses".

Mas não se trata, como o leitor pode apressadamente imaginar, de interesses propriamente *escusos*, um conluio visando vantagens pessoais inconfessáveis. Trata-se, antes, de uma "troca de compensações, em que uma parte cede alguma coisa e ganha outra". A defesa, por exemplo, deixa de pedir diligências que procrastinarão o feito; e a acusação, por seu lado, contenta-se com uma pena mais leniente. Fechado o acordo, "tanto a defesa quanto a acusação assumem o compromisso de não recorrer da sentença". É um acordo de cavalheiros, que obviamente não aparece nos autos[46]. O juiz também é compensado: o seu ganho "seria o rápido despacho do processo, ajudando na atenuação da sobrecarga de processos vigentes na vara criminal" (p. 7). O estudo de tais "comunidades de interesses" é feito por uma vertente da Sociologia, a das organizações, que se distingue dos estudos mais tradicionais sobre "interesses", geralmente voltados para a ideologia dos atores sociais e para a maneira como ela influi em suas decisões. No caso de decisões judiciais, esses estudos atentam para certas características desvantajosas dos réus (serem negros, pobres etc.), elementos externos ao caso em si e que não deveriam ser levados em conta pelo sistema judicial, mas terminam sendo, pela ação insidiosa da ideologia dos juízes. Nesse sentido, esses estudos negligenciam os *interesses* das organizações consideradas em si mesmas – que, no caso, é o de obter uma alta produtividade, resolvendo os processos em tempo recorde. Expondo o trabalho de Blumberg, em que se inspira, diz Sapori:

---

46. Sapori insere a seguinte nota no seu trabalho: "Tais acordos informais não ocorrem de forma indiscriminada, de modo que não atingem os processos dos diversos crimes definidos pelo Código Penal. Eles têm acontecido naqueles processos que envolvem crimes, conforme tipificados pelos entrevistados, de 'somenas [sic] importância'. São crimes cujas penas estipuladas pelo Código Penal são pequenas, pouco rigorosas. Portanto, referem-se a crimes 'que não têm repercussão no seio da sociedade'. São eles: lesão corporal leve, furto simples, estelionato via emissão de cheque sem fundo, jogo do bicho, crimes culposos de trânsito, uso e porte de tóxicos" (p. 7).

Ele atenta para o fato de que os estudos sociológicos preocupados em explicar as sentenças proferidas nas cortes criminais americanas têm enfatizado basicamente a influência de variáveis adstritas ao réu: etnia, classe social etc. Tais estudos, segundo Blumberg, subestimam a corte criminal como uma organização em si mesma. Esta fundamenta-se em valores pragmáticos, mais especificamente na prioridade da produção máxima. Tal prioridade influencia de modo preponderante o comportamento dos atores nas cortes criminais (p. 4).

Voltando aos nossos Juizados Especiais, eles também teriam se transformado numa "comunidade de interesses" desse tipo, movidos pela obrigação de serem realmente *especiais* – isto é, melhores do que a justiça comum em termos de simplicidade e agilidade. E, convenhamos, não deixam de ser. Na verdade, se há algo que não pode ser dito do judiciário brasileiro é que ele tem dado pouca importância a essa forma de justiça destituída da "pompa e circunstância" dos fóruns tradicionais a que seus cultivadores estavam acostumados. Os números falam por si. Em 2004, contando o Brasil com 5.560 municípios, em 1.732 deles havia Juizados Especiais. O número total era de 2.105, considerando que nos municípios maiores havia mais de um juizado em funcionamento (SADEK, 2013, p. 193). Em 2013, segundo Ana Lucia Sabadell (p. 204), já havia "mais de 2.500 juizados" no país. É um aumento expressivo. E eles são realmente populares: 93,7% dos que os procuram são pessoas físicas (SADEK, p. 196). Mas, como disse anteriormente, o próprio sucesso fez aparecer, neles também, a velha morosidade tão conhecida dos jurisdicionados de qualquer país. "No juizado, criado como uma justiça rápida e mais eficiente, não deveria haver nenhum congestionamento" – observa Sadek (p. 193). Mas já há. Em 2004, segundo dados do STF, o "grau de congestionamento" nos juizados do país foi de 50,21%. É um desempenho positivo quando comparado com os 80,51% verificados no 1º grau da justiça comum (p. 195), mas, considerando a informalização e a celeridade que os caracterizam, não deveria ser bem menor? O fato é que os processos que não se encerram logo no início, pela via da conciliação, e seguem adiante, também se arrastam por longo tempo. Ainda referindo-se a 2004, Sadek informa que "os casos que passaram por todas as fases processuais duraram, em média, 752 dias" (p. 199), o que significa mais de dois anos. É muito.

Daí que a conciliação tenha virado como que uma palavra de ordem na justiça brasileira. Ela não é exatamente uma novidade. Na Justiça do Trabalho ela é conhecida e largamente utilizada desde longa data. Basta lembrar que até as reformas promovidas pela Emenda Constitucional n. 24, de 1999, a primeira instância da justiça laboral, que passou a ser constituída por varas (como ocorre nos outros ramos do judiciário), era formada por juntas de *conciliação* e julgamento. Também no processo civil sempre houve a previsão da conciliação que, homologada pelo juiz, tinha valor de sentença. Mas foi a partir dos Juizados Especiais, onde a conciliação é de regra, que o instituto passou a ser valorizado como nunca havia sido. Hoje em dia existe, por iniciativa do CNJ, até o Dia Nacional da Conciliação (8 de dezembro), ocasião em que juízes e tribunais país afora promovem mutirões em que milhares de processos são findos mediante acordo entre as partes. O mesmo CNJ, em 2010, lançou o prêmio *Conciliar é legal*, objetivando premiar "ações de modernização no âmbito do Poder Judiciário que estejam contribuindo para a aproximação das partes, a efetiva pacificação e consequentemente o aprimoramento da justiça" – como informa o portal da instituição.

No mesmo ano de 2010, a Resolução n. 125, do mesmo CNJ, criava a "Política Judiciária Nacional de tratamento adequado dos conflitos de interesses no âmbito do Poder Judiciário", como diz sua ementa. Num dos seus *consideranda*, a conciliação vem destacada junto com a figura menos conhecida da mediação – sobre a qual, aliás, há dúvidas em relação ao que realmente a distinguiria da primeira. Eis o que diz o *considerando*:

> [que] a conciliação e a mediação são instrumentos efetivos de pacificação social, solução e prevenção de litígios, e que a sua apropriada disciplina em programas já implementados no país tem reduzido a excessiva judicialização dos conflitos de interesses, a quantidade de recursos e de execução de sentenças etc.

Como se vê, ao lado de sociólogos e cientistas políticos[47], o próprio judiciário brasileiro tem se preocupado com a "excessiva judicialização" dos conflitos no país. Como assinalei no início deste **tópico**, o *acesso à justiça* já não é visto simplesmente como *acesso ao judiciário*, e investe-se cada vez mais em sistemas não judiciais de resolução de conflitos. Outra das inovações nesse sentido é a Lei n. 9.307 de 23 de setembro de 1996, disciplinando a "arbitragem para dirimir litígios relativos a direitos patrimoniais disponíveis". O mundo dos negócios, cujo dinamismo se acomoda mal aos ritmos arrastados

---

47. Cf., p. ex., o livro *A judicialização da política e das relações sociais no Brasil* (VIANNA et al., 1999).

do judiciário, não se fez esperar: "é crescente a expansão dos institutos de mediação e arbitragem, através da expansão das câmaras nacionais e regionais de mediação" (ENGELMANN, 2011, p. 369). A difusão dessas câmaras tem sido impulsionada pela Confederação das Associações Comerciais e Empresariais do Brasil, que em 1997 instituiu a Corte Brasileira de Arbitragem e, em 2001, firmou um Convênio com o BID (Banco Interamericano de Desenvolvimento), "visando a difusão da 'cultura arbitral' no país" (p. 369).

Fiquemos por aqui. Resultados mais consistentes sobre toda essa nova cultura de resolução de conflitos (que parece ser ao mesmo tempo de *judicialização* e de *desjudicalização* – mais um neologismo?) talvez devam esperar pelos juristas-sociólogos do futuro.

Unidade V

A pesquisa sociojurídica: indicações

Nota introdutória

Desde o ano letivo de 1997 (quando começou de fato a vigência da Portaria n. 1.886/94 do MEC), o concluinte do curso de Direito é obrigado a apresentar uma "monografia final" do curso. Em 2004, a Resolução n. 09 do CNE, que a substituiu, manteve a obrigatoriedade, designando-a como "trabalho de conclusão de curso". Provavelmente tratar-se-á, na vida do futuro bacharel, do primeiro trabalho acadêmico relevante que terá de produzir. Será, para ele, um momento importante. Esta **unidade** tem a intenção de ajudá-lo nessa tarefa. Ela resulta fundamentalmente da minha experiência enquanto professor de Sociologia Jurídica e examinador de monografias, dissertações e teses na Faculdade de Direito da Universidade Federal de Pernambuco. Em que pese sua finalidade prática, esclareço que não será o caso, aqui, de algo do gênero "como escrever uma monografia". Nada direi sobre como devem ser os agradecimentos, a dedicatória, o resumo, a apresentação da bibliografia, como devem ser as notas (se no sistema de pé de página ou no sistema "autor-data") etc. Também não descerei a detalhes a respeito de quantos e quais capítulos, itens e eventualmente subitens deverá ter uma monografia. Em relação a tudo isso, há bibliografia abundante em qualquer boa livraria.

Não estou desconsiderando a pertinência desses aspectos formais num trabalho acadêmico. Sobretudo para quem está começando, eles funcionam como um bom corrimão. Também já necessitei deles. Numa dessas vezes ocorreu-me um episódio que merece ser contado, nem que seja pelo aspecto anedótico – mas verdadeiro. Foi durante meu doutorado, feito na França, na Escola de Altos Estudos em Ciências Sociais. Quando comecei a redigir o que seria a versão definitiva da tese, fiquei preocupado justamente com esses aspectos formais, por estar num país que não era o meu, numa instituição onde era um *estrangeiro* (e, portanto, sem familiaridade com os usos e costumes ali vigentes), e escrevendo numa língua que não era a minha. Por isso dirigi-me à biblioteca da instituição. Queria saber se eles possuíam algum modelo ou instruções oficiais sobre como redigir uma tese. A senhora que me atendeu, apontando para uma estante, foi de uma simplicidade e franqueza desconcertantes: "*Monsieur* – disse-me ela –, pegue uma daquelas teses, veja como a fizeram e faça a sua". Naturalmente (salvo o *Monsieur*), estou reproduzindo o que ela me disse de memória, e, portanto, as palavras podem não ter sido exatamente estas. Mas o teor, foi. Rigorosamente este. Como vê o leitor, fui encontrar numa prestigiosa instituição francesa o conselho mais simples que alguém poderia dar a um aluno com medo de subir a escada. Passo-o adiante.

Daqui para frente irei, num primeiro momento, levantar alguns problemas que vejo amiúde existir na produção acadêmica em Direito; e, num segundo momento, sugerir, mais do que propriamente um modelo de monografia, um tipo de trabalho que chamarei de *pesquisa sociojurídica* – cujo significado precisarei adiante. Além da sua assumida finalidade prática, também espero que a **unidade** possa ser de alguma relevância para um *aggiornamento* da pesquisa no interior das faculdades de Direito.

Colocando alguns problemas

Uma pergunta inicial se coloca: Qual seria a melhor contribuição a ser dada pela Sociologia Jurídica a um futuro jurista produzindo uma monografia? A resposta surge com uma naturalidade tautológica: habilitar o aluno a fazer uma pesquisa em Sociologia Jurídica! Mas não é tão simples assim habilitar juristas em formação – a princípio sem nenhuma formação nesse tipo de atividade – para fazer uma pesquisa desse tipo. Até porque surge uma questão preliminar: Eles quererão fazê-la? Afinal, convém não esquecer que eles são alunos de *Direito*, e não de *Sociologia*. E, mesmo existindo toda uma discussão a respeito do estatuto epistemológico da Sociologia Jurídica – se afinal seria um ramo da Sociologia Geral ou mero saber "crítico" sobre o direito[48] –, a verdade é que um trabalho que se pretenda inserido nesse ramo do conhecimento será um trabalho mais *sociológico* do que *jurídico* no sentido dogmático do termo. Dito isso, convém esclarecer melhor esses termos.

---

48. A propósito dessa questão, remeto às discussões na **Introdução**.

Simplificando bastante para efeitos de exposição, por pesquisa sociológica – retomando os termos que Eliane Junqueira utiliza para definir a Sociologia do Direito – estou me referindo a uma pesquisa "que trabalha não um direito definido juridicamente, mas redefinido pelas ciências sociais, através de pressupostos teóricos e epistemológicos destas" (JUNQUEIRA, 1993, p. 4). A pesquisa jurídica, por seu turno, teria por objeto justamente o direito "definido juridicamente" – noutras palavras, o próprio ordenamento jurídico, abordado mediante métodos e técnicas próprias à dogmática jurídica. Usando uma imagem bastante conhecida, a pesquisa sociológica olharia o Direito "de fora", enquanto a pesquisa jurídica olharia o Direito "de dentro". Um exemplo de pesquisa do primeiro tipo seria um estudo que testasse a hipótese – altamente verificável, aliás – segundo a qual a aplicação da lei penal varia de acordo com a classe social do criminoso; já ao segundo tipo pertenceria uma pesquisa que tivesse por objetivo estudar a constitucionalidade de uma determinada lei editada sob a vigência da Constituição de 1967, à luz dos novos dispositivos constitucionais vigentes a partir de 1988[49].

É para a pesquisa *jurídica* que os estudantes normalmente se voltam quando vão escrever sua monografia. Nada, aliás, mais natural do que isso num Curso de Direito. Mas, ao contrário do que se poderia pensar à primeira vista – dado o positivismo normativista de corte kelseniano dominante nas escolas de Direito –, as monografias não costumam primar pela "pureza". É comum encontrarmos, em meio aos argumentos propriamente jurídicos, escapadas para fora do mundo do Direito. Geralmente "críticas" (da iniquidade da nossa distribuição de renda, do governo que não cumpre suas obrigações constitucionais, dos políticos que só pensam no próprio interesse etc.), essas incursões costumam desembocar nas tradicionais exortações em termos de "urge", "faz-se mister" etc. que "a sociedade se mobilize", que "os cidadãos se conscientizem" etc. Umas e outras – críticas e exortações – parecem exprimir o desejo de escapar da crítica comumente feita aos juristas de fugirem do contato com a realidade e se refugiarem num mundo de abstrações, produzindo um saber "alienado". Trata-se, assim, de dar uma "visão sociológica" do

---

49. O exemplo que dou do que seria uma pesquisa estritamente jurídica (propositadamente simples para fins de exposição) de forma alguma esgota as possibilidades do que seria uma pesquisa jurídica. João Maurício Adeodato, p. ex., cita várias outras possibilidades, sugerindo objetos de pesquisa por assunto ("A dispensa abusiva no contrato de trabalho"), por circunscrição temporal ("Evolução do concubinato na segunda metade do século XX"), por circunscrição espacial ("Ações de despejo na Comarca de Escada") etc. (ADEODATO, 1999, p. 144-145).

assunto que estão abordando. Na maioria das vezes, entretanto, essa pincelada de realidade não chega a ser exatamente sociológica, constituindo mais um discurso crítico muito colado ao senso comum. Reconfortante, por certo, mas desnecessário ao argumento propriamente jurídico que está sendo desenvolvido. E, por certo, dispensável também enquanto sociologia, pois o que aí se faz não é exatamente sociologia, mas crítica social, o que não é mesma coisa.

É um vezo frequente juntar, num mesmo trabalho, o que seriam capítulos de outras disciplinas como a Filosofia, a História e, naturalmente, a Sociologia, geralmente hauridos em manuais, de que a ritual menção ao mitológico Código de Hamurábi é um bom exemplo. É o problema da "impureza metodológica" – o qual, tecnicamente falando, melhor seria chamar de confusão metodológica. Com isso não estou recomendando, o que seria incompreensível num professor de Sociologia Jurídica, que os alunos produzam trabalhos "alienados". Aliás, a abertura para o real como condição de possibilidade de existência de algo que possa ser chamado de Direito é uma perspectiva que se encontra até mesmo no mais normativista dos autores – o próprio Kelsen. Na sua *Teoria Pura*, o autor chama a atenção para o fato de que "uma ordem coercitiva que se apresenta como Direito *só será considerada válida quando for globalmente eficaz*" (KELSEN, 1985, p. 50 – itálicos meus). Supondo-se, como evidente por si mesmo, que a ordem jurídica que interessa ao jurista seja aquela dotada de eficácia, segue-se que não existe nenhuma incompatibilidade, muito pelo contrário, entre a produção de um saber normativo e referências à realidade empírica[50]. Mas isso não autoriza, em trabalhos que se pretendem jurídicos, a inserção de capítulos do que seria a "visão" da sociologia – mas também da história, da filosofia da psicologia etc. – sobre o tema objeto do trabalho. Normalmente isso é apresentado como se se tratasse de uma perspectiva interdisciplinar. Mas o que muitas vezes aparece como interdisciplinaridade resume-se a alguns lugares-comuns extraídos daqui e dali, sem maior consistência. O que acontece com as habituais incursões históricas que via de regra antecedem a abordagem do tema no presente é, a esse respeito, exemplar. Boa parte dos trabalhos que tenho examinado não dispensa uma incursão desse tipo, muitas vezes apresentada sob a fórmula "Evolução histórica do(a)...", seguindo-se a menção ao objeto que está sendo examinado.

---

50. Até porque – seja-me permitido dizê-lo em forma anedótica –, se assim não fosse, não haveria como distinguir o Código Napoleônico de 1804 de um código civil editado por um Napoleão de hospício!

Mas, acrescento, esse problema não ocorre apenas no Brasil. No "contra-manual" *Uma introdução crítica ao Direito*, o francês Michel Miaille (um nome que se tornou uma referência obrigatória nos estudos "críticos" do Direito no nossos país[51]) refere-se a essa mesma tendência nos trabalhos produzidos por juristas no seu país. Ele a chama de "europeocentrismo", ou seja, uma visão retrospectiva segundo a qual é "a partir do Direito moderno e ocidental que são apreciadas as instituições jurídicas de outros sistemas". Assim, "será possível designar instituições muito afastadas no tempo como sendo 'antepassados' de instituições atuais, invocar testemunho de uma 'evolução' para explicar a situação atual" (MIAILLE, 1979, p. 49). Nos trabalhos que tenho examinado pululam exemplos que ilustram à perfeição essa maneira de ver o Direito. Dou um exemplo. Num trabalho sobre justiça tributária, seu autor, em não mais do que meia página, faz um percurso de milhares de anos que começa com os egípcios – "entre os quais já se falava em contribuição dos habitantes para com as despesas públicas de acordo com as possibilidades de cada um" –, passa naturalmente pelo Império Romano e, no parágrafo seguinte, já está no Brasil da Constituição de 1988 – a qual, obviamente, proclama todos os princípios de justiça tributária que os egípcios já intuíam...

Esse tipo de "evolucionismo" se assemelha ao cumprimento do que parece ser um simples ritual, até pelo fato de essas incursões históricas não serem o fruto de uma pesquisa original, mas, via de regra, uma compilação de autores os mais diversos e variados – muitas vezes colocados lado a lado sem um fio que os costure –, hauridos mais uma vez em manuais ou livros de divulgação, e não em literatura especializada e específica. Ainda que uma perspectiva histórica de tipo evolucionista, tendo o "europeocentrismo" como pressuposto, possa ser uma pista instigante de pesquisa, é de se perguntar para que serve – como já cheguei a ver –, numa dissertação tratando de problemas trabalhistas brasileiros no começo do século XXI, a menção ao Código de Hamurábi como a primeira codificação a consagrar um rol de direitos comuns a todos os homens, o que é sem dúvida um anacronismo, e – anacronismo ainda maior – como precursor do moderno salário mínimo![52] Michel Miaille qualifica esse viés de "universalismo a-histórico", ou seja: uma visão da história segundo a qual as ideias "se destacam pouco a pouco do contexto geográfico

---

51. Sobre o assunto, cf. a **Unidade III**.
52. Quando o leitor vai verificar a fonte de tais afirmações, depara-se com a referência a manuais.

e histórico no qual foram efetivamente produzidas e constituem um conjunto de noções universalmente válidas (universalismo) sem intervenção de uma história verdadeira" (MIAILLE, 1979, p. 48 e 51).

Observe-se, voltando a Kelsen, que ele não nega que haja uma "conexão" entre o Direito e a História, a Sociologia etc. Nem muito menos que seja possível uma psicologia jurídica, uma Sociologia Jurídica e assim por diante. Apenas adverte contra o "sincretismo metodológico" que está sempre tentando o jurista. Treinado em primeiro lugar – na maioria das vezes exclusivamente – para conhecer e operar o ordenamento jurídico, o jurista, por mais que esteja imbuído de boas intenções, não pode pretender, de uma hora para outra, escrever capítulos de história ou de sociologia que mereçam o reconhecimento de sociólogos e historiadores. Há um tipo de pergunta que, enquanto professor de Sociologia Jurídica, me foi muitas vezes endereçada por futuros bacharéis, mestres e doutores. Depois de expor o tema com que pretendia trabalhar, o aluno punha a pergunta mais ou menos nesses termos: "Qual é a visão da sociologia sobre isso?" A minha resposta frequentemente os desconcertava: "Não existe". Passado o susto e, quem sabe, a decepção, explicava o que queria dizer com isso.

Para começo de assunto, não existe algo chamado *A Sociologia* – entendida como um acervo pacífico e consolidado de saber contendo, para cada aspecto da realidade social, uma "visão". A Sociologia – como, de resto, acontece com as Ciências Sociais e Humanas de um modo geral – é um vasto campo de embates teóricos, ideológicos e mesmo metodológicos, a ponto de já se ter dito que existem tantas sociologias quantos são os sociólogos. Só para ficar com um exemplo clássico, pensemos na tradição sociológica derivada de Marx, dentro da qual a sociedade é vista como um campo de lutas entre interesses contraditórios, contraposta a outra tradição que deriva de Durkheim, para quem a sociedade é, sobretudo, um todo integrado por valores comuns cristalizados na "consciência coletiva"[53]. A Sociologia, no fundo, talvez não seja senão um vasto e variado campo onde dialogam e muitas vezes se confrontam os sociólogos. Não existe, assim, uma visão unívoca da Sociologia sobre a propriedade, a família, o crime, a administração – o que quer que seja.

Existem, entretanto, obras sociológicas que abordaram esses fenômenos, as quais podem, eventualmente, servir para o trabalho do jurista. Exemplifi-

---

53. Sobre essa questão, remeto à **Unidade I**.

cando: se alguém vai fazer um trabalho sobre corrupção no Brasil e me pedir uma "visão sociológica" sobre isso, ocorrer-me-ia recomendar-lhe ler o que um Weber escreveu sobre "burocracia patrimonial", ou, entre nós, o que um Sérgio Buarque de Holanda (em *Raízes do Brasil*) ou um Roberto DaMatta (em *Carnavais, malandros e heróis*) escreveram sobre nossa renitente resistência a diferenciar o espaço público do espaço privado[54]. Mas isso não significa dizer que para cada tema que interessa ao jurista haja um trabalho sociológico lhe esperando. E, mais importante, que esse trabalho seja *a visão* da Sociologia sobre o assunto. Até porque, muito provavelmente, o aluno encontrará trabalhos muito diferentes, e feitos sem o conhecimento um do outro. A ele caberá pesquisar, fazer a triagem e escolher. Ou não, pois certamente não será todo e qualquer trabalho, só porque foi feito por um sociólogo, só porque toca no assunto que lhe interessa, que servirá aos seus propósitos.

Imagine-se, por exemplo, um aluno interessado em pesquisar as perversões do nosso sistema penal – de resto, um problema de todo e qualquer sistema penal –, que fazem com que os delinquentes provenientes do meio popular sejam proporcionalmente muito mais punidos dos que os criminosos egressos dos meios sociais mais favorecidos. Querendo dar a chamada "visão sociológica", procurará saber o que a Sociologia diz sobre o crime e, provavelmente, ficará sabendo que um dos fundadores da Sociologia Moderna, o já tantas vezes citado, Durkheim, tem uma teoria clássica sobre o crime. Qual? A de que o crime, pela reação que provoca – a punição do criminoso –, cumpre a função positiva de reforçar a "solidariedade social". Ora, como tal teoria poderia lhe servir? A meu ver, não poderia. Na verdade, um uso correto de Durkheim, num trabalho desses, seria criticá-lo por não ter atentado para esses vieses da repressão penal oficial que a sociologia criminal posterior, como vimos na **Unidade I**, detectou. Isso, entretanto, exigiria do jurista-autor uma atitude, por assim dizer, altiva perante os textos, uma postura que normalmente ele não tem. Haja vista já o próprio fato de referir-se à bibliografia com que trabalha (seja ela isso ou não) como "doutrina".

Toco aqui num dos problemas encontradiços nessa produção: o "reverencialismo", a ser a todo custo evitado, por ser ostensivamente anticientífico. Contaminação talvez do estilo adotado no foro, onde é preciso convencer o juiz de que se está com o melhor direito (e, portanto, com a melhor *doutri-*

---

54. Sobre o assunto, remeto à **Unidade II**.

na), trata-se de um apelo ao argumento de autoridade, expresso em fórmulas do tipo "como preleciona fulano de tal", "segundo o magistério de sicrano" etc., típico de advogados preocupados antes em convencer com apelos a uma retórica "coimbrã" do que em demonstrar com dados cuja força decorra da própria exposição. Definitivamente, é preciso que os juristas se convençam de que, ao escreverem um trabalho acadêmico, não podem tratar suas hipóteses de trabalho como se estivessem defendendo causas.

Esse problema do "reverencialismo" estende-se também às áreas não propriamente jurídicas percorridas pelos juristas. É bastante comum uma incorporação acrítica dos mais diversos – e às vezes disparatados – autores, como se sociólogos, filósofos, historiadores etc. fossem bens fungíveis numa prateleira de saber universal. Em trabalhos ligados ao Direito Penal, é, em primeiro lugar, praticamente obrigatória a referência a Beccaria – "o Copérnico da humanização do Direito Penal". Mas, muitas vezes cita-se também, quase lado a lado e sem transição crítica, um autor francês contemporâneo, de citação quase indispensável nos últimos tempos quando o assunto é prisão: Michel Foucault. Ora, aí também toda cautela é indispensável. Foucault é autor de uma crítica radical ao "humanismo" dos reformadores penais do século XVIII – o que inclui o próprio Beccaria –, em cujo discurso humanista ele via nada mais nada menos do que uma simples cantilena a encobrir o projeto de uma sociedade disciplinar. Essa é uma das teses fundamentais do seu provocador *Vigiar e punir*[55].

E, no entanto, Foucault, com não rara frequência, aparece na parte "teórica" de trabalhos que, na parte "prática", adotam posturas que o francês de forma alguma subscreveria. Como se sabe, o iconoclasta francês ironiza, para dizer o mínimo, o projeto ressocializador do direito penal moderno, com seu séquito de médicos, psicólogos, assistentes sociais, conselheiros espirituais etc. Em que pese isso, certa vez um pós-graduando que examinei, incorporando-o, começava falando na "microfísica do poder punitivo", um poder que se exerce sobre os que estão isolados no espaço celular da prisão, supostamente capaz de "tratar" ou disciplinar os presos. Chamo a atenção para as aspas no original cercando com ironia o verbo *tratar*, com as quais, suponho, o autor aderia à crítica foucaultiana ao projeto de ressocializar presos. Como praticamente já ninguém acredita que esse projeto possa ser implementado na prisão, o que

---

55. Sobre o assunto, remeto a texto de minha autoria, onde procedo a uma releitura crítica desse livro (OLIVEIRA, 2011).

o trabalho pretendia era a adoção de penas alternativas, para a aplicação das quais, entretanto, o autor advogava "o emprego da análise da personalidade" do delinquente como forma de adequar a punição à sua "função ressocializadora". Nada mais estranho – para dizer o mínimo – à perspectiva de um Foucault do que essas duas intenções: em primeiro lugar, a "psicologização" da pena; em segundo, mas não menos importante, a sua finalidade ressocializadora. Entretanto, nenhuma ressalva era feita quanto a essa contradição. Nesse caso, por que citar Foucault? Simples ritual atualmente indispensável numa monografia sobre prisão? Talvez.

Acho importante insistir na crítica de uma visão ingênua do que sejam ciências como a História, a Filosofia e a Sociologia – campos de antagonismos teóricos e não uma vasta enciclopédia de autores os mais ilustres que se equivalem em proficiência e igual devotamento à causa da humanidade. "Como ensina fulano", "como preleciona sicrano" etc. são fórmulas reverenciais que diluem diferenças e não contribuem para um esclarecimento verdadeiramente qualificado do argumento que se quer defender. Com tal reverencialismo, todos os sociólogos, criminólogos etc. tornam-se igualmente humanistas preocupados com a sacralidade dos direitos e garantias individuais conforme o espírito iluminista do século XVIII. É um equívoco.

Há algum tempo tive a curiosidade de voltar ao manual de Direito Penal onde eu mesmo estudei Direito já lá vão vários quinquênios. Percorri o capítulo intitulado "Doutrinas e escolas penais". Deparei-me com vários trechos e comentários que poderiam exemplificar à perfeição a visão reverencial a que me refiro. Chamou-me especial atenção o balanço comparativo que ele fazia entre o "Período Humanitário", representado especialmente por Beccaria, e o "Período Criminológico", que tem em Lombroso o seu nome mais ilustre. É verdade que o autor não se furta em reconhecer os exageros e mesmo a fragilidade da classificação morfológica do "homem delinquente" estabelecida pelo médico italiano. Mas, no final, tudo termina bem, pois, mesmo com seus exageros, Lombroso teria o mérito de haver iniciado o estudo da pessoa do delinquente, abrindo uma estrada que seria palmilhada e melhorada por outros. Ao final do capítulo, as diferenças entre os dois clássicos – qualificados, aliás, como "os dois *césares* no estudo do crime e da pena" (itálico no original) – terminam sendo anuladas num retórico jogo de palavras. Enquanto Beccaria teria proclamado ao mundo: "Homem, conheça a Justiça!", Lombroso não teria feito por menos: "Justiça, conheça o Homem!" (NORONHA, 1987) – tudo em maiúsculas, naturalmente.

Eis aí um bom exemplo do reverencialismo anulador de diferenças. Lombroso, por exemplo, não pode ser virtualmente transformado num humanista de corte iluminista à base de um gongórico jogo de palavras. Como sabe qualquer leitor bem-informado, a criminologia do médico italiano, ao pôr em voga a figura do criminoso nato, atribui à sociedade, mais do que o direito, o dever de exercer a chamada defesa social, seja por que meios for: penas de duração indeterminada, prisão perpétua e, mesmo, a eliminação para os incuráveis. Não é por mero acaso que a criminologia biologicista de Lombroso irá mais tarde fornecer elementos teóricos às teorias racistas sobre o crime elaboradas pelos nazistas. A homenagem aos dois autores, qualificando-os como igualmente "césares", não faz justiça nem a um, nem a outro.

Enfatizo mais uma vez: em se tratando de uma monografia – ou seja, um trabalho acadêmico –, o autor, em qualquer dos dois tipos de pesquisa que empreenda (i. é, trate-se de uma pesquisa *jurídica*, trate-se de uma pesquisa *sociológica*), deverá ter sempre presente no seu espírito que um trabalho dessa natureza não poderá se confundir com um parecer para defender o interesse de um cliente. Como trabalho acadêmico, ele deverá jungir-se a alguns princípios que o presidem, como o da objetividade e, tanto quanto possível, o da sempre problemática – mas em alguma medida incontornável – neutralidade axiológica. Isso não significa dizer que o pesquisador seja um sujeito politicamente neutro; que ele não possa ter, desde o início do seu trabalho, um ponto de vista a defender. Apenas significa que, no momento de colher na realidade – *jurídica* ou *sociológica*, pouco importa – os elementos para sustentar o seu argumento, ele deverá adotar uma postura metodológica neutra, condição indispensável para a elaboração de um trabalho que se pretenda minimamente científico, sem a qual borraríamos qualquer diferença entre um trabalho acadêmico e o mero discurso ideológico[56].

Falando de uma maneira bem simples, uma coisa é um advogado elaborando um parecer. Outra, bem diferente, é um acadêmico sustentando uma tese. No primeiro caso, a primeira lealdade do parecerista é para com o interesse do seu cliente; já a primeira lealdade do graduando deverá ser para com a *verdade*. Por mais que esta seja uma noção problemática, não podemos liminarmente descartá-la. Como as dificuldades em abstrato são melhor resolvidas

---

56. Sobre esse assunto, permito-me remeter a um texto meu (OLIVEIRA, 1988), onde discuto essa questão à luz de algumas reflexões de Max Weber sobre o problema dos valores do pesquisador na atividade da pesquisa.

no terreno do concreto, nada melhor do que trabalhar com um exemplo. Nesse caso, escolho o que dei mais atrás sobre a constitucionalidade de uma lei promulgada antes da Constituição de 1988. A um parecerista que esteja interessado em demonstrar a inconstitucionalidade dessa lei, certamente não ocorrerá citar decisões judiciais que afirmem o contrário. Só citará a jurisprudência a seu favor. Já um trabalho acadêmico que faça jus a esse epíteto terá de sopesar as várias posições. Não poderá, por exemplo, "esquecer" a jurisprudência que infirme a sua tese, sob pena de estar desrespeitando a neutralidade axiológica; não poderá, para estribar a posição que quer defender, referir-se a um único e remoto julgado que encontrou a seu favor como se fosse uma "caudalosa jurisprudência" – o que um advogado é capaz de fazer. Isso dito, passemos à parte propositiva do presente texto.

A pesquisa sociojurídica

O que chamo de Pesquisa Sociojurídica é um "modelo" fronteiriço entre a pesquisa jurídica *stricto sensu* e a pesquisa sociológica *lato sensu*. Destina-se, neste caso, ao aluno de graduação, às voltas com a monografia de conclusão do curso, desejoso de ir além da pesquisa estritamente *jurídica* – aquela que se vale dos métodos da dogmática jurídica. Nos últimos anos, tenho a impressão de que tem crescido o número de alunos interessados em fazer uma pesquisa que vá além disso – ou seja, alunos desejosos de fazer uma pesquisa *sociológica*. Esse desejo, como seria de se esperar, leva muitas vezes a uma atitude desajeitada: aquela de confundir sociologia com "crítica social" – sobre que falei acima. Os jovens têm a tendência (em si saudável, aliás) de se posicionarem contra as injustiças do mundo. Nisso, devem ser encorajados. Nessa vertente, porém, correm o risco de se entregar confortavelmente ao discurso generoso, mas inócuo, contra as iniquidades que nos rodeiam. É para esses que me dirijo. É preciso insistentemente chamar a atenção para o fato de que optar por uma postura *sociológica* não significa simplesmente ilustrar sua indignação com dados da realidade e fazer apelos, por mais sinceros que sejam, para sua mudança. Dados da realidade, sem dúvida, serão indispensáveis, mas sua coleta, no contexto de uma pesquisa, deve obedecer a certos princípios de sistematização, coerência e "neutralidade axiológica" – numa palavra, obedecer aos protocolos mínimos do que significa fazer uma pesquisa – no caso, uma *pesquisa sociojurídica*.

Essa expressão tem sido empregada um tanto livremente por autores os mais diversos. De um modo geral, por ela se designa uma pesquisa de natureza sociológica, de base empírica, tendo o direito por objeto. Tanto pode ser algum aspecto do ordenamento jurídico já existente, quanto algum aspecto da realidade social com fins legislativos[57]. Adoto também essa perspectiva. Acho que, nessa direção, o jurista interessado na pesquisa não dogmática tem grande contribuição a dar. Nem que seja por um motivo singelo. Como vimos na **Introdução**, a Sociologia do Direito seria uma parte da Sociologia voltada para o direito *lato sensu*: normas, valores, instituições, práticas judiciárias etc. Como tal, seria uma especialização da disciplina sociológica. Ocorre que um sociólogo de formação, de um modo geral, quase nada sabe sobre esse objeto tão especial que é o *ordenamento jurídico*, sendo muitas vezes incapaz de saber o que é uma *lei* no sentido técnico da palavra, para não falar de coisas mais complexas como a estrutura processual vigente no país, sem o conhecimento da qual é difícil falar sobre problemas como acesso à justiça, morosidade processual etc.

Escrevendo neste mesmo diapasão, José Reinaldo de Lima Lopes e Roberto Freitas Filho, ambos juristas-sociólogos, observam que "se a pesquisa é conduzida a partir de uma perspectiva de quem está de fora, tomando o direito e os dados jurídicos como fatos brutos, a investigação empírica perderá sua força crítica e interpretativa". Para eles – como, aliás, para mim –, parte significativa da pesquisa requer "a compreensão e interpretação das instituições jurídicas a partir de uma perspectiva de dentro". E, pensando de maneira especial nos estudos atualmente conduzidos por cientistas políticos sobre o Judiciário, concluem dizendo que "falta esta perspectiva". Na medida em que tais estudos costumam se concentrar nos aspectos mais visíveis das instituições judiciárias (a administração dos tribunais, o gerenciamento dos processos, o volume de julgados etc.), algo se perderia na "abordagem crítica do sistema jurídico" (LOPES & FREITAS FILHO, 2014, p. 99). Ora, o jurista-sociólogo detém essa "perspectiva de dentro", pelo simples fato da sua familiaridade com o sistema jurídico. Ele possui, mesmo que disso não se dê conta, um conhecimento *empírico* do mundo do direito. É um conhecimento especializado, e isso é um trunfo.

Mas existe conhecimento e conhecimento. O Sr. Jourdain do *Burguês fidalgo* de Molière, por exemplo, fazia prosa sem saber. No nosso caso, uma

---

57. É nesse último sentido, p. ex., que Cláudio Souto emprega a expressão "pesquisa sociojurídica empírica" para se referir a uma investigação que ele conduziu em 1960 em Pernambuco para avaliar a receptividade de uma lei estadual sobre reforma agrária naquele Estado (SOUTO, 2003, p. 326).

coisa é o jurista conhecer, com o olhar desarmado, o Direito e sua prática; outra, é conhecê-los de um modo qualificado, conscientemente, no curso de uma pesquisa previamente elaborada. O seu olhar já não verá as mesmas coisas, ou as verá de um modo diferente. Ambos os conhecimentos são empíricos no sentido largo do termo; mas o segundo é um conhecimento *empírico* no sentido técnico, sociológico da expressão.

Em relação a esse conhecimento *empírico*, julgo que uma palavra de tranquilidade (que é também uma palavra de desmistificação) deve ser dita: pesquisa empírica não é um bicho de sete cabeças. Pelo menos não deveria ser. Certas imagens amplamente difundidas contribuem, entretanto, para essa visão equivocada. Por exemplo, aquela que confunde a pesquisa empírica com a atitude exótica de despir-se de suas vestes habituais, pôr uma sandália de dedo e mudar-se para uma favela a fim de pesquisar a "comunidade" – como fez Boaventura Santos na pesquisa sobre o "direito de Pasárgada"; ou aquela outra, igualmente exótica (ainda que *high-tech*), de que uma pesquisa, para ter validade científica, tem de ser feita com uma amostra significativa de um universo maior, onde os integrantes da amostra respondem questionários que alimentarão um programa estatístico de onde sairá a verdade e suas margens de erro – como faz institutos como o Ibope o tempo todo. Não é necessário chegar a tanto. Esses tipos de pesquisa não esgotam o que se entende por pesquisa empírica; e um aluno de Direito poderá sair-se airosamente na sua pesquisa com muito menos "sacrifício" do que aquele do primeiro exemplo e com muito menos aparato tecnológico do que aquele do segundo.

Aliás, rigorosamente falando, o que define uma pesquisa como *empírica*, e não como *jurídica*, não é exatamente valer-se de dados da realidade. Afinal, tudo é *dado da realidade* – inclusive esta frase que acabo de escrever. Uma e outra pesquisas se valem disso. Mesmo um advogado, quando dá um parecer, pesquisa leis, julgados e doutrina que apoiam sua tese. Logo, também ele está se valendo de material existente no mundo factual – isto é, empírico. O jurista-sociólogo que está fazendo uma pesquisa empírica pode valer-se do mesmo material. Nesse caso, porém, não para sustentar uma tese *jurídica*, mas *sociológica*, acerca, por exemplo, da ideologia do legislador, do juiz, ou do doutrinador. O que define e distingue uma coisa da outra é menos o material sobre que se debruça o pesquisador do que a intenção ao ir buscá-lo e a maneira de tratá-lo. Farei em seguida algumas considerações especificamente sobre a pesquisa *sociojurídica*, levando em conta o fato de que ela, no sentido lato do termo, é uma pesquisa de natureza *sociológica*, envolvendo, destarte, uma investigação de base empírica.

O meu ponto de partida é um texto de Maria Guadalupe Piragibe da Fonseca a respeito da pesquisa jurídica e da sociologia aplicada ao Direito. A autora parte de uma constatação: a de que "a pesquisa empírica não tem tradição no campo do Direito" (FONSECA, 2002, p. 183)[58]. Ela reconhece que os juristas têm exercitado "críticas que têm a dogmática jurídica como alvo"; considera que tais críticas são, "na maior parte das vezes, procedentes", mas não se furta de observar que elas "seriam mais incisivas e convincentes se respaldadas em dados concretos" (p. 183). Daí a contribuição que justamente a pesquisa sociojurídica poderia dar. A autora considera que "as metas da pesquisa sociojurídica são diferentes dos objetivos de uma investigação sociológica" (p. 184). Essa diferença residiria no fato de que a primeira "é caracterizada pelo tema – jurídico – e pela finalidade do conhecimento jurídico – conhecer para agir, para tomar decisões, para propor medidas" (p. 186). Noutros termos, não seria uma pesquisa sociológica. No caso, a sociologia apareceria como uma espécie de ciência auxiliar da pesquisa sociojurídica. Ela entraria com a metodologia. E explica: "Não se trata propriamente de discutir outras técnicas, diferentes das utilizadas pelas ciências sociais, mas sim de esclarecer as metas a serem alcançadas pela pesquisa sociojurídica e adequar a estas os modos de acessar a realidade" (p. 184). Concordando com essa série de considerações, gostaria de acrescentar algumas observações balizadas pela intenção de dirigir-me a um público de graduandos em Direito.

Considero que a pesquisa sociojurídica, atenta aos padrões vigentes na pesquisa científica de um modo geral, deve começar pela definição do problema da pesquisa. Isso, que parece ser um truísmo, precisa ser enfatizado. E esclarecido: Como definir um *problema*? Para tatear uma resposta, valer-me-ei, voltando a Maria Guadalupe, de uma sua recomendação:

> Se o pano de fundo de um projeto de pesquisa for a justiça social, ou a democratização do Poder Judiciário, ou a reforma do Estado, ou a cultura jurídica, dentre outras preocupações, a primeira providência é levantar uma ou mais hipóteses de trabalho fundadas em situações do cotidiano, como, por exemplo, o

---

58. José Eduardo Faria e Celso Campilongo partilham a mesma opinião quando observam que "a pesquisa empírica – e mesmo a produção teórica – nas faculdades de Direito praticamente inexiste. [...] Professores e doutrinadores, em sua grande maioria, não costumam imaginar nada além da simples e tradicional pesquisa bibliográfica" (FARIA & CAMPILONGO, 1991, p. 44).

crescimento do trabalho não regulado (biscateiro, ambulante); o aparente autoritarismo dos juízes e seu reflexo na solução de conflitos; as leis do inquilinato à luz do uso da propriedade urbana e tantas outras (p. 186).

Parafraseando Fonseca, eu diria que a justiça social, por exemplo, pode, sim, ser um *objeto* de pesquisa, mas dificilmente será um *problema* de pesquisa para um iniciante. Para alguém sem uma larga experiência acadêmica, o que inclui uma considerável erudição, melhor será pensar na justiça social como um tema – um "pano de fundo", como ela diz –, dentro do qual uma pesquisa sobre a regulamentação do trabalho informal, este sim, seria um problema de pesquisa. Não se trata de considerar que o problema da justiça social não possa vir a constituir, ele próprio, um problema de pesquisa. Mas, em primeiro lugar, ainda aí seria necessário delimitar. De que estamos falando? Da justiça social nas constituições de 1967 e de 1988? Do conceito de justiça social no direito alternativo? Da justiça social como *topos* retórico nas decisões do STF? etc. Tomado genericamente, um tema como esse, por sua abrangência e complexidade, não é possível de ser traduzido num objeto de pesquisa capaz de ser satisfatoriamente explorado numa monografia de conclusão de curso.

A estratégia de delimitação sugerida por Fonseca – "fundada em situações do cotidiano" – "evita de se cair na armadilha da discussão de temas abstratos [...], sem critérios adequados que só as pesquisas empíricas podem fornecer" (p. 186). Com efeito, eis aí uma boa estratégia para se escapar da discussão abstrata e se delimitar um objeto de pesquisa factível: pensá-lo empiricamente. Voltemos ao tema da justiça social. Como pesquisá-lo? Ao se pôr esse problema, talvez o primeiro impulso do aluno, entusiasmado pelo assunto e habituado às generalidades dos manuais introdutórios à ciência do Direito, seja fazer de sua monografia um compêndio, tentação que enfaticamente não recomendo. Pela experiência que adquiri, esse aluno "resolveria" seu problema de pesquisa apelando para o "universalismo a-histórico" de que fala Michel Miaille (mostrando como o Código de Hamurábi já tinha preocupações com a justiça social) e para o "manualismo" (escrevendo um capítulo sobre os direitos fundamentais, outro sobre várias concepções de justiça, de Aristóteles a Rawls), tudo isso embalado pelo "reverencialismo" ("como preleciona fulano", "segundo o magistério de sicrano" etc.), até um final retórico exortando os nossos governantes a cumprirem os direitos sociais insculpidos na Constituição. Fuja disso, caro leitor!

A outra solução, que recomendo, é tentar encontrar um objeto empírico específico através do qual até se poderia discutir o tema da justiça social. A questão do trabalho não regulado poderia ser esse objeto, a partir do qual se constituiria o problema de pesquisa. Não se trata de dar a chamada "visão sociológica" sobre o assunto. Em primeiro lugar porque, como já disse, tal coisa simplesmente não existe. Além disso, a bibliografia sociológica sobre o trabalho é tão vasta, que ele simplesmente se perderia. A "visão sociológica" correria o risco de ser não mais do que uma série de considerações sobre a importância e a dignidade do trabalho extraída de livros de doutrina, acompanhadas de críticas coladas ao senso comum sobre a desregulamentação do trabalho levada a efeito pelo neoliberalismo reinante. Isso é diferente de pegar um autor ou uma corrente teórica abrangendo alguns autores que gravitam em torno dela e, a partir daí, circunscrever o objeto de pesquisa.

É importante esclarecer que o conceito de *pesquisa empírica* não implica necessariamente a produção dos chamados "dados primários" pelo próprio autor da pesquisa, ainda que isso também possa ser feito. É o que fez um Boaventura Santos: ao mudar-se para a favela e fazer uma descrição etnográfica do "direito de Pasárgada" operado pela sua associação de moradores, ele produziu, pela *primeira* vez (por isso que se chamam dados *primários*) algo que não existia de forma documentada. Mudando de registro, é o que fazem o tempo todo instituições como o IBGE, mas também o Ibope, o Datafolha etc., que continuamente produzem dados primários, ao entrevistar pessoas. Uma vez produzidos, eles se tornam "dados secundários" para um pesquisador que, não os tendo produzido, vai utilizá-los. Tranquilize-se assim o aluno que se anime a fazer uma pesquisa *sociojurídica*. Ler doutrina, analisar sentenças, assistir a audiências, entrevistar juízes etc., tudo isso pode ser pesquisa empírica; consultar dados produzidos pelo IBGE, pelo Conselho Nacional de Justiça, por comissões parlamentares de inquérito etc., também. Ou seja, ele tanto pode produzir dados primários, quanto valer-se de dados já existentes.

Caso resolva produzir ele mesmo seus dados, chamo a atenção para o fato de que, muito provavelmente – a menos que se valha do auxílio de um especialista no assunto[59] –, o aluno de graduação em Direito não estará preparado

---

59. Esse "auxílio" poderá existir no caso de um aluno participando de uma pesquisa que envolva uma equipe sob a orientação de um pesquisador sênior, do qual o seu trabalho será um subproduto. Esse tipo de colaboração é comum nas áreas científicas de um modo geral, inclusive nas ciências sociais. Na área jurídica, não chega a ser frequente.

para conduzir uma pesquisa dotada da sofisticação metodológica própria aos profissionais da área das ciências sociais. Sejamos realistas. Mas também não sejamos desnecessariamente humildes. Sendo a pesquisa sociojurídica, creio poder lhe ser perfeitamente adequada o que chamaria de uma metodologia de baixa complexidade. Exemplificando. Uma pesquisa *sociológica* sobre causas do crime por certo não escapará de um enfoque multicausal que exigirá do sociólogo trabalhar com sofisticadas técnicas quantitativas como a análise regressiva, por exemplo. Que aluno de Direito está em condições de enfrentar tal desafio? Já uma pesquisa *sociojurídica*, como a entendo aqui, não terá essa pretensão nem esse alcance. Definido o problema, *jurídico*, o jurista-autor, se quiser estribar o seu argumento com dados sociológicos, estará plenamente servido por muito menos. Darei alguns exemplos que me ocorrem ao acaso.

Seja uma pesquisa sobre penas alternativas. Digamos que o bacharelando queira verificar a hipótese de que elas são pouco utilizadas, e deseje saber por quê. Uma hipótese, sendo bem simples, é aquilo que supomos saber sobre um determinado fenômeno social. Todos nós, na vida do dia a dia, temos várias hipóteses sobre o que acontece no mundo. Boa parte delas, advirto, não resiste a um exame mais acurado. E um exame mais acurado, sendo outra vez bem simples, é o que diferencia o saber sociológico do saber produzido pelo senso comum. Pois bem. Para verificar a hipótese de que as penas alternativas são pouco utilizadas, ele poderá simplesmente coletar dados existentes nas próprias varas criminais cujo funcionamento já não deverá ser um mistério para um concluinte de curso. Para saber o porquê (desde que, obviamente, a hipótese se revele verdadeira), ele poderá entrevistar os juízes que, estando teoricamente autorizados a aplicá-las, não as aplicam. Não há grande complexidade num trabalho dessa natureza.

Dentro desse mesmo espírito de simplicidade, outra pesquisa interessante seria verificar outra hipótese, partilhada pelo senso comum, de que as pessoas condenadas por essa forma de justiça alternativa são sentenciadas apenas a fornecer algumas "cestas básicas". Isso gera um descrédito em relação a essa forma de punir, vista muitas vezes pela população como uma forma de institucionalização da impunidade para quem pode pagar tais cestas. Trata-se de uma dessas "evidências" partilhadas pelo senso comum de que falei na **Unidade I**, e que sequer sabemos se é verdadeira. Uma pesquisa empírica pode confirmá-la; mas também pode desmenti-la. Em qualquer dos casos, os dados empíricos terão proporcionado a quem foi atrás deles uma competência empírica qualificada para falar sobre o assunto – o que não é algo a ser desconsiderado numa cultura bacharelesca como a nossa, em que qualquer um se acha habilitado a fazer discursos estribados na indignação tão fácil[60] contra os males do mundo...

Seja, num outro exemplo, uma monografia sobre os mecanismos jurídicos de proteção do meio ambiente. Um trabalho meramente dogmático discorrerá sobre as várias ações judiciais possíveis, sua titularidade, a competência do Ministério Público para promover "termos de ajustamento de conduta" etc. Ao final, como a lei em sua abstração é perfeita, poderemos equivocadamente ficar com a imagem de que estamos no melhor dos mundos possíveis. Ora, reza uma vertente da teoria jurídica, o chamado "realismo jurídico", que direito não é o que está nas leis, mas aquilo que é efetivamente aplicado pelos juízes. Nesse caso, por que não adotar essa perspectiva teórica e ir ver o que efetivamente acontece com as ações judiciais tendo por objeto essa proteção? Para começo de assunto, há informações que muitas vezes sequer são conhecidas. Exemplos: essas ações existem? Quais são os seus resultados? Positivos? Negativos? Nesse caso, por quê? São perguntas cujas respostas poderão estar em autos de processos que o jurista-sociólogo sabe manusear e poderá levantar sem maiores dificuldades. A verificação de pontos de estrangulamento poderá, inclusive, fornecer ao aluno subsídios para sugerir reformas legislativas, administrativas etc.

Mas como e por que se escolhe um ou outro desses objetos de pesquisa? Num texto bem sumário (mas que um aprendiz de Sociologia Jurídica lerá com proveito), o italiano Renato Treves, uma das referências da disciplina naquele país, faz uma reflexão interessante a respeito do assunto:

> O ponto de partida da pesquisa é obviamente a escolha do tema, a formulação do problema, e de certo não é possível indicar quais são os motivos e quais são as causas que conduzem a esta escolha: talvez seja a exigência de descrever e de explicar fenômenos importantes que se manifestam na vida jurídica e talvez seja o desejo de verificar nos fatos a elaboração de certas teorias; talvez as tendências pessoais do pesquisador mais interessado nos problemas da família, do trabalho etc., e talvez as situações objetivas devidas à estrutura institucional, ao ambiente cultural, às modas intelectuais (TREVES, 1999, p. 66).

---

60. Cf., a esse respeito, as considerações de Roberto DaMatta sobre a nossa "índole cívica" abordadas na **Unidade II**.

Se o aluno leu com atenção o autor italiano, talvez tenha percebido que sua reflexão contempla duas possibilidades diferentes de pesquisa: de um lado, o aluno pode fazer um estudo estimulado simplesmente pelas "tendências pessoais" – desejoso de dar uma contribuição ao aperfeiçoamento do mundo do Direito; de outro, o aluno pode fazer um estudo com a intenção de "verificar nos fatos a elaboração de certas teorias". Isso quer dizer que as reflexões de Renato Treves contemplam a existência de pelo menos duas maneiras de se encaminhar uma pesquisa sociojurídica. Para esclarecer o que quero dizer, volto aos meus exemplos.

No primeiro deles, sobre penas alternativas, não fiz menção a nenhum tipo de literatura (seja jurídica, seja sociológica) que servisse de base (ou, se se preferir, de *marco teórico*) ao encaminhamento da pesquisa. Simplesmente mencionei a existência de "problemas" que podem ocorrer a um aluno de Direito a partir de sua experiência de vida, para os quais ele se volta a fim de *esclarecê-los* (no sentido literal de "cleará-los"), fazendo para isso uma pesquisa empírica. No segundo exemplo, sobre mecanismos jurídicos de proteção ao meio ambiente, fiz menção a uma corrente teórica conhecida como "realismo jurídico". Isso quer dizer que, ao lado da simples pesquisa para esclarecer um ponto obscuro ou malconhecido da realidade, a pesquisa sociojurídica – como, aliás, ocorre com toda e qualquer pesquisa acadêmica – tem uma vocação natural para desgrudar-se da pura empiria e participar, com seus achados, de uma discussão *teórica*. Volto a Renato Treves:

> Depois de ter feito a escolha do problema, o pesquisador deve [...] fixar as hipóteses, ao menos a hipótese inicial, que é substancialmente a "proposta de uma resposta ao problema escolhido", proposta que indica uma relação entre fatos significativos e que serve para selecionar de modo mais ou menos preciso os fatos observados e para lhes dar uma explicação adequada. [...] Qualquer que seja sua origem, é opinião concorde que, para ser válida, deve ser *formulada em termos claros*, deve ser *empiricamente verificável* e deve poder *estar vinculada a uma teoria* (p. 66 – itálicos meus).

Como as afirmações de que uma hipótese deve ser "formulada em termos claros" e ser "empiricamente verificável" são evidentes por si mesmas, volto-me para o que talvez seja o aspecto mais complicado para um iniciante no mundo da pesquisa: a hipótese "poder estar vinculada a uma teoria". Tocamos aqui numa questão que costuma embaraçar o estudante: a do Marco Teórico.

No entanto, marco teórico não foi feito para humilhar ninguém! A frase é uma paródia de um conhecido aforismo do poeta Ferreira Gullar em relação à crase: ela não foi feita para humilhar ninguém; o marco teórico, também não. Mas, pelo que percebo, ele continua maltratando desnecessariamente nossos candidatos ao bacharelado – e mesmo ao mestrado ou ao doutorado. Considero que a melhor maneira de abordar o assunto é começar por esclarecer o significado da expressão. Para isso, valho-me de certas perguntas que orientandos meus me fazem. Dou como exemplo uma indagação que me foi feita certa vez: "Professor, meu trabalho é sobre democracia. O senhor acha que Bobbio é o meu marco teórico?" Quando disse, com toda sinceridade, que não sabia, ele se decepcionou e provavelmente achou que eu não estava falando sério. Mas estava.

Marco teórico é uma tradução supostamente literal do inglês *theoretical framework*. Digo supostamente porque, nesse caso, não deveríamos dizer "marco", e sim "moldura teórica". Dá no mesmo. Já que a tradução que lhe demos foi essa, *theoretical framework* quer dizer marco teórico. Mas o que é isso e como chegou até nós? Até onde estou informado, a expressão aportou entre nós no início dos anos de 1970, período em que, sob o regime militar, estruturou-se em termos nacionais a pós-graduação brasileira, momento em que os usos e costumes da *graduation* americana teve uma influência nos usos e costumes que terminamos adotando por aqui[61].

No seu contexto original, *theoretical framework* é uma expressão que se insere no estilo de pesquisa que aqui costumamos chamar, um tanto depreciativamente, de "positivista". Nesse modelo, uma teoria já assentada gera novas hipóteses de pesquisa que são testadas. O modelo vem das chamadas ciências "duras" (química, física etc.), em que os cientistas trabalham dentro de determinados paradigmas hegemonicamente aceitos e nos quais se inserem, elaborando novas hipóteses e espichando o saber acumulado para novos objetos, o que vai gerando novas hipóteses que por sua vez vão produzindo um conhecimento cumulativo. Nas ciências "moles" (as ciências humanas e sociais), dentro das quais nos situamos, a coisa é bem mais complicada, porque não existem paradigmas universalmente compartilhados. Na verdade, como já mencionei, não existe uma coisa chamada *A Sociologia*, mas vários autores, tradições, escolas, grupos etc. que lançam sobre os mais variados objetos so-

---

61. Pelo menos em termos de forma, pois no que diz respeito a conteúdos, continuamos ainda hoje reverenciando mais os europeus do que os americanos.

ciais o que chamaria de "olhar sociológico" – olhar que qualquer um de nós pode adotar para também mirar a realidade, com a ajuda deles ou de um deles. Isso seria o famoso "marco teórico", cuja aplicação, nos moldes que alcunhei de "positivista", nem sempre é fácil, até porque as formulações dos autores que adotamos não costumam ter a *exatidão* que se observa nas outras ciências.

Voltemos a Bobbio. O meu bem-intencionado aluno achava que, como ele escreveu bastante sobre democracia, iria servir. Serviria? Respondo-lhe agora. Pode servir, sim, mas depende do seu objeto de pesquisa. Para começo de assunto, pela vastidão, antiguidade e imensidão do que existe sobre o assunto, a democracia como *objeto de pesquisa* é dificilmente um *problema de pesquisa* factível para um principiante. Só para dar um exemplo, pensem num outro tema igualmente vasto a que me referi antes: a justiça. Imaginem o quanto é necessário de erudição, experiência, tempo e talento para escrever uma obra como *A Teoria da Justiça*, de John Rawls. É obra para uma vida. Voltando ao italiano: Bobbio pode ou não ser um marco teórico? Pode. Mas o que de Bobbio? Pelo que já conheço, meu aluno é a favor da democracia e vai fazer uma leitura "reverencial" de Norberto, realçando o quanto ela e ele são importantes. Vai também, pela minha própria experiência, juntar num mesmo balaio Habermas, Rousseau, Schumpeter, Marilena Chauí... Já vi isso – e nessa ordem, o que é mais estonteante.

Mas Bobbio pode, sim, ser um marco teórico. Tudo vai depender do recorte que for dado ao objeto de pesquisa. Dou um exemplo. Num texto escrito nos anos de 1960, posteriormente publicado em *A era dos direitos* (traduzido entre nós no começo dos anos de 1990), Bobbio faz uma afirmação sobre a universalidade dos direitos humanos que se tornou problemática na era do multiculturalismo que estamos vivendo. Dizia ele: "O problema fundamental em relação aos direitos do homem, hoje, não é tanto o de *justificá-los*, mas o de *protegê-los*. Trata-se de um problema não filosófico, mas político" (BOBBIO, 2004, p. 23). Num texto posterior, publicado no mesmo livro, ele mesmo reconhece que a sua afirmação tinha sido feita num "tom um tanto peremptório" (p. 25). Pouco importa. O que ficou foi a versão de que a questão dos direitos humanos não seria mais a do seu fundamento, agora aceito por todos, mas de sua realização. Ora, alguém pode, a partir dessa afirmação, transformá-la em hipótese de pesquisa, problematizá-la à luz do que está acontecendo no mundo de hoje (basta pensar no multiculturalismo e na acusação de que os "direitos humanos" seriam parte integrante do imperialismo ocidental), e fazer um trabalho bem interessante que, dependendo do talento do autor, pode até ser de alta qualidade. Bobbio seria, nesse caso, um marco teórico – ainda que fosse para ser contrariado.

Isso já aconteceu comigo. Passei por essa angústia do marco teórico quando fiz meu mestrado. Era na área da Sociologia Jurídica e, na época (começo dos anos de 1980), Boaventura de Souza Santos, por causa da pesquisa sobre o "direito de Pasárgada" operado pela Associação de Moradores numa favela do Rio de Janeiro, estava na moda. Elegi-o como meu marco teórico. O seu conceito-chave, como vimos, era o de "pluralismo jurídico", que virou uma coqueluche entre os acadêmicos da minha área. Mas o objeto empírico que elegi foi a polícia – no caso, comissariados de polícia em bairros populares do Recife, que também exerciam uma espécie de direito informal resolvendo pendengas da população moradora da vizinhança[62]. Ora, no decorrer do trabalho de campo dei-me conta de que o conceito de "pluralismo jurídico", cuja especificidade era a existência de um direito operado *fora* dos aparelhos de estado (a Associação de Moradores no caso de Pasárgada), não servia para mim! Afinal, que instituição mais *estatal* do que a polícia? Não sem angústia, abandonei-o. Isso não quer dizer que abandonei Boaventura de Souza Santos, um autor que continuo até hoje lendo atentamente, mas o *autor* de um "marco teórico" dentro do qual teria de subsumir meu objeto de pesquisa, custe o que custasse. Acho que tomei a atitude correta. Isso quer dizer que uma teoria ou um autor, por mais que seja uma sumidade, pode não servir para o nosso objeto de pesquisa. Isso vale para *todos* os autores. Mesmo – talvez sobretudo – aqueles que mais admiramos.

Mas, ao lado disso, a pesquisa sociojurídica sem compromissos teóricos também é possível. O que deve guiar o seu autor, em termos empíricos – já que se trata de uma pesquisa sociojurídica –, é o que ele, enquanto jurista, pode dar como contribuição para o equacionamento do problema que eleger como seu objeto de pesquisa. As opções são várias e dependem da intenção que guia a pesquisa. Do que se trata? Tratar-se-ia, voltando ao exemplo de Piragibe da Fonseca, de propor uma regulamentação do trabalho do biscateiro? Estamos diante de algo que foge aos cânones do emprego tradicional. Nesse caso, ao lado da abordagem propriamente jurídica do problema, o pesquisador poderia amealhar dados que pudessem subsidiar uma proposta legisla-

---

62. Os resultados dessa pesquisa estão relatados no livro *Sua Excelência o Comissário e outros ensaios de Sociologia Jurídica* (Rio de Janeiro: Letra legal, 2004).

tiva. Que dados? Mais uma vez, cada caso é um caso. Não há pesquisas em abstrato. No caso em tela, o jurista-autor poderá valer-se de dados sobre as peculiaridades da mão de obra que pretende proteger. Mais útil do que uma diatribe a mais contra a precarização da relação trabalhista no mundo em que vivemos, é um argumento qualificado contendo dados sobre o volume da mão de obra informal, o tipo de ocupação a que ela se dedica, sua renda, eventual capacidade contributiva etc. São dados que provavelmente já existem em órgãos governamentais, não necessitando, assim, que o jurista-autor se ponha a produzir dados primários sobre o problema.

Em termos esquemáticos, "enxutos", um trabalho desse tipo deverá contemplar algumas partes nucleares. Uma primeira seria a definição do problema de pesquisa, de que dei acima alguns exemplos. Uma segunda parte seria uma espécie de "estado da arte" jurídico do problema. Se, para usar outro exemplo já referido, a questão for verificar a aplicabilidade das penas alternativas, isso exigiria, inicialmente, abordar o seu arcabouço jurídico: a legislação concernente, o que diz a doutrina e o que tem decidido a jurisprudência etc. Em seguida, entraria a pesquisa *stricto sensu*, na qual seriam verificados os obstáculos que têm impedido uma aplicação satisfatória da lei, se for o caso. Por fim, uma parte crucial – eventualmente a última –, analisaria os dados à luz do arcabouço jurídico existente, realçando as possibilidades não exploradas pelos aplicadores da lei, mas também, se for o caso, realçando as necessidades de alteração no mesmo arcabouço, tornando-o mais factível.

Para concluir esta **Unidade**, uma derradeira observação. Tenha a pesquisa a ser empreendida pelo futuro graduando uma dimensão *teórica* ou meramente *prática* – e ambas são igualmente legítimas –, uma questão com a qual o autor se defrontará será a dos chamados "métodos e técnicas de pesquisa". Trata-se, no fundo, de outro fantasma, semelhante àquele do "marco teórico". Tentarei dissipá-lo dizendo o que já disse em relação às questões de forma de uma monografia: existe abundante e pertinente bibliografia disponível nas boas casas do ramo. Nada do que eu dissesse aqui seria mais (ou menos) útil do que pode ser encontrado nessas publicações. Elas tratam de amostra, estudo de caso, entrevista, observação (por sua vez subdividida em *participante*, *não participante* e *semiparticipante*), análise de documentos etc. Assim, ao fim desse percurso, optarei pela simplicidade e franqueza da bibliotecária da Escola de Altos Estudos em Ciências Sociais e seu conselho há mais de vinte anos: *Monsieur*, ou *Mademoiselle*, faça como eu fiz! E o que foi que eu fiz?

Dou um exemplo extraído da minha experiência no curso do meu mestrado. Como disse anteriormente, ele teve como objeto de pesquisa comissariados de polícia exercendo funções judiciais em relação a problemas de moradores locais nos bairros populares do Recife. Os locais que pesquisei exerciam uma espécie de jurisdição informal, resolvendo pendengas fossem de natureza civil (em relação às quais a polícia não teria teoricamente nada a dizer), fossem de natureza penal. Pois bem. Independentemente da natureza da causa, o que eu via (exercitando o que depois descobri ser o que os antropólogos chamam de "etnografia"[63]) era que as pessoas chegavam, prestavam a "queixa" e um agente policial emitia uma "intimação" para que o acusado comparecesse em tal dia a tal hora, para ser ouvido. Isso era o que eu *via*. Entretanto, presa do fetichismo dos "métodos e técnicas" que havia lido nos manuais, eis-me elaborando um questionário de entrevista a ser aplicado à autoridade policial. No caso, um *comissário* – daí o título do meu trabalho. Na minha cabeça de estudante de Direito convertido à Sociologia, era a aplicação desse questionário que daria *status* científico à minha pesquisa. E eis-me um belo dia entrevistando o comissário sobre práticas que eu já conhecia de antemão, por já ter várias vezes frequentado o ambiente.

Minha primeira pergunta foi mais ou menos a seguinte: "Quando chega um caso, qual é a primeira coisa que faz o policial que recebe a queixa"? Sua resposta foi típica de alguém querendo mostrar a um estudante de Direito (o que eu era na ocasião) que conhece seus deveres funcionais. Disse-me ele: "Primeiro tem de verificar se é um crime de ação pública ou de ação privada". No ato, percebi que sua resposta não tinha nada a ver com a realidade que eu já conhecia; que ela refletia simplesmente aquilo que ele havia aprendido nos seus manuais... Manuais, no fundo, análogos aos meus. O que o comissário me dizia era exatamente aquilo que, segundo os regulamentos, ele deveria me dizer. Pelo que tinha visto diversas vezes, o policial que recebia as queixas nunca tinha se preocupado com tais filigranas antes de emitir a "intimação". Resultado: continuei a "entrevista", àquela altura apenas pró-forma, mas desconsiderei o que o entrevistado me havia dito e, daí em diante, adotei o que depois soube chamar-se "observação": a atitude típica do etnólogo que simplesmente chega, olha e *vê*. Espero, com esse relato, ter dissipado alguns bichos dos sete que muitas vezes povoam a cabeça do estudante.

---

63. Lembro que, formado em Direito, não tinha nenhuma familiaridade com essa terminologia, cuja existência só vim a descobrir mais tarde, no curso da redação da dissertação.

Referências

ADEODATO, J.M. "Bases para uma Metodologia da Pesquisa em Direito". *Revista CEJ*, n. 7, abr./1999. Brasília: Centro de Estudos Judiciários do Conselho da Justiça Federal.

ALMEIDA, M.A. *Memórias de um sargento de milícias*. São Paulo: Ática, 1998.

ANDRADE, L.R. *O que é Direito Alternativo?* Florianópolis: Obra Jurídica, 1998.

ANDRADE, V.R.P. *A ilusão da segurança jurídica*. Porto Alegre: Livraria do Advogado Editora, 1997.

ARON, R. *As etapas do pensamento sociológico*. São Paulo/Brasília: Martins Fontes/Universidade de Brasília, 1982.

ATTALI, J. *Karl Marx ou l'esprit du monde*. Paris: Fayard, 2005.

AZUELA, A. *La Sociología Jurídica frente a la Urbanización en América Latina*. Cidade do México: UAM (Instituto de Investigaciones Sociales), s.d.

BARATTA, A. *Criminologia crítica e crítica do Direito Penal* – Introdução à Sociologia do Direito Penal. Rio de Janeiro: Revan/Instituto Carioca de Criminologia, 2002.

BECKER, H.S. *Outsiders*: estudos de sociologia do desvio. Rio de Janeiro: Zahar, 2008.

BERGALLI, R. "Usos y riesgos de categorías conceptuales: conviene seguir empleando la expresión 'uso alternativo del derecho'?" *Revista de Direito Alternativo*, n. 1, 1992. São Paulo: Acadêmica.

BOBBIO, N. *A era dos direitos*. Rio de Janeiro: Elsevier, 2004.

BRICEÑO-LEON, R.; CARNEIRO, L.P. & CRUZ, J.M. "O apoio dos cidadãos à ação extrajudicial da polícia no Brasil, em El Salvador e na Venezuela". PANDOLFI, D.C. et al. (orgs.). *Cidadania, justiça e violência*. Rio de Janeiro: Fundação Getúlio Vargas, 1999.

BRYM, R.J. et al. *Sociologia*: sua bússola para um novo mundo. São Paulo: Thomson Learning, 2006.

CANDIDO, A. "O significado de 'Raízes do Brasil'". In: HOLANDA, S.B. *Raízes do Brasil*. São Paulo: Companhia das Letras, 1995.

CAPPELLETTI, M. & GARTH, B. *Acesso à justiça*. Porto Alegre: Sergio Fabris, 1988.

CARBONNIER, J. *Sociologia Jurídica*. Coimbra: Almedina, 1979.

CARVALHO, A.B. "Direito Alternativo: uma revisita conceitual". *Justiça e Democracia*, n. 3, 1997. São Paulo.

CARVALHO FILHO, L.F. *O que é pena de morte*. São Paulo: Brasiliense, 1995.

CAVALIERI FILHO, S. *Programa de Sociologia Jurídica*. Rio de Janeiro: Forense, 2015.

DaMATTA, R. *Conta de mentiroso*. Rio de Janeiro: Rocco, 1993.

_____. *Carnavais, malandros e heróis*. Rio de Janeiro: Zahar, 1981.

DÍAS, E. *Sociología y Filosofía del Derecho*. Madri: Taurus, 1974.

DIAS, R. *Sociologia do Direito*. São Paulo: Atlas, 2014.

DURKHEIM, É. *Da divisão do trabalho social*. São Paulo: Abril, 1973a.

_____. *O suicídio*. São Paulo: Abril, 1973b.

_____. *As regras do Método Sociológico*. São Paulo: Abril, 1973c.

ENGELMANN, F. "Sociologia Jurídica no Brasil". In: FERREIRA, L.P.; GUANABARA, R. & JORGE, V.L. (orgs.). *Curso de Sociologia Jurídica*. Rio de Janeiro: Elsevier, 2011.

EHRLICH, E. *I Fondamenti della Sociologia del Diritto*. Milão: Giuffrè, 1976.

FALCÃO, J.A. "Justiça social e justiça legal: conflitos de propriedade no Recife". FALCÃO, J.A. (org.). *Conflito de direito de propriedade* – Invasões urbanas. Rio de Janeiro: Forense, 1984.

FALCÃO, J. (org.). *Pesquisa científica e Direito*. Recife: Massangana, 1983.

FAORO, R. *Os donos do poder*. São Paulo: Globo, 2008.

FARIA, J.E. "A Sociologia do Direito na Berlinda". In: JUNQUEIRA, E.B. & OLIVEIRA, L. (orgs.). *Ou isto ou aquilo* – A Sociologia Jurídica nas faculdades de Direito. Rio de Janeiro: Ides/Letra Capital, 2002.

FARIA, J.E. & CAMPILONGO, C.F. *A Sociologia Jurídica no Brasil*. Porto Alegre: Sergio Antonio Fabris, 1991.

FONSECA, M.G.P. "Ligações melindrosas: uma reflexão a respeito da Sociologia aplicada ao Direito". In: JUNQUEIRA, E.B. & OLIVEIRA, L. (orgs.). *Ou isto ou aquilo* – A Sociologia Jurídica nas faculdades de Direito. Rio de Janeiro: Ides/Letra Capital, 2002.

FRAGALE FILHO, R. "Variações sobre um mesmo tema". In: JUNQUEIRA, E.B. & OLIVEIRA, L. (orgs.). *Ou isto ou aquilo* – A Sociologia Jurídica nas faculdades de Direito. Rio de Janeiro: Ides/Letra Capital, 2002.

FURMANN, I. *Assessoria jurídica universitária popular*: da utopia estudantil à ação política. Curitiba: Universidade Federal do Paraná, 2003 [Monografia de conclusão de curso].

HOLANDA, S.B. *Raízes do Brasil*. São Paulo: Companhia das Letras, 1995.

JUNQUEIRA, E.B. "Geleia geral – A Sociologia Jurídica nas faculdades de Direito". In: JUNQUEIRA, E.B. & OLIVEIRA, L. (orgs.). *Ou isto ou aquilo* – A Sociologia jurídica nas faculdades de Direito. Rio de Janeiro: Ides/Letra Capital, 2002.

_____. *Através do espelho* – Ensaios de Sociologia Jurídica. Rio de Janeiro: Ides/Letra Capital, 2001.

_____. *Faculdades de Direito ou fábricas de ilusões?* Rio de Janeiro: Ides/Letra Capital, 1999.

_____. "Acesso à justiça: um olhar retrospectivo". In: *Estudos Históricos*, vol. 9, n. 18, 1996. Rio de Janeiro: Fundação Getúlio Vargas.

_____. "Memórias precoces". *Perspectiva sociológica do Direito:* 10 anos de pesquisa. Rio de Janeiro: OAB-RJ/Universidade Estácio de Sá, 1995.

_____. *A Sociologia do Direito no Brasil:* introdução ao debate atual. Rio de Janeiro: Lumen Juris, 1993.

JUNQUEIRA, E.B. & OLIVEIRA, L. *Ou isto ou aquilo* – A Sociologia Jurídica nas faculdades de Direito. Rio de Janeiro: Ides/Letra Capital, 2002.

KELSEN, H. *Teoria Pura do Direito*. São Paulo: Martins Fontes, 1985.

LEFORT, C. *A invenção democrática*. São Paulo: Brasiliense, 1983.

LOPES, J.R.L. & FREITAS FILHO, R. "Law and Society in Brazil at the crossroads: a review". *Annual Review of Law and Social Science* [Revista eletrônica disponível em lawsocsi.annualreviews.org – Publicação de 03/09/2014].

LYRA FILHO, R. "A nova escola jurídica brasileira". *Direito e avesso*, n. 1, 1982a. Brasília: Nair.

_____. *Direito do Capital e Direito do Trabalho*. Porto Alegre: Sergio Antonio Fabris, 1982b.

MARX, K. "Prefácio". *Para a crítica da economia política*. São Paulo: Abril, 1974.

MARX, K. & ENGELS, F. *Manifesto comunista*. São Paulo: Boitempo, 2010.

MELO, P.B. "Criminologia e teorias da comunicação". In: LIMA, R.S.; RATTON, J.L. & AZEVEDO, R.G. (orgs.). *Crime, polícia e justiça no Brasil*. São Paulo: Contexto, 2014.

MENANDRO, P.R. & SOUZA, L. *Linchamentos no Brasil* – A justiça que não tarda, mas falha. Vitória: Fundação Ceciliano Abel de Almeida, 1991.

MIAILLE, M. *Uma introdução crítica ao Direito*. Lisboa: Moraes, 1979.

MONTESQUIEU. *Do espírito das leis*. São Paulo: Abril, 1979.

MOTA, C.G. "José Bonifácio – Projetos para o Brasil". In: MOTA, L.D. (org.). *Introdução ao Brasil* – Um banquete no trópico. Vol. 1. São Paulo: Senac, 2004.

MUÑOZ GÓMEZ, J.A. "Reflexiones sobre el uso alternativo del derecho". *El otro derecho*. Bogotá, n. 1, 1988. Bogotá: Ilsa.

NASCIMENTO, A. *Uma crítica à concepção jurídica do Estado*. São Cristóvão (SE): UFS, 2012.

NORONHA, E.M. *Direito Penal*. Vol. I. São Paulo: Saraiva, 1987.

OLIVEIRA, D. *Sociologia Jurídica*. São Paulo: Saraiva, 2011.

OLIVEIRA, L. "Relendo *Vigiar e punir*". *Dilemas*, vol. 4, n. 2, 2011. Rio de Janeiro: IFCS-UFRJ

_____. "Direito oficial e direito alternativo no Brasil: refletindo sobre alguns problemas". In: PEREIRA, M.S. & GOMES NETO, J.M.V. (orgs.). *Sociologia do Direito e do Direito Alternativo* – Ensaios pós-graduados em homenagem a Cláudio Souto. Porto Alegre: Sergio Antonio Fabris, 2003.

_____. "Neutros e neutros". *Humanidades*, n. 19, 1988. Brasília: UnB.

OLSON, M. *A lógica da ação coletiva*. São Paulo: Edusp, 1999.

PANDOLFI, D.C. et al. (orgs.). *Cidadania, justiça e violência*. Rio de Janeiro: Fundação Getúlio Vargas, 1999.

PAULON, C.A. *Direito Alternativo do Trabalho*. São Paulo: LTr, 1984.

PRESSBURGER, M. "Direito insurgente". *Anais da fundação do Instituto Apoio Jurídico Popular*. Rio de Janeiro: Ajup, 1987-1988.

PRESSBURGER, M. (Entrevistador). "Habla un trabajador: el derecho, la justicia y la Ley". *El Otro Derecho*, n. 2, 1989. Bogotá: Ilsa.

QUINTANEIRO, T. et al. *Um toque de clássicos*: Marx, Durkheim e Weber. Belo Horizonte: UFMG, 2002.

RAMOS, S. "Violência, crime e mídia". In: LIMA, R.S.; RATTON, J.L. & AZEVEDO, RG. (orgs.). *Crime, polícia e justiça no Brasil*. São Paulo: Contexto, 2014.

RECH, D. "Derecho Insurgente – El derecho de los oprimidos". *El Outro Derecho*, n. 6, 1990. Bogotá: Ilsa.

RIBEIRO, C.L.F. *O Mito da Função Ressocializadora da Pena*. São Luís: Associação do Ministério Público do Estado do Maranhão, 2006.

ROCHA, J.M.S. *Sociologia Jurídica*: fundamentos e fronteiras. Rio de Janeiro: Elsevier, 2009.

ROSA, F.A.M. *Sociologia do Direito*: o fenômeno jurídico como fato. Rio de Janeiro: Zahar, 1984.

ROSENN, K.S. *O jeito na cultura jurídica brasileira*. Rio de Janeiro: Renovar, 1998.

SABADELL, A.L. *Manual da Sociologia Jurídica* – Introdução a uma leitura externa do Direito. São Paulo: Revista dos Tribunais, 2013.

SADEK, M.T. "Juizados especiais e acesso à justiça". In: CUNHA, A.S. & SILVA, P.E.A. (orgs.). *Pesquisa empírica em Direito*. Rio de Janeiro: Ipea, 2013.

SANTOS, B.S. "Notas sobre a história jurídico-social de Pasárgada". In: SOUTO, C. & FALCÃO, J. (orgs.). *Sociologia e Direito*. São Paulo: Pioneira, 1999.

_____. *O discurso e o poder*. Porto Alegre: Sergio Antonio Fabris, 1988.

_____. "Introdução à Sociologia da Administração da Justiça". *Revista Crítica de Ciências Sociais*, n. 21, nov./1986. Coimbra,

_____. "The Law of the Opressed". *Law & Society Review*, vol. 12, n. 1, 1977.

_____. *Law Against Law*. México: Centro Intercultural de Documentación, 1974.

SAPORI, L.F. "A administração criminal da justiça numa área metropolitana". *Revista Brasileira de Ciências Sociais*, vol. 10, n. 29, 1995 [Acesso pelo site da Anpocs].

SELL, C.E. *Sociologia clássica*: Marx, Durkheim e Weber. Petrópolis: Vozes, 2009.

SODRÉ, N.W. *O que se deve ler para conhecer o Brasil*. São Paulo: Círculo do Livro, s.d.

SOUTO, C. "Entrevista concedida a Eliane Botelho Junqueira". In: PEREIRA, M.S. & GOMES NETO, J.M. (orgs.). *Sociologia do Direito e do Direito Alternativo* – Ensaios pós-graduados em homenagem a Cláudio Souto. Porto Alegre: Sergio Antonio Fabris, 2003.

SOUTO, C. & SOUTO, S. *Sociologia do Direito*. Rio de Janeiro/São Paulo: Livros Técnicos e Científicos/Edusp, 1981.

STAMFORD, A. "Jusnaturalismo e positivismo jurídico: as vias de argumentação na prática forense". *Revista da Faculdade de Direito de Olinda*, n. 2/3, 1998.

TAVARES, C.F. *Violência policial* – Reflexões sobre sua tolerância entre segmentos da sociedade no Recife. Recife: Universidade Federal de Pernambuco, 1999 [Dissertação de mestrado].

TREVES, R. "Métodos de pesquisa empírica". In: SOUTO, C. & FALCÃO, J. (orgs.). *Sociologia e Direito*. São Paulo: Pioneira, 1999.

VAISENCHER, S.A. & FARIAS, Â.S. *Condenar ou absolver*: a tendência do júri popular. Rio de Janeiro: Forense, 1997.

VIANNA, L.W. et al. *A judicialização da política e das relações sociais no Brasil*. Rio de Janeiro: Revan, 1999.

_____. *Corpo e alma da magistratura brasileira*. Rio de Janeiro: Revan, 1997.

VIANNA, O. *Instituições políticas brasileiras*. Vols. I e II. Belo Horizonte/São Paulo/Niterói: Itatiaia/USP/UFF, 1987a.

_____. *Populações meridionais do Brasil 1* – Populações rurais do centro-sul. Belo Horizonte/ Niterói: Itatiaia/UFF, 1987b.

VILLEGAS, M.G. & RODRÍGUEZ, C. "Derecho y sociedad en América Latina: propuesta para la consolidación de los estudios jurídicos críticos". *Derecho y sociedad en América Latina*. Bogotá: Ilsa/Universidad Nacional de Colombia, 2003.

WEBER, M. *Economia e sociedade*. Vol. 2. Brasília: UnB, 2012.

_____. *Economia e sociedade*. Vol. 1. Brasília: UnB, 1991.

_____. *A ética protestante e o espírito do capitalismo*. São Paulo: Abril, 1974.

_____. *Essais sur la Théorie de la Science*. Paris: Plon, 1965.

WOLKMER, A.C. "Contribuição para o projeto da juridicidade alternativa". In: ARRUDA JR., E.L. (org). *Lições de Direito Alternativo*. São Paulo: Acadêmica, 1991.

Conecte-se conosco:

 facebook.com/editoravozes

 @editoravozes

 @editora_vozes

 youtube.com/editoravozes

 +55 24 2233-9033

www.vozes.com.br

Conheça nossas lojas:
www.livrariavozes.com.br

Belo Horizonte – Brasília – Campinas – Cuiabá – Curitiba
Fortaleza – Juiz de Fora – Petrópolis – Recife – São Paulo

  Vozes de Bolso

EDITORA VOZES LTDA.
Rua Frei Luís, 100 – Centro – Cep 25689-900 – Petrópolis, RJ
Tel.: (24) 2233-9000 – E-mail: vendas@vozes.com.br